JLPT 급소공략

급소만을 집중 공략한
JLPT(일본어능력시험) 완벽 대비서

N1 청해

다락원

JLPT
급소공략 N1 청해 <2nd EDITION>

지은이 이영아, 박성길, 도리이 마이코
펴낸이 정규도
펴낸곳 (주)다락원

초판 1쇄 발행 2019년 9월 9일
초판 2쇄 발행 2022년 4월 6일

책임편집 송화록, 손명숙
디자인 하태호, 이승현

다락원 경기도 파주시 문발로 211
내용문의: (02)736-2031 내선 460~466
구입문의: (02)736-2031 내선 250~252
Fax: (02)732-2037
출판등록 1977년 9월 16일 제 406-2008-000007호

값 13,000원

ISBN 978-89-277-1223-7 14730
      978-89-277-1205-3(set)

http://www.darakwon.co.kr

• 다락원 홈페이지에 접속하면 상세한 출판 정보와 함께 동영상 강좌, MP3 자료 등
  다양한 어학 정보를 얻을 수 있습니다.
• 다락원 홈페이지에서 "(2nd EDITION) JLPT 급소공략 N1 청해"를 검색하거나 표
  지 날개의 QR코드를 찍으면 MP3 파일을 듣거나 다운로드 할 수 있습니다.

JLPT(일본어능력시험)는 국제교류기금 및 일본국제교육지원협회가 일본국내 및 해외에서 일본어를 모국어로 하지 않는 사람을 대상으로 일본어 능력을 측정하고 인정하는 것이 목적인 시험으로, 일본 정부가 공인하는 세계 유일의 일본어 시험입니다.

1984년부터 매년 12월에 시행되었고 2009년부터 1년에 2회, 7월과 12월에 실시되고 있습니다. 또한, 2010년부터 학습자들의 과제 수행을 위한 커뮤니케이션 능력 측정을 위해 새로운 유형으로 바뀌면서 기존 1급에서 4급까지이던 것이 N1부터 N5까지 5단계로 더 세분화되었습니다.

본서의 특징은 다음과 같습니다.

첫째, 기존의 「급소공략」 시리즈의 개정을 맞아 새롭게 추가된 청해 분야 대비서입니다.

둘째, 과거 기출문제를 분석하여 사회 전반에 걸친 내용을 토대로 출제 가능성이 높은 형태들의 문제로 구성하였습니다.

셋째, 기본적으로 강의용 교재이지만 스크립트와 해석, 단어를 별도로 정리하여 혼자서도 충분히 학습이 가능하도록 배려하였습니다.

넷째, 실제 시험과 동일한 구성으로 모의고사 5회분을 수록하여 실전 감각을 바로 익히고, 문제 유형 파악과 어휘력 확장이 가능하도록 하였습니다.

청해 실력은 하루 아침에 느는 것이 아니라 귀를 얼마나 일본어에 노출시키느냐에 따라 좌우된다고 할 수 있습니다. 어휘력이 뛰어나더라도 음성 학습에 익숙하지 않으면 청해에서 좋은 점수를 받기 어려운 것이 사실입니다. 본서를 통해 반복적으로 학습한다면 듣기 능력 향상에 큰 도움이 될 것입니다.

JLPT 청해는 실생활에서 자주 접할 수 있는 과제 해결 능력을 평가하는 문제가 다수 출제됩니다. 본서를 통해 학습자들이 다양한 형태의 문제를 접해 보고 실력을 키워 나간다면 합격은 물론 고득점이라는 목적을 달성하리라고 확신합니다.

끝으로 이 책의 출판에 도움을 주신 ㈜다락원의 정규도 사장님과 일본어출판부 직원 여러분에게 이 자리를 빌려 감사의 말씀을 드립니다.

저자 일동

JLPT(일본어능력시험) N1 청해 유형 분석

2010년부터 실시된 JLPT(일본어능력시험) N1 청해의 문제 유형은 총 5가지이며, 이전 시험보다 비중이 늘었다. 시험 시간은 60분이고 배점은 60점 만점이다. 시험의 내용은 폭넓은 장면에서 사용되는 일본어를 듣고 이해할 수 있는지를 묻는다. 자연스러운 속도의 결론이 있는 회화나 뉴스, 강의를 듣고 이야기의 흐름이나 내용, 등장인물의 관계나 내용의 논리 구성 등을 상세하게 이해하거나 요지를 파악할 수 있어야 한다.

문제1　과제 이해

특정한 상황이 설정되어 있고 남녀가 대화를 나누면서 과제에 필요한 정보를 알려준다. 어떤 과제를 수행해야 하는지를 묻는 파트이기 때문에 전체적인 내용을 파악하는 것도 중요하지만, 지시나 조언하는 사람의 이야기를 주의 깊게 들어야 한다. 본문 대화가 시작되기 전에 음성으로 간단한 상황 설명과 누가 어떤 과제를 수행해야 하는지에 대한 질문이 제시된다. 6문제 정도가 출제된다.

과제 이해와 마찬가지로 주로 남녀 두 명이 등장하는데, 대화에 앞서 상황 설명과 질문이 먼저 제시된다. 포인트 이해 파트에서는 왜(なんで), 어째서(どうして), 뭐가(何が), 어떤(どんな) 등과 같은 키워드를 사용해서 이유나 원인, 주고 받는 대화의 구체적인 내용을 묻는 경우가 많으므로 집중력이 요구되는 파트이다. 7문제 정도가 출제된다.

보통 한 명 또는 두 명이 이야기하고, 내용 전체의 주제나 화자의 의도, 주장 등을 묻는 문제이다. 문제지에 아무것도 인쇄되어 있지 않고, 본문 내용을 들려주기 전에 질문이 제시되지 않기 때문에 조금 긴장할 수 있으나 전체적인 흐름만 파악하면 오히려 쉽게 풀 수 있다. 대강의 요점을 파악하는 문제이므로 단어 하나하나에 너무 집착할 필요는 없다. 6문제 정도가 출제된다.

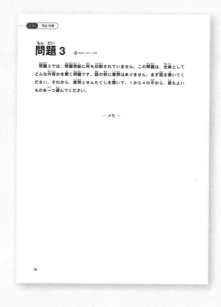

두 명이 등장하여 짧은 문장의 대화를 주고 받는다. 앞 사람의 말에 가장 적절한 응답을 고르는 문제이다. 문제3 개요 이해와 마찬가지로 문제지에 아무 것도 인쇄되어 있지 않고, 음성을 들으며 바로 바로 답안지에 정답을 표시해야 한다. 14문제 정도가 출제된다.

두 명 또는 세 명이 등장하는 경우가 많으며 대화 내용이 다른 파트보다 비교적 긴 편이다. 복수의 화자가 말하는 여러 정보를 잘 이해해야 한다. 종합 이해는 총 2가지 패턴의 4문제가 출제된다. 1, 2번은 질문이 본문 내용 전에 미리 제시되지 않으며 선택지도 인쇄되어 있지 않다. 3번은 하나의 내용을 듣고 질문 2개에 답하는 형식으로, 선택지만 인쇄되어 있다.

교재의 구성과 특징

모의고사 실전 모의고사 형식의 문제를 총 5회분 수록하였다.

문제1 과제 이해 ●┈┈┈┈ 문제의 유형을 나타낸다.

각 회차의 전체 음성과
문제별 음성을
들을 수 있다.

問題 1

問題 1 では、まず質問を聞いてください。それから話を聞いて、問題用紙の
1 から 4 の中から、最もよいものを一つ選んでください。

1番 🎧 TRACK 1101

1 衣装を試着しに家族みんなでスタジオを訪問する
2 撮影する人数を確認して電話で予約する
3 フォトギャラリーを見て撮影のテーマを決める
4 美容スタッフと理想のスタイルについて相談する

2番 🎧 TRACK 1102

1 学習成果報告書を書く
2 成績証明書を発行する
3 資格の証明書を請求する
4 教授に推薦状をもらう

10

정답과 스크립트 부록에는 문제의 정답과 스크립트
및 해석, 그리고 단어와 표현이 정리되어 있다.

1회

問題 1

1番
写真スタジオの男の人と女のお客が話していま
す。女の人はこの後まず何をしますか。

女 すみません。ちょっとお聞きしたいんですけ
ど、父の還暦祝いに家族みんなで記念撮影をし
ようと思ってるんですが、予約できますか。

男 いつもご利用頂き、ありがとうございます。
ご家族の記念撮影でございますね。お電話で
もウェブからでもご予約可能でございます。
ご予約の前にまず、ウェブでフォトギャラリ
ーの中からお気に入りのテーマを選んでいた
だくことになっております。様々なコンセプ
トがございますので、ご覧ください。

女 あ、そうですか。分かりました。撮影はどん
な流れになりますか。

男 撮影される方々の人数が確定されましたら、
お客様のご都合のよい日時を選んでいただい
て、お電話かウェブからご予約お願いいたし
ます。後は撮影当日になりますが、ご来店さ
れた後、お気に入りの衣装を選んでいただい
て、美容スタッフがヘアメイクを行います、
切り抜きやお写真をお持ちいただくとよりス
ムーズに進むかと思います。

女 なるほど。それは家族に伝えておきます。

女の人はこの後まず何をしますか。
1 衣装を試着しに家族みんなでスタジオを訪問する
2 撮影する人数を確認して電話で予約する
3 フォトギャラリーを見て撮影のテーマを決める
4 美容スタッフと理想のスタイルについて相談する

문제1

1번
사진 스튜디오의 남자와 여자 손님이 이야기하고 있습니다.
여자는 이후에 먼저 무엇을 합니까?

여 실례합니다. 좀 문의 싶은 게 있는데요, 아빠 환갑
축하로 가족들 다 같이 기념 촬영을 하려고 하는데
예약할 수 있나요?

남 언제나 이용해 주셔서 감사합니다. 가족 기념 촬영
이시군요. 전화로도 인터넷으로도 예약하실 수 있
습니다. 예약하시기 전에 먼저 인터넷으로 포토 갤
러리 중에서 마음에 드시는 테마를 고르도록 되어
있습니다. 여러 가지 콘셉트가 있으니까 참고해 주
세요.

여 아, 그래요? 알겠습니다. 촬영은 어떻게 진행되나
요?

남 촬영하실 분들의 인원이 확정되시면 고객 분께서
편리하신 날과 시간을 고르시고, 전화나 인터넷으
로 예약해 주시면 됩니다. 그 다음은 촬영 당일인데
요, 스튜디오에 도착하신 후 마음에 드는 의상을 고
르시면 미용 스태프가 헤어 메이크업을 해 드립니
다. 스크랩하신 이미지나 사진을 가지고 오시면 보
다 원활하게 진행할 수 있습니다.

여 그렇군요. 그건 가족들에게 말해 놓을게요.

여자는 이후에 먼저 무엇을 합니까?
1 의상을 입어 보러 가족들과 다 함께 스튜디오를 방문한다
2 촬영할 인원수를 확인하고 전화로 예약한다
3 포토 갤러리를 보고 촬영 테마를 정한다
4 미용 스태프와 원하는 스타일에 대해서 상담한다

還暦 환갑, 회갑 | 祝い 축하 | 記念 기념 | 撮影 촬영 | ウェブ 웹, 인터넷 | フォトギャラリー 포토 갤러리, 사진첩 |
コンセプト 콘셉트 | 流れ 흐름 | 人数 인원수 | 確定 확정 | 当日 당일 | 来店 내점, 방문 | 気に入り 마음에 듦 | 衣装 의상 |
美容 미용 | スタッフ 스태프, 담당자 | ヘアメイク 헤어 메이크업 | 切り抜き 오려냄, 잘라냄 | スムーズに 원활하게 |
試着する 입어 보다 | 訪問する 방문하다 | 理想 이상

70

CONTENTS

음성 듣기

회

問題 1

　問題1では、まず質問を聞いてください。それから話を聞いて、問題用紙の
1から4の中から、最もよいものを一つ選んでください。

1番　🎧 TRACK 1101

1　衣装を試着しに家族みんなでスタジオを訪問する
2　撮影する人数を確認して電話で予約する
3　フォトギャラリーを見て撮影のテーマを決める
4　美容スタッフと理想のスタイルについて相談する

2番　🎧 TRACK 1102

1　学習成果報告書を書く
2　成績証明書を発行する
3　資格の証明書を請求する
4　教授に推薦状をもらう

3番 🎧 TRACK 1103

1 新人にタバコの銘柄を覚えさせる

2 新人に公共料金の支払い方法を覚えさせる

3 新人におでんと中華まんの仕込みをさせる

4 新人に店長の教育を受けさせる

4番 🎧 TRACK 1104

1 木村さんに騒音が迷惑なことを伝えに行く

2 リサイクルしにプラスチックのゴミを出しに行く

3 大家さんに電話して部屋を変えてもらえないか尋ねる

4 管理人さんに上の階の騒音を相談しに行く

5番 🎧 TRACK 1105

1 医者から渡された食事表に従って食事をする

2 担当者から運動方法について指導を受ける

3 通院治療をし、処方された薬を飲む

4 週に一度山登りやストレッチをする

6番 🎧 TRACK 1106

1 女の人からドラマのあらすじについて聞く

2 ハイライトのようなミニバージョンを見る

3 女の人と一緒にドラマのロケ地を訪ねる

4 昼寝をしてからレンタルショップに行ってDVDを借りる

問題 2
もん　だい

問題 2 では、まず質問を聞いてください。そのあと、問題用紙のせんたくしを読んでください。読む時間があります。それから話を聞いて、問題用紙の 1 から 4 の中から、最もよいものを一つ選んでください。

1番
ばん

 TRACK 1201

1 自動車がスピード違反していたから
じ どうしゃ　　　　　い はん

2 自動車が信号を無視したから
じ どうしゃ　しんごう　む し

3 自転車がライトをつけていなかったから
じ てんしゃ

4 自転車がスピードを出し過ぎていたから
じ てんしゃ　　　　　　だ　す

2番
ばん

TRACK 1202

1 毎日散歩に行くことでダイエットができるから
まいにちさん ぽ　い

2 血圧が下がり、高血圧を防いでくれるから
けつあつ　さ　こうけつあつ　ふせ

3 幸せホルモンが分泌され、うつ病を防いでくれるから
しあわ　　　　　　ぶんぴつ　　　　　びょう ふせ

4 子供達に規則正しい生活をさせることができるから
こ どもたち　き そくただ　せいかつ

3番 🎧 TRACK 1203

1 部屋が欠陥住宅で床が傾いていたから

2 窓が閉まらなくて外と同じくらい寒かったから

3 部屋で心霊現象が起こったから

4 ストーカー被害に遭ったから

4番 🎧 TRACK 1204

1 髪の毛が細いから

2 髪の量が少ないから

3 くせ毛だから

4 割引があるから

5番 🎧 TRACK 1205

1 揃えて持ってきた書類が原本ではないため

2 在籍確認ができなかったため

3 源泉徴収票は今年の分が必要なため

4 銀行では使用不可の判子を持ってきたため

6番 🎧 TRACK 1206

1 入店時の手続きが複雑で使いづらいから

2 開店時間が遅すぎるから

3 通販の方が様々な面でいいから

4 警備員がいなくて防犯が不安だから

7番 🎧 TRACK 1207

1 いちごの生産量が非常に多い

2 市の中心に大きな動物園がある

3 市内にテレビ局がある

4 アウトドアが楽しめる

問題3

TRACK 1301~1306

　問題3では、問題用紙に何も印刷されていません。この問題は、全体として
どんな内容かを聞く問題です。話の前に質問はありません。まず話を聞いてく
ださい。それから、質問とせんたくしを聞いて、1から4の中から、最もよい
ものを一つ選んでください。

－ メモ －

問題 4 🎧 TRACK 1401~1414

問題4では、問題用紙に何も印刷されていません。まず文を聞いてください。それから、それに対する返事を聞いて、1から3の中から、最もよいものを一つ選んでください。

－ メモ －

問題5

問題5では長めの話を聞きます。この問題には練習はありません。問題用紙にメモをとってもかまいません。

1番、2番 🎧 TRACK 1501~1502

問題用紙に何も印刷されていません。まず話を聞いてください。それから、質問とせんたくしを聞いて、1から4の中から、最もよいものを一つ選んでください。

― メモ ―

3番 🎧 TRACK 1503

まず話を聞いてください。それから、二つの質問を聞いて、それぞれ問題用紙の1から4の中から、最もよいものを一つ選んでください。

質問1

1 Aコース
2 Bコース
3 Cコース
4 Dコース

質問2

1 Aコース
2 Bコース
3 Cコース
4 Dコース

음성 듣기

JLPT
급소공략
N1 청해

2회

問題 1

問題 1 では、まず質問を聞いてください。それから話を聞いて、問題用紙の 1 から 4 の中から、最もよいものを一つ選んでください。

1番 🎧 TRACK 2101

1 女の人を看病するために人を遣わす
2 女の人の業務の引き継ぎを行う
3 企画案を発送しに郵便局に行く
4 病欠届を提出する

2番 🎧 TRACK 2102

1 ガスコンロを不用品回収業者に回収してもらう
2 ガスコンロの修理を業者に依頼する
3 新品の買い替えを検討する
4 ガスコンロの電池を交換する

3番 TRACK 2103

1 車の鍵の持ち主を紳士服売り場に呼び出す

2 車の鍵をサービスカウンターに届ける

3 落とし物のカードを持ち主に返却する

4 落とし物についての館内放送をかける

4番 TRACK 2104

1 大事なデータを無くさないようにバックアップをする

2 容量の大きいプログラムを削除する

3 確実な原因を調べるためにサービスセンターに預ける

4 パソコンの動きが遅くなったら、新しいものを買う

5番　🎧 TRACK 2105

1　ホームページで開運弁当を注文する
2　７００円以下のお弁当を探す
3　会員登録をしてトライアル試食をする
4　開運弁当のレシピブログを見て作ってみる

6番　🎧 TRACK 2106

1　駅構内にある大型のコインロッカーを利用する
2　荷物一時預かり所を予約して利用する
3　打ち合わせの前にホテルに行って荷物を預ける
4　取引先のインフォメーションデスクに預ける

問題2

　問題2では、まず質問を聞いてください。そのあと、問題用紙のせんたくし を読んでください。読む時間があります。それから話を聞いて、問題用紙の1 から4の中から、最もよいものを一つ選んでください。

1番 🎧 TRACK 2201

1　スロープの勾配の軽減

2　開かずの踏切の解消

3　ピーク時の混雑の緩和

4　駅舎のバリアフリー化

2番 🎧 TRACK 2202

1　女の人とけんかしたから

2　体調が悪いから

3　お母さんに用事を頼まれたから

4　お母さんのお見舞いに行ったから

3番 🎧 TRACK 2203

1 結婚記念日のプレゼントでもらったから

2 商店街の福引で当たったから

3 息子がミュージカルの仕事をしているから

4 田中さんの旦那さんが行けなくなったから

4番 🎧 TRACK 2204

1 習い事の支出を減らす

2 同好会に参加する回数を減らす

3 毎日使う金額を決めて目に見えるところにおく

4 衝動買いをしないようにする

5番 🎧 TRACK 2205

1 日本語の擬声語と擬態語の発音が難しいから

2 ことわざと慣用句の違いが分からないから

3 似たような動植物の名前が紛らわしいから

4 多義語の意味を覚えるのが難しいから

6番 🎧 TRACK 2206

1 自分がどんな冷え性なのかを知る

2 病院に行って診察を受ける

3 冷え性対策に効果がある運動をする

4 体温調節のために腹巻きをする

7番 🎧 TRACK 2207

1 オーディションで選ばれたから

2 内向的な性格を直したかったから

3 監督と親交があったから

4 警察官になりたかったから

問題3 🎧 TRACK 2301~2306

問題3では、問題用紙に何も印刷されていません。この問題は、全体としてどんな内容かを聞く問題です。話の前に質問はありません。まず話を聞いてください。それから、質問とせんたくしを聞いて、1から4の中から、最もよいものを一つ選んでください。

－ メモ －

問題4

🎧 TRACK 2401~2414

問題4では、問題用紙に何も印刷されていません。まず文を聞いてください。それから、それに対する返事を聞いて、1から3の中から、最もよいものを一つ選んでください。

－ メモ －

問題 5

問題 5 では長めの話を聞きます。この問題には練習はありません。問題用紙にメモをとってもかまいません。

1番、2番 🎧 TRACK 2501~2502

問題用紙に何も印刷されていません。まず話を聞いてください。それから、質問とせんたくしを聞いて、1 から 4 の中から、最もよいものを一つ選んでください。

－ メモ －

3番 🎧 TRACK 2503

まず話を聞いてください。それから、二つの質問を聞いて、それぞれ問題用紙の１から４の中から、最もよいものを一つ選んでください。

質問１

1 ダージリン

2 アールグレイ

3 ルイボスティー

4 キーマン

質問２

1 ダージリン

2 アールグレイ

3 ルイボスティー

4 キーマン

음성 듣기

JLPT
급소공략
N1 청해

회

問題1

もんだい

問題1では、まず質問を聞いてください。それから話を聞いて、問題用紙の1から4の中から、最もよいものを一つ選んでください。

1番 🎧 TRACK 3101

1 宅配便を受け取る
2 塾の宿題をする
3 皿洗いをする
4 夕食を作る

2番 🎧 TRACK 3102

1 苦情を話したお客様に会いに行く
2 取引先の中村さんに会いに行く
3 苦情を報告書にまとめる
4 苦情の内容を部長に説明する

3 番　^{ばん}　🎧 TRACK 3103

1　荷物の超過料金を支払う

2　機内持ち込み手荷物に荷物を移す

3　16キロ分の荷物を捨てる

4　荷物を郵送する

4 番　^{ばん}　🎧 TRACK 3104

1　一万円札２枚と五千円札２枚をご祝儀袋に入れる

2　一万円札１枚と五千円札２枚をご祝儀袋に入れる

3　一万円札２枚と五千円ほどのお祝いの品を別に送る

4　一万円札３枚をご祝儀袋に入れる

5番 ばん 🎧 TRACK 3105

1 課長に見積もり書を提出する

2 田中さんに遅延証明書を出すように伝える

3 木村建設の社長にアポイントメントをとる

4 会議の資料を15部印刷する

6番 ばん 🎧 TRACK 3106

1 28日の夕方に車で行く

2 28日の夕方に新幹線で行く

3 28日の夜中に車で行く

4 28日の夜中に新幹線で行く

問題2

　問題2では、まず質問を聞いてください。そのあと、問題用紙のせんたくしを読んでください。読む時間があります。それから話を聞いて、問題用紙の1から4の中から、最もよいものを一つ選んでください。

1番　🎧 TRACK 3201

1　業者が浴室を壊したのに返金してくれなかったこと

2　エアコンの部品を壊したのに交換してくれなかったこと

3　換気扇の塗装が剥がれ落ちたのに修理してくれなかったこと

4　使用後のトイレを掃除しなかったこと

2番　🎧 TRACK 3202

1　薬の保管方法

2　薬を飲む間隔

3　飲み物の種類

4　他の薬との併用

3番 🎧 TRACK 3203

1 お手頃価格なのに多機能な点

2 防水性が高く、美顔器を洗浄できる点

3 洗顔では落とせない毛穴の汚れを落とせる点

4 特許技術で肌と顔が引き締まる点

4番 🎧 TRACK 3204

1 桜を枯らす心配がないところ

2 本物の桜よりも美しいところ

3 周囲の目を気にしなくていいところ

4 利用者の満足度が高いところ

5 番　🎧 TRACK 3205

1　ヘルシーで見た目が美しく、写真に映える和菓子だから

2　代々試行錯誤して和菓子の作り方を変えてきたから

3　創業者が生み出した製法を守り続けているから

4　時代の流行を取り入れ、万人受けする和菓子だから

6 番　🎧 TRACK 3206

1　どんな車内点検を行っているのか説明してくれないこと

2　電車が時刻通りに来ないこと

3　年度末で仕事が増えてストレスを受けていること

4　大したことではないのに電車がよく止まること

7 番　🎧 TRACK 3207

1　万が一のために診察を受ける

2　献血や採血をしない

3　常に薬を持ち歩く

4　失神しないように緊張や不安を和らげる

問題3

🎧 TRACK 3301~3306

　問題3では、問題用紙に何も印刷されていません。この問題は、全体としてどんな内容かを聞く問題です。話の前に質問はありません。まず話を聞いてください。それから、質問とせんたくしを聞いて、1から4の中から、最もよいものを一つ選んでください。

－ メモ －

問題 4

🎧 TRACK 3401~3414

問題４では、問題用紙に何も印刷されていません。まず文を聞いてください。それから、それに対する返事を聞いて、１から３の中から、最もよいものを一つ選んでください。

－ メモ －

もん だい
問題 5

　問題 5 では長めの話を聞きます。この問題には練習はありません。問題用紙にメモをとってもかまいません。

ばん ばん
1番、2番　　🎧 TRACK 3501~3502

　問題用紙に何も印刷されていません。まず話を聞いてください。それから、質問とせんたくしを聞いて、1から4の中から、最もよいものを一つ選んでください。

－ メモ －

3番 🎧 TRACK 3503

まず話を聞いてください。それから、二つの質問を聞いて、それぞれ問題用紙の1から4の中から、最もよいものを一つ選んでください。

質問1

1 式場の予約

2 ドレスの値段

3 招待状のデザイン

4 引き出物の種類

質問2

1 引き出物は食べ物にするべきだ

2 結婚式の準備は女の人に任せるべきだ

3 来客の費用面での負担を軽減するべきだ

4 両家の意見が合わない時は、ブライダルフェアに行ってみるべきだ

JLPT
급소공략
N1 청해

4^회

<ruby>問題<rt>もん だい</rt></ruby> 1

<ruby>問題<rt>もんだい</rt></ruby>1では、まず<ruby>質問<rt>しつもん</rt></ruby>を<ruby>聞<rt>き</rt></ruby>いてください。それから<ruby>話<rt>はなし</rt></ruby>を<ruby>聞<rt>き</rt></ruby>いて、<ruby>問題用紙<rt>もんだいようし</rt></ruby>の1から4の<ruby>中<rt>なか</rt></ruby>から、<ruby>最<rt>もっと</rt></ruby>もよいものを<ruby>一<rt>ひと</rt></ruby>つ<ruby>選<rt>えら</rt></ruby>んでください。

1<ruby>番<rt>ばん</rt></ruby> 🎧 TRACK 4101

1 パソコンとUSB<rt>ユーエスビー</rt>

2 パソコンと<ruby>名簿<rt>めい ぼ</rt></ruby>

3 マイクと<ruby>名簿<rt>めい ぼ</rt></ruby>

4 プリントとUSB<rt>ユーエスビー</rt>

2<ruby>番<rt>ばん</rt></ruby> 🎧 TRACK 4102

1 <ruby>大阪支店<rt>おおさかし てん</rt></ruby>への<ruby>訪問<rt>ほうもん</rt></ruby>を<ruby>見合<rt>み あ</rt></ruby>わせる

2 <ruby>大阪支店<rt>おおさかし てん</rt></ruby>への<ruby>訪問<rt>ほうもん</rt></ruby>を1<ruby>時間繰<rt>じ かんく</rt></ruby>り<ruby>上<rt>あ</rt></ruby>げる

3 <ruby>大阪支店<rt>おおさかし てん</rt></ruby>への<ruby>訪問<rt>ほうもん</rt></ruby>を1<ruby>時間繰<rt>じ かんく</rt></ruby>り<ruby>下<rt>さ</rt></ruby>げる

4 <ruby>大阪支店<rt>おおさかし てん</rt></ruby>への<ruby>差<rt>さ</rt></ruby>し<ruby>入<rt>い</rt></ruby>れに<ruby>和菓子<rt>わ が し</rt></ruby>を<ruby>買<rt>か</rt></ruby>いに<ruby>行<rt>い</rt></ruby>く

3番 🎧 TRACK 4103

1 キャリアセンターに行ってアドバイスをもらう

2 会社説明会や先輩から情報を収集する

3 結論を裏付ける経験や成果で説得力を持たせる

4 将来の展望や社会人の心構えを書き足す

4番 🎧 TRACK 4104

1 牛皮で丈夫だけど重い鞄

2 B4サイズの防水加工がされている鞄

3 3wayの奥行きが広い鞄

4 宿泊に必要な衣服も入る大きめの鞄

5番 🎧 TRACK 4105

1 電話で先方に今回の取引を断る
2 工場長に生産工程を早めるように伝える
3 本社に持ち帰り、社内会議で検討する
4 上司に取引先の現状を報告する

6番 🎧 TRACK 4106

1 Wi-Fiを二人分レンタルする
2 海外旅行用の保険を二人分加入する
3 出国手続きをする
4 免税店でショッピングをする

問題2

問題2では、まず質問を聞いてください。そのあと、問題用紙のせんたくしを読んでください。読む時間があります。それから話を聞いて、問題用紙の1から4の中から、最もよいものを一つ選んでください。

1番 🎧 TRACK 4201

1 体格がいいので自分を守ってくれそうだから
2 山田さんと同じクラスで仲良しだから
3 度胸があって頼りがいがあるから
4 オカルト好きで話が合うから

2番 🎧 TRACK 4202

1 黄色のハートのマークが入ったTシャツ
2 リボンをした鳩のマークが入ったTシャツ
3 クラス全員の名前の頭文字を入れたTシャツ
4 黄色の鳩のマークが入ったTシャツ

3番　🎧 TRACK 4203

1 新しい友達が作れるから

2 韓国旅行に行きたいから

3 観光ガイドをやってみたいから

4 韓国人の友達と韓国語で話したいから

4番　🎧 TRACK 4204

1 防犯設備が劣悪だったため

2 全国の交番の手本にするため

3 事件の再発を防ぐため

4 犯人が一度逃走したことがあるため

5番 🎧 TRACK 4205

1 スーツをモデルのように素敵に着こなすこと

2 身動きがとりやすいようにスーツが機能的であること

3 その業界を意識した奇抜な格好で個性を出すこと

4 時と場合に応じた服装で相手に不快感を与えないこと

6番 🎧 TRACK 4206

1 熾烈な乗客争奪戦

2 沿線の地域活性化

3 市場飽和による業務提携

4 労働時間の見直し

7番 🎧 TRACK 4207

1 有機野菜は化学肥料の使用は禁止しているが、遺伝子組み換えは禁止していない

2 無農薬野菜は農薬を一切使わないため、安全性が最も高い

3 土自体に含まれている農薬は安全である

4 有機野菜は政府の認証機関の検査に合格しなければならない

問題3

🎧 TRACK 4301~4306

　問題3では、問題用紙に何も印刷されていません。この問題は、全体としてどんな内容かを聞く問題です。話の前に質問はありません。まず話を聞いてください。それから、質問とせんたくしを聞いて、1から4の中から、最もよいものを一つ選んでください。

－ メモ －

問題 4

TRACK 4401~4414

問題 4 では、問題用紙に何も印刷されていません。まず文を聞いてください。それから、それに対する返事を聞いて、1 から 3 の中から、最もよいものを一つ選んでください。

－ メモ －

4
회

問題5

　問題5では長めの話を聞きます。この問題には練習はありません。問題用紙にメモをとってもかまいません。

1番、2番　🎧 TRACK 4501~4502

　問題用紙に何も印刷されていません。まず話を聞いてください。それから、質問とせんたくしを聞いて、1から4の中から、最もよいものを一つ選んでください。

－ メモ －

3番 🎧 TRACK 4503

　まず話を聞いてください。それから、二つの質問を聞いて、それぞれ問題用紙の1から4の中から、最もよいものを一つ選んでください。

質問1

1　ビセイインコ

2　ミニウサギ

3　ゴールデンハムスター

4　ボーダー・コリー

質問2

1　ビセイインコ

2　ミニウサギ

3　ゴールデンハムスター

4　ボーダー・コリー

음성 듣기

JLPT
급소공략
N1 청해

5^회

問題 1

問題1では、まず質問を聞いてください。それから話を聞いて、問題用紙の1から4の中から、最もよいものを一つ選んでください。

1番 🎧 TRACK 5101

1 芸能人のモノマネの練習をする
2 流行している曲で替え歌を考える
3 佐藤君にダンスをしてほしいと頼む
4 マジックを練習する

2番 🎧 TRACK 5102

1 記入漏れの書類に書き込む
2 明後日の会議で必要な書類を作成する
3 工場に新製品の生産状況を確認しに行く
4 新製品の生産状況を取引先に連絡する

3番 🎧 TRACK 5103

1 請求書の品目欄を細かく分ける

2 部長に会社の捺印をもらいに行く

3 請求書発行日を今日の日付で書く

4 先方に連絡して請求締日を教えてもらう

4番 🎧 TRACK 5104

1 男の人の身分証明書を持って東京駅に行く

2 友達の身分証明書を持って友達と警察署に行く

3 もう一回、東京駅に行って忘れ物を探してみる

4 忘れ物が見つかるまで駅からの連絡を待つ

5番 ばん 🎧 TRACK 5105

1 旅行会社に連絡して交通手段の手配だけしてもらう

2 雨天時にする代替案を考える

3 同学年のクラスの先生と自分たちで手配できるか相談する

4 校長先生と一緒に修学旅行先へ下調べをしに行く

6番 ばん 🎧 TRACK 5106

1 月謝3万円を母の代わりに払う

2 3千円を母親に返金する

3 父親に3万2千円をもらう

4 父親にお小遣い3万2千円を前借りする

問題 2

　問題 2 では、まず質問を聞いてください。そのあと、問題用紙のせんたくしを読んでください。読む時間があります。それから話を聞いて、問題用紙の 1 から 4 の中から、最もよいものを一つ選んでください。

1番 🎧 TRACK 5201

1 ワンピースは他のお店から取り寄せしなければならない

2 セール品は交換できない

3 サイズや色はネット上の画面と一致しない

4 交換時の送料はお客が払う

2番 🎧 TRACK 5202

1 刑事事件として訴え、企業のイメージアップを図るべきだ

2 再発防止に繋がるため損害賠償請求をするべきだ

3 真似する者がいるため不適切動画をこれ以上拡散させないべきだ

4 子供には責任能力がないため、親を訴えるべきだ

3 番　🎧 TRACK 5203

1 髪の毛の色が黒色でなければならないから
2 考える機会が奪われ、思考能力が低下するから
3 面白くて不思議な校則だから
4 理不尽で意味のない厳しい校則だから

4 番　🎧 TRACK 5204

1 連絡をしなければそのまま入りたくない会社に入社することになるから
2 自分に親切にしてくれた採用担当者に申し訳ないから
3 社会人になってから、いじめられるかもしれないから
4 自分が内定を蹴った会社が取引先になるかもしれないから

5番 🎧 TRACK 5205

1 白血病になった俳優を助けるため

2 自分が白血病を発症した時のため

3 白血球の型の適合率を上げるため

4 世界中の人に生きる希望を与えるため

6番 🎧 TRACK 5206

1 軽い運動をする

2 ゲーム大会をする

3 歌を歌う

4 動物と触れ合う

7番 🎧 TRACK 5207

1 密室殺人トリック

2 犯人の殺人動機

3 恋人が犯人をかばったこと

4 犯人とその恋人が婚約すること

問題3

🎧 TRACK 5301~5306

　問題3では、問題用紙に何も印刷されていません。この問題は、全体としてどんな内容かを聞く問題です。話の前に質問はありません。まず話を聞いてください。それから、質問とせんたくしを聞いて、1から4の中から、最もよいものを一つ選んでください。

－ メモ －

問題 4

TRACK 5401~5414

問題4では、問題用紙に何も印刷されていません。まず文を聞いてください。それから、それに対する返事を聞いて、1から3の中から、最もよいものを一つ選んでください。

－ メモ －

問題5

問題5では長めの話を聞きます。この問題には練習はありません。問題用紙にメモをとってもかまいません。

1番、2番 🎧 TRACK 5501~5502

問題用紙に何も印刷されていません。まず話を聞いてください。それから、質問とせんたくしを聞いて、1から4の中から、最もよいものを一つ選んでください。

－ メモ －

3番
🎧 TRACK 5503

まず話を聞いてください。それから、二つの質問を聞いて、それぞれ問題用紙の1から4の中から、最もよいものを一つ選んでください。

質問1

1 A型

2 B型

3 O型

4 AB型

質問2

1 A型

2 B型

3 O型

4 AB型

5
회

JLPT 급소공략
N1 청해
정답과 스크립트

1회
문제 1	1.③	2.③	3.④	4.④	5.②	6.②								
문제 2	1.③	2.④	3.④	4.③	5.④	6.③	7.④							
문제 3	1.③	2.②	3.②	4.④	5.③	6.③								
문제 4	1.①	2.②	3.③	4.③	5.②	6.③	7.②	8.①	9.③	10.①	11.②	12.①	13.②	14.①
문제 5	1.③	2.②	3-1.③	3-2.④										

2회
문제 1	1.②	2.③	3.④	4.①	5.②	6.②								
문제 2	1.②	2.③	3.④	4.③	5.④	6.③	7.③							
문제 3	1.③	2.②	3.④	4.①	5.④	6.③								
문제 4	1.③	2.②	3.③	4.①	5.③	6.②	7.②	8.③	9.③	10.①	11.②	12.②	13.③	14.①
문제 5	1.②	2.①	3-1.③	3-2.④										

3회
문제 1	1.①	2.③	3.④	4.②	5.③	6.③								
문제 2	1.④	2.④	3.④	4.③	5.③	6.④	7.①							
문제 3	1.②	2.③	3.②	4.③	5.④	6.③								
문제 4	1.①	2.②	3.①	4.③	5.③	6.①	7.③	8.①	9.②	10.①	11.②	12.②	13.①	14.②
문제 5	1.③	2.③	3-1.④	3-2.③										

4회
문제 1	1.①	2.②	3.③	4.③	5.④	6.①								
문제 2	1.③	2.④	3.④	4.③	5.④	6.②	7.④							
문제 3	1.④	2.①	3.②	4.③	5.③	6.①								
문제 4	1.②	2.①	3.③	4.③	5.②	6.③	7.①	8.②	9.①	10.②	11.③	12.②	13.①	14.②
문제 5	1.④	2.④	3-1.③	3-2.④										

5회
문제 1	1.④	2.①	3.①	4.②	5.③	6.③								
문제 2	1.④	2.②	3.④	4.④	5.③	6.④	7.③							
문제 3	1.③	2.②	3.②	4.③	5.③	6.④								
문제 4	1.②	2.②	3.③	4.①	5.③	6.③	7.①	8.②	9.①	10.②	11.③	12.①	13.③	14.②
문제 5	1.②	2.②	3-1.②	3-2.③										

問題 1

1番

写真スタジオの男の人と女のお客が話しています。女の人はこの後まず何をしますか。

女 すみません。ちょっとお聞きしたいんですけど、父の還暦祝いに家族みんなで記念撮影をしようと思ってるんですが、予約できますか。

男 いつもご利用頂き、ありがとうございます。ご家族の記念撮影でございますね。お電話でもウェブからでもご予約可能でございます。ご予約の前にまず、ウェブでフォトギャラリーの中からお気に入りのテーマを選んでいただくことになっております。様々なコンセプトがございますので、ご覧ください。

女 あ、そうですか。分かりました。撮影はどんな流れになりますか。

男 撮影される方々の人数が確定されましたら、お客様のご都合のよい日時を選んでいただいて、お電話かウェブからご予約お願いいたします。後は撮影当日になりますが、ご来店された後、お気に入りの衣装を選んでいただいて、美容スタッフがヘアメイクを行います。切り抜きやお写真をお持ちいただくとよりスムーズに進むかと思います。

女 なるほど。それは家族に伝えておきます。

女の人はこの後まず何をしますか。

1 衣装を試着しに家族みんなでスタジオを訪問する
2 撮影する人数を確認して電話で予約する
3 フォトギャラリーを見て撮影のテーマを決める
4 美容スタッフと理想のスタイルについて相談する

문제1

1번

사진 스튜디오의 남자와 여자 손님이 이야기하고 있습니다. 여자는 이후에 먼저 무엇을 합니까?

여 실례합니다. 좀 묻고 싶은 게 있는데요, 아빠 환갑 축하로 가족들 다 같이 기념 촬영을 하려고 하는데 예약할 수 있나요?

남 언제나 이용해 주셔서 감사합니다. 가족 기념 촬영 이시군요. 전화로도 인터넷으로도 예약하실 수 있습니다. 예약하시기 전에 먼저 인터넷으로 포토 갤러리 중에서 마음에 드시는 테마를 고르도록 되어 있습니다. 여러 가지 콘셉트가 있으니까 참고해 주세요.

여 아, 그래요? 알겠습니다. 촬영은 어떻게 진행되나요?

남 촬영하실 분들의 인원이 확정되시면 고객 분께서 괜찮으신 날과 시간을 고르시고, 전화나 인터넷으로 예약해 주시면 됩니다. 그 다음은 촬영 당일인데요, 스튜디오에 도착하신 후 마음에 드는 의상을 고르시면 미용 스태프가 헤어 메이크업을 해 드립니다. 스크랩하신 이미지나 사진을 가지고 오시면 보다 원활하게 진행할 수 있습니다.

여 그렇구나. 그건 가족들에게 말해 놓을게요.

여자는 이후에 먼저 무엇을 합니까?

1 의상을 입어 보러 가족들과 다 함께 스튜디오를 방문한다
2 촬영할 인원수를 확인하고 전화로 예약한다
3 포토 갤러리를 보고 촬영 테마를 정한다
4 미용 스태프와 원하는 스타일에 대해서 상담한다

還暦 환갑, 회갑 | 祝い 축하 | 記念 기념 | 撮影 촬영 | ウェブ 웹, 인터넷 | フォトギャラリー 포토 갤러리, 사진첩
コンセプト 콘셉트 | 流れ 흐름 | 人数 인원수 | 確定 확정 | 当日 당일 | 来店 내점, 방문 | 気に入り 마음에 듬 | 衣装 의상
美容 미용 | スタッフ 스태프, 담당자 | ヘアメイク 헤어 메이크업 | 切り抜き 오려냄, 잘라냄 | スムーズ 원활하게
試着する 입어 보다 | 訪問する 방문하다 | 理想 이상

2番

大学の事務室で男の人と女の人が話しています。男の人はこの後まず何をしますか。

男　すいません。今からでも奨学金の申請ってできますか。僕、説明会の時休んでしまって。

女　そうですか。今からでもできますよ。ただし、この要項にも書いてあるんですが、受付期間内に不備の書類等がないよう申請してください。

男　申請書類って何があるんですか。

女　まず、重要なのは、学習成果報告書ですね。これは今までどのような勉強をしてきたのか、そしてこれからどんな研究をするのかを書く、いわば志望理由書のようなものですね。選考基準の50パーセントを占めるのでしっかり書いた方がいいですよ。

男　そうなんですね。家に帰ってすぐ書きます。他には何がありますか。

女　そうですね。あと成績証明書です。学科事務室の発券機で発行できますが、今日は故障中ですね。あと資格の証明書も必要です。資格によっては時間がかかりますから、早めに請求した方がいいですね。

男　はい、休み時間に請求しておきます。

女　そして、教授の推薦状も必要です。これも早めに指導教授にお願いするのがいいですね。

男　分かりました。ありがとうございました。教授の授業はちょうど明日なので、その時頼んでみます。

男の人はこの後まず何をしますか。

1 学習成果報告書を書く
2 成績証明書を発行する
3 資格の証明書を請求する
4 教授に推薦状をもらう

2번

대학교 사무실에서 남자와 여자가 이야기하고 있습니다. 남자는 이후에 먼저 무엇을 합니까?

남　실례합니다. 지금도 장학금 신청을 할 수 있나요? 저 설명회 때 빠져서요.

여　그래요? 아직 할 수 있어요. 단, 이 요강에도 쓰여 있는데 접수 기간 내에 부족한 서류가 없도록 신청해 주세요.

남　신청 서류는 뭐가 있나요?

여　우선, 중요한 건 학습성과보고서예요. 이건 지금까지 어떤 공부를 해 왔는지, 그리고 앞으로 어떤 연구를 할 건지를 쓰는, 이를테면 지망이유서 같은 거예요. 전형 기준의 50%를 차지하니까 잘 쓰는 편이 좋아요.

남　그렇군요. 집에 가서 바로 쓰겠습니다. 다른 건 뭐가 있나요?

여　음, 그리고 성적증명서예요. 학과 사무실 발권기에서 발행할 수 있는데 오늘은 고장이 났어요. 그리고 자격증명서도 필요합니다. 자격증에 따라서는 시간이 걸릴 수도 있으니까 서둘러서 청구하는 편이 좋아요.

남　네, 쉬는 시간에 청구해 놓을게요.

여　그리고 교수님 추천장도 필요해요. 이것도 서둘러 지도 교수님에게 부탁하는 게 좋아요.

남　알겠습니다. 감사합니다. 교수님 수업은 마침 내일이니까 그때 부탁 드려 볼게요.

남자는 이후에 먼저 무엇을 합니까?

1 학습성과보고서를 쓴다
2 성적증명서를 발행한다
3 자격증명서를 청구한다
4 교수님께 추천장을 받는다

事務室 사무실 | 奨学金 장학금 | 申請 신청 | 要項 요항, 요강 | 不備 갖추지 않음 | 書類 서류 | ~等 ~등 | 成果 성과
報告書 보고서 | 志望 지망 | 選考 전형 | 基準 기준 | 占める 차지하다 | 成績 성적 | 証明書 증명서 | 学科 학과 | 発券機 발권기
発行 발행 | 故障 고장 | ~中 ~중 | 資格 자격 | 早めに 미리, 서둘러 | 請求する 청구하다 | 教授 교수 | 推薦状 추천장
指導 지도

コンビニで男の店長と女のアルバイトが話しています。女のアルバイトはこの後何をしますか。

男　新人教育は終わったかい。

女　はい、大体は終わって今は、品出しを教えています。

男　そうか。レジ打ちはもう覚えたんだね。タバコの銘柄は覚えたかな。意外にこれが大変なんだよ。それに宅配便や公共料金の支払い方法も覚えさせなきゃ。これ間違えたら大変なことになるから、しっかりね。

女　タバコはまだです。それはゆくゆく実践で覚えさせる予定です。宅配便や公共料金は教えたんですが、物覚えが悪くてお客様の前にはまだ出せないですね。

男　そうか。できれば早く一人前にしてほしいんだがね。ただでさえ、お客様が多くてレジも人手が足りないっていうのに、冬季限定の中華まんやおでん始まっちゃったから仕事が増えちゃって。

女　店長、それは私がやっておきます。中華まんも蒸すだけですし。

男　そういうのは手が空いた時に新人にやらせて、君はレジを頼むよ。あ、早く朝刊を片付けなきゃ。もうすぐ夕刊来ちゃうよ。そうだ、新人教育の一環として僕から朝刊の片付けを教えるよ。新人呼んできて。

女　店長がするんですか。店長はスパルタだから、あの子泣いちゃいますよ。

女のアルバイトはこの後何をしますか。

1　新人にタバコの銘柄を覚えさせる
2　新人に公共料金の支払い方法を覚えさせる
3　新人におでんと中華まんの仕込みをさせる
4　新人に店長の教育を受けさせる

편의점에서 남자 점장과 여자 아르바이트생이 이야기하고 있습니다. 여자 아르바이트생은 이후에 무엇을 합니까?

남　신참 교육은 끝났나?

여　네, 거의 끝나서 지금은 상품 정리를 가르치고 있어요.

남　그래? 계산하는 방법은 이미 외웠겠지. 담배 상표는 다 외웠나? 의외로 이게 힘들거든. 그리고 택배나 공공요금 지불 방법도 외우게 해. 이거 잘못하면 큰일나니까, 확실하게.

여　담배는 아직이에요. 그건 차차 실전에서 외우게 할 예정이에요. 택배랑 공공요금은 가르쳤는데 기억력이 나빠서 손님 상대로는 아직 시킬 수 없어요.

남　그래? 되도록 빨리 자기 몫을 해주면 좋겠는데 말이야. 그렇지 않아도 손님이 많아서 계산도 일손이 모자라는데 겨울 한정 찐빵이나 어묵도 시작해서 일이 늘었으니.

여　점장님, 그건 제가 해 놓을게요. 찐빵도 찌기만 하면 되니까요.

남　그런 거는 시간이 남을 때 신참에게 시키고 자네는 계산을 해 주게. 아, 얼른 조간신문을 치워야겠군. 이제 곧 석간신문이 올 테니. 그렇지, 신참 교육의 일환으로 내가 조간신문 치우는 방법을 가르칠게. 신참을 불러다 줘.

여　점장님이 하시려고요? 점장님은 스파르타라서 그 애, 울지도 몰라요.

여자 아르바이트생은 이후에 무엇을 합니까?

1　신참에게 담배 상표를 외우게 한다
2　신참에게 공공요금의 지불 방법을 외우게 한다
3　신참에게 어묵과 찐빵의 준비를 시킨다
4　신참에게 점장의 교육을 받게 한다

店長 점장(님) | 新人 신입, 신참 | 教育 교육 | 大体 거의, 대략 | 品出し 상품 진열, 상품 정리 | レジ打ち 계산 | 銘柄 상표(명)
宅配便 택배 | 公共料金 공공요금 | 支払い 지불 | ゆくゆく 차차 | 実践 실천, 직접 행함 | 物覚え 기억(력) | できれば 되도록
一人前 한사람 몫, 자기 몫 | ただでさえ 그렇지 않아도 | レジ 계산대 | 人手 일손 | 冬季 겨울철 | 限定 한정 | 中華まん 찐빵
蒸す 찌다 | 手が空く 손이 비다, 짬이 나다 | 朝刊 조간 | 夕刊 석간 | 一環 일환 | スパルタ 스파르타, 엄격함 | 仕込み 준비

男の人と女の人が話しています。男の人はこの後何をしますか。

女　（ピーンポーン）はい。どなたですか。

男　すいません、おととい隣の部屋に引っ越して来た山田と申します。引っ越しの挨拶に伺いました。

女　まあ、ご丁寧にどうも。このアパートのことで分からないことや困ったことがあったら、遠慮なく言ってちょうだいね。困った時はお互いさまですから。

男　ありがとうございます。早速ですが、３０４号室の木村さんなんですが、僕の真上の部屋で深夜になるといつもうるさいんです。しかも、さっき部屋に行ったんですが誰もいないみたいで…。

女　ああ、３０４号室ね。あそこはいつも夜遅いから。あまりひどいなら、大家さんに他に空き部屋がないか聞いてみるか、１０１号室の田中さんに相談してみたらどうかしら。あの人、管理人だから頼りになるわよ。

男　あ、そうなんですね。じゃ、今日のお昼頃にでも田中さんに伺ってみます。あと、ゴミはいつ出せばいいんでしょうか。

女　月曜日がビンや缶の資源ごみの日で、火曜日と金曜日が燃えるゴミの日、水曜日がリサイクルするプラスチックの日よ。

男　ちょうどプラスチックが溜まってて出そうと思ってたんですよ。今日は火曜日だから明日出せますね。いろいろ教えていただき、ありがとうございます。これからよろしくお願いいたします。

男の人はこの後何をしますか。

1　木村さんに騒音が迷惑なことを伝えに行く
2　リサイクルしにプラスチックのゴミを出しに行く
3　大家さんに電話して部屋を変えてもらえないか尋ねる
4　管理人さんに上の階の騒音を相談しに行く

남자와 여자가 이야기하고 있습니다. 남자는 이후에 무엇을 합니까?

여　(띵~동) 네. 누구세요?

남　실례합니다. 그저께 옆집에 이사 온 야마다라고 합니다. 이사 인사를 드리러 왔습니다.

여　아, 감사합니다. 이 아파트에 대한 일로 모르는 거나 곤란한 게 있으면 부담 없이 말해줘요. 곤란한 게 있을 때는 서로 도와야죠.

남　감사합니다. 그래서 말인데요, 304호 기무라 씨요, 제 바로 윗집인데 심야가 되면 항상 시끄럽거든요. 게다가 아까 찾아갔는데 아무도 없는 것 같아서….

여　아, 304호요. 거기는 항상 밤늦게 오니까요. 너무 심하면 집주인한테 다른 빈집이 없는지 물어보거나, 아니면 101호 다나카 씨에게 상담해 보면 어떨까요? 그 사람이 관리인이라서 도움이 될 거예요.

남　아, 그렇군요. 그럼 오늘 낮에라도 다나카 씨에게 물어볼게요. 그리고, 쓰레기는 언제 버리면 될까요?

여　월요일이 병이나 캔류 재활용 쓰레기 버리는 날이고, 화요일이랑 금요일이 타는 쓰레기 버리는 날, 수요일이 재활용 플라스틱 버리는 날이에요.

남　마침 플라스틱이 쌓여 있어서 버리려던 참이었어요. 오늘은 화요일이니까 내일 버리면 되겠네요. 여러 가지 알려 주셔서 감사합니다. 앞으로도 잘 부탁드립니다.

남자는 이후에 무엇을 합니까?

1　기무라 씨에게 소음이 민폐인 것을 전하러 간다
2　재활용하러 플라스틱 쓰레기를 버리러 간다
3　집주인에게 전화를 해서 집을 바꿀 수 있냐고 물어본다
4　관리인에게 위층 소음을 상담하러 간다

5番

病院で女の人とが男の人が話しています。女の人はこれから何をしますか。

男　この間の健康診断の結果なんですが、糖尿病ではないんですが、糖尿数値がかなり高いので、これからは食餌療法と運動を並行していかなければならないですね。そうしないとインスリンや薬を使うことになりますよ。

女　そうなんですか。私はお酒も飲まないし、食事の量だって多い方でもないのに、どうして糖尿数値がそんなに高いのでしょうか。

男　必ずしも食生活が原因だとは限らないですね。遺伝だとか体質だとか生活環境とかいろんな原因がありますからね。

女　食事はどうゆうふうに制限すればいいですか。

男　カロリーを制限するより栄養バランスの取れた三食をきちんと食べるのが大事です。炭水化物や脂質は控えて野菜を中心に食べてください。

女　それから私、運動は本当に苦手なんですけど…。でも家の近くに山があります。山登りはどうでしょうか。

男　山登りは膝に負担がかかるかもしれないし、天気にもけっこう左右されるので、日常生活の中でできる簡単なストレッチやウォーキングの方をおすすめします。これから担当の者が運動方法について説明しますので、待合室でお待ちください。

女の人はこれから何をしますか。

1 医者から渡された食事表に従って食事をする
2 担当者から運動方法について指導を受ける
3 通院治療をし、処方された薬を飲む
4 週に一度山登りやストレッチをする

5번

병원에서 여자와 남자가 이야기하고 있습니다. 여자는 앞으로 무엇을 합니까?

남　지난번 건강검진 결과인데요, 당뇨병은 아니지만 당뇨수치가 꽤 높아서 앞으로는 식이요법과 운동을 병행해야만 합니다. 그렇지 않으면 인슐린과 약을 써야 해요.

여　그래요? 저는 술도 안 마시고 식사량 또한 많은 편이 아닌데 왜 당뇨수치가 그렇게 높은 걸까요?

남　반드시 식생활이 원인이라고는 할 수 없습니다. 유전이라든지 체질이라든지 생활환경이라든지 여러 가지 원인이 있으니까요.

여　식사는 어떻게 제한하면 될까요?

남　칼로리를 제한하는 것보다 영양 균형을 맞춘 세끼를 잘 챙겨먹는 것이 중요합니다. 탄수화물이나 지방질은 자제하고 야채 위주로 드세요.

여　그리고 저 운동은 정말 싫어하는데…. 하지만 집 근처에 산이 있어요. 등산은 어떨까요?

남　등산은 무릎에 부담이 갈 지도 모르고, 날씨에도 꽤 좌우되니까 일상생활 속에서 할 수 있는 간단한 스트레칭이나 걷기 운동을 권해 드립니다. 지금부터 담당자가 운동 방법에 대해서 설명할 테니 대기실에서 기다려 주세요.

여자는 앞으로 무엇을 합니까?

1 의사에게 받은 식단표에 따라 식사를 한다
2 담당자에게 운동 방법에 대한 지도를 받는다
3 통원치료를 하며 처방 받은 약을 먹는다
4 일주일에 한 번 등산과 스트레칭을 한다

6番

男の人と女の人が最近始まった「月9ドラマ」について話しています。男の人はこの後まず何をしますか。

女　ねえ、鈴木監督と斎藤作家がコラボして作った月9見た？

男　あれね。製作費とかロケ地とか製作過程から随分話題になってたもんな。ロケ地はすでに観光スポットになってるらしいし。

女　名声通り鈴木監督の映像の撮り方ってすごぎるよ。ドラマなのに映画見てるような感じだった。

男　でも会社の友達はストーリーが雑っていうかべたで、まだ興味が湧かないと言ってたけどな。

女　始まったばかりだからまだ分からないでしょ？それよりイケメンの大物俳優たちが大勢出演するからそれだけでも見てて楽しいよ。

男　まったく、もう。面食いなんだから。顔より演技の方に集中しないと。

女　演技も悪くないよ。あなたも見てみてよ。とりあえず見ないと話ができないから。再放送もあっちこっちでやってるんだって。

男　そんなドラマ見る暇があったら俺は昼寝するよ。だって見始めたからには最後まで見なきゃだし、50話はさすがにしんどいな。

女　あ、そうだ。ドラマの見どころを詰め込んだダイジェスト版もあるらしいけど、それならいいんじゃない？あなたにぴったり。

男　そこまで？まあ、しょうがないな。

男の人はこの後まず何をしますか。

1　女の人からドラマのあらすじについて聞く
2　ハイライトのようなミニバージョンを見る
3　女の人と一緒にドラマのロケ地を訪ねる
4　昼寝をしてからレンタルショップに行ってＤＶＤを借りる

6번

남자와 여자가 최근에 시작한 '월요일 9시 드라마'에 대해서 이야기하고 있습니다. 남자는 이후에 먼저 무엇을 합니까?

여　있잖아, 스즈키 감독하고 사이토 작가가 합작해서 만든 월요일 9시 드라마 봤어?

남　아 그거. 제작비라든지 촬영지라든지 제작 과정부터 꽤나 화제가 됐었지. 촬영지는 이미 관광 명소가 됐다던데.

여　명성대로 스즈키 감독의 영상 찍는 방식 정말 대단해. 드라마인데도 영화 보는 것 같았어.

남　하지만 회사 친구는 스토리가 허술하다고 해야 하나 뻔해서 아직 흥미가 안 생긴다던데.

여　시작한 지 얼마 안 됐으니까 아직 모르지 않아? 그것보다 잘생긴 대배우들이 대거 출연하니까 그것만으로도 보고 있으면 즐거워.

남　어휴, 정말. 얼굴 따지기는. 얼굴보다 연기에 집중해야지.

여　연기도 나쁘지 않아. 너도 봐봐. 일단 보지 않고서는 이야기가 안 되니까. 재방송도 여기저기서 하고 있대.

남　그런 드라마 볼 시간 있으면 난 낮잠 잘래. 왜냐하면 보기 시작한 이상 끝까지 봐야 하고, 50부작은 역시 힘들어.

여　아, 맞다! 드라마의 중요 장면만 담은 요약판도 있다던데 그거면 괜찮지 않아? 너한테 딱이다.

남　그렇게까지? 뭐, 어쩔 수 없지.

남자는 이후에 먼저 무엇을 합니까?

1　여자에게 드라마의 줄거리에 대해서 듣는다
2　하이라이트 같은 미니 버전을 본다
3　여자와 함께 드라마 촬영지를 방문한다
4　낮잠을 잔 후에 대여점에 가서 DVD를 빌린다

問題2

1番

女の人とが男の人が話しています。交通事故の原因は何ですか。

男　そういえば、一昨日の夜、駅前の交差点で交通事故があったらしいよ。

女　へえ～、そうだったんだ。あそこよく通るんだけど、知らなかったな。

男　他人事じゃないから、注意しなきゃ。大きな事故にならなかったのが不幸中の幸いらしいよ。

女　それで、どんな事故だったの？

男　自転車と車の接触事故だって。一歩間違えれば、取り返しのつかないことになってたらしいよ。

女　あそこ、確か、信号がなかったよね。それに夜は交通量も少ないから油断してスピード出してたんじゃない？

男　聞いた話では、どうも、そうじゃないらしいんだ。車が交差点を直進しようとした時だったんだけど、歩行者がいないか、確認しながらゆっくり直進してたんだって。自転車もスピードは出してなかったっていう話だよ。

女　ふ～ん、だったら、どうして事故なんか起こったのかな？

男　それがね、自転車に乗ってた人がライトを付けてなくて、車の運転手が横から来る自転車に気が付かなかったみたい。

女　あ、それは危ないよね。私も気を付けようっと。

男　うん。やっぱり、事故は怖いから、万が一のためにヘルメットも付けた方がいいね。

문제2

1번

여자와 남자가 이야기하고 있습니다. 교통사고의 원인은 무엇입니까?

남　그러고 보니 그저께 밤에 역 앞 교차로에서 교통사고가 있었대.

여　어머, 그랬구나. 거기 잘 지나다니는데도 몰랐네.

남　남일이 아니니까 주의해야 해. 큰 사고가 아니었던 게 불행 중 다행이었다나 봐.

여　그래서, 어떤 사고였는데?

남　자전거랑 자동차 접촉사고였대. 자칫 잘못했으면 돌이킬 수 없는 일이 될 뻔 했다나 봐.

여　거기 신호등이 없었지, 아마? 게다가 밤에는 교통량도 적으니까 방심해서 속도 냈던 거 아니야?

남　들은 이야기로는 아무래도 그건 아닌 거 같아. 자동차가 교차로에서 직진하려고 했을 때였는데, 보행자가 없는지 확인하면서 천천히 직진하고 있었대. 자전거도 속도는 안 냈다던데.

여　음, 그런데 어째서 사고가 난 거지?

남　그게 말이야, 자전거에 타고 있던 사람이 전조등을 안 켜서 자동차 운전자가 옆에서 오는 자전거를 못 봤나 봐.

여　아, 그건 위험하지. 나도 조심해야겠다.

남　응. 역시 사고는 무서우니까 만일을 위해서 헬멧도 쓰는 게 낫겠어.

교통사고의 원인은 무엇입니까?

1　자동차가 속도 위반을 해서
2　자동차가 신호를 무시해서
3　자전거가 전조등을 안 켜서
4　자전거가 속도를 너무 내서

交通事故の原因は何ですか。

1 自動車がスピード違反していたから
2 自動車が信号を無視したから
3 自転車がライトをつけていなかったから
4 自転車がスピードを出し過ぎていたから

交通事故 교통사고 | 原因 원인 | 駅前 역 앞 | 交差点 교차로 | 通る 지나다, 지나가다 | 他人事 남의 일 | 不幸中の幸い 불행 중 다행
接触 접촉 | 一歩間違えれば 자칫 잘못하면 | 取り返しのつかない 돌이킬 수 없다, 되돌릴 수 없다 | 信号 신호 | 交通量 교통량
油断する 방심하다 | スピード(を)出す 속도를 내다 | 直進する 직진하다 | 歩行者 보행자 | ライト 라이트, 전조등 | 運転手 운전자
気が付く 알아차리다 | 万が一 만일 | ヘルメット 헬멧 | 違反する 위반하다 | 無視する 무시하다

2番

女の人と男の人が話しています。女の人が犬を飼う一番の理由は何ですか。

男　そういえば、木村さんのお子さんたち、犬を飼いたがってるって言ってましたよね。その後、どうなりましたか。

女　そうなんですよ。子供たちが犬を飼いたいってうるさくて。耳にたこができるかと思いましたよ。それで、結局私が折れて飼うことにしたんですが…。

男　へえ～、意外ですね。木村さん、あんなに嫌がってたじゃないですか。どういう心境の変化ですか。

女　あ、それは、いろいろあるんですけど。最近、運動不足なので、犬を飼ったら毎日散歩に行くし、ダイエットもできていいんじゃないかと思って。

男　え～、そんな動機で飼うことにしたんですか。

女　ははは。それは、冗談ですよ。でも犬を飼うとダイエット以外にもいろいろな効果があるそうですよ。例えば、犬の散歩などが血圧を下げてくれるらしいです。しかも、犬と触れ合うと癒されるじゃないですか。幸せホルモンが分泌されてうつ病や認知症などにもいいらしいんですよ。

男　へ～、そうなんですか。それで許可したんですか。

女　いえ、それだけじゃなくて、やっぱり何といっても、犬の世話をすることで子供達が規則正しい生活になるんじゃないかなと思って。

2번

여자와 남자가 이야기하고 있습니다. 여자가 개를 키우는 가장 큰 이유는 무엇입니까?

남　그러고 보니 기무라 씨의 아이들이 개를 키우고 싶어한다고 했죠? 그 후에 어떻게 됐어요?

여　맞아요. 아이들이 하도 개를 키우고 싶다고 해서 귀에 못이 박히는 줄 알았어요. 그래서 결국 제가 양보해서 키우게 됐어요.

남　어, 의외네요. 기무라 씨 엄청 싫어했잖아요? 무슨 심경의 변화가 있었어요?

여　아, 그건 여러 가지 이유가 있는데요. 요즘 운동 부족이어서, 개를 키우면 매일 산책을 가니까 다이어트도 되고 좋지 않을까 해서요.

남　뭐예요. 그런 동기로 키우게 된 거예요?

여　하하하. 그건 농담이에요. 하지만 개를 키우면 다이어트 이외에도 여러 가지 효과가 있다고 해요. 예를 들어 개를 산책시키는 게 혈압을 낮춰 준다고 해요. 게다가 개와 접촉하면 힐링되잖아요. 행복 호르몬이 분비돼서 우울증이나 치매 등에도 좋대요.

남　아, 그렇군요. 그래서 허락한 거예요?

여　아니요. 그거뿐만 아니라 뭐니뭐니해도 개를 돌보면서 아이들이 규칙적인 생활을 할 수 있지 않을까 싶어서요. 게임만 하는 것보다는 좋잖아요? 개를 돌보는 건 아이들이 한다고 했으니까 책임감도 생긴 거 같고. 큰 결심을 했어요.

남　이러니저러니 해도 개 키우는 걸 허락해주다니. 아이들을 끔찍이 아끼는 기무라 씨답네요.

여자가 개를 키우는 가장 큰 이유는 무엇입니까?

1　매일 산책을 감으로써 다이어트를 할 수 있으니까
2　혈압이 낮아져서 고혈압을 예방해 주니까
3　행복 호르몬이 분비돼서 우울증을 예방해 주니까

ゲームばかりするよりはいいでしょ？ 世話は
子供達でやると言ってたので責任感も芽生え
たみたいだし。大きな決断をしましたよ。

男　なんだかんだ言って、犬を飼うことを許してあ
　　げたなんて。子煩悩な木村さんらしいですね。

女の人が犬を飼う一番の理由は何ですか。

1　毎日散歩に行くことでダイエットができるから

2　血圧が下がり、高血圧を防いでくれるから

3　幸せホルモンが分泌され、うつ病を防いでくれ
　　るから

4　子供達に規則正しい生活をさせることができる
　　から

お子さん 자녀분 ｜ 耳にたこができる 귀에 못이 박히다 ｜ 折れる 굽히다, 양보하다 ｜ 意外だ 의외이다 ｜ 心境の変化 심경의 변화
運動不足 운동 부족 ｜ 動機 동기 ｜ 冗談 농담 ｜ 以外にも 이외에도 ｜ 効果 효과 ｜ 血圧 혈압 ｜ 下げる 내리다, 낮추다
触れ合う 접하다, 접촉하다 ｜ 癒される 치유되다 ｜ ホルモン 호르몬 ｜ 分泌される 분비되다 ｜ うつ病 우울증 ｜ 認知症 치매
許可する 허가하다, 허락하다 ｜ 世話をする 돌보다 ｜ 規則正しい 규칙적이다 ｜ 責任感 책임감 ｜ 芽生える 싹트다, 생기다 ｜ 決断 결단
なんだかんだ 이러니저러니, 이러쿵저러쿵 ｜ 子煩悩だ 자식을 끔찍이 아끼다 ｜ 高血圧 고혈압 ｜ 防ぐ 막다, 예방하다

3番

**男の人と女の人が話しています。男の人はどうし
て引っ越すことにしましたか。**

男　実は、僕引っ越したんだ。

女　え〜、なんで？ この前の部屋、欠陥住宅だっ
　　たの？

男　うん、そうだね。床がすごく傾いてたよ。窓
　　もしっかり閉まらなくて、隙間風がピューピ
　　ュー吹いてさ。寝る時は寝袋で寝てたよ。外
　　で寝るのと変わりなくてさ。

女　あ〜、それで引っ越したのね。かわいそう
　　に。大家さんに直してもらえばよかった
　　のに…。

男　いや、まあ、それは我慢できたよ。僕、小さ
　　い頃から寒いのには慣れてて。あ〜、小さい
　　頃と言えば、僕、子供の頃から霊感が強くて
　　よく見るんだ。あの部屋でも…。

女　え、まさか。前の部屋で見たの？ 幽霊？

男　うん。そのまさか。夜中になんか体が重いな
　　と思ったら寝ている僕の上にいたんだ。髪の
　　長い女の人が。

女　え〜、聞いただけで寒気がするんだけど。そ

3번

**남자와 여자가 이야기하고 있습니다. 남자는 왜 이사하기로
했습니까?**

남　실은 나 이사했어.

여　어? 왜? 이전 집, 결함주택이었어?

남　응, 맞아. 바닥이 아주 기울어져 있었어. 창문도 잘
　　안 닫혀서 틈으로 바람이 쌩쌩 들어오고. 잘 때는
　　침낭에서 잤어. 밖에서 자는 거랑 차이가 없어서.

여　아, 그래서 이사했구나. 안됐다. 집주인이 고쳐 줬
　　으면 좋았을 텐데….

남　아니, 뭐, 그건 참을 수 있었어. 나 어렸을 때부터 추
　　위에는 익숙해져 있거든. 아, 어렸을 때라고 해서
　　말인데, 나 어렸을 때부터 영감이 강해서 자주 보거
　　든. 그 방에서도….

여　뭐? 설마. 그 방에서도 봤어? 유령?

남　맞아, 그 설마가. 한밤중에 왠지 몸이 무겁다 싶었
　　는데 내 위에 있었어. 머리가 긴 여자가.

여　으～, 듣기만 해도 오싹하네. 그래서 이사했구나.

남　아니. 유령은 그렇게 무섭지 않아. 정말 무서운 건
　　살아 있는 인간이야.

여　응? 무슨 말이야?

남　그게, 말하기 좀 그런데, 나 스토킹 당했거든. 방
　　이 1층이어서 자주 빨래를 도둑맞았어. 이전 방 창

れで引っ越したのね。

男 いや、幽霊はそんなに怖くないよ。本当に怖いのは生身の人間だよ。

女 え、どういうこと？

男 それが、言いにくいんだけど、僕ストーカーに遭ってて。部屋が１階だったからよく洗濯物とか盗まれたりしてたんだ。前の部屋の窓、閉まらないだろ？ いつか入ってくるんじゃないかと思って…。

女 え〜、鳥肌が…。

男の人はどうして引っ越すことにしましたか。

1 部屋が欠陥住宅で床が傾いていたから
2 窓が閉まらなくて外と同じくらい寒かったから
3 部屋で心霊現象が起こったから
4 ストーカー被害に遭ったから

문이 잘 안 닫히잖아. 언젠가 들어오지 않을까 해서….

여 아, 소름 끼쳐.

남자는 왜 이사하기로 했습니까?

1 방이 결함주택이라서 바닥이 기울어져 있었기 때문에
2 창문이 닫히지 않아서 바깥처럼 추웠기 때문에
3 방에서 심령 현상이 일어났기 때문에
4 스토킹 피해를 당했기 때문에

欠陥住宅 결함주택	床 마루, 바닥	傾く 기울다	隙間風 틈새로 들어오는 바람, 외풍	ビュービュー 쌩쌩	寝袋 침낭
大家さん 집주인	我慢 참음	霊感 영감	幽霊 유령	夜中 한밤중	寒気がする 한기가 들다, 오싹하다	生身 살아 있는 몸
ストーカーに遭う 스토킹을 당하다	洗濯物 세탁물, 빨래	盗む 훔치다	鳥肌 소름	現象 현상	被害に遭う 피해를 입다

4番

美容師と女のお客が話しています。女のお客はどうしてパーマをかけることにしましたか。

男 今日はどうなさいますか。

女 シャンプーとカットをお願い。

男 カットはどのようにしましょうか。

女 そうね。私、髪が細くて量も少ないのか、ボリュームがないのよね。なのであまりすかないで。長さは肩ぐらいまでにしようかしら。

男 お客様は髪の毛自体にカールがかかってますね。お客様の髪は肩まで切ってしまうと、はねやすくなってしまいますが、よろしいですか。

女 そうなのよ。少しうねってて、髪が外にはねるのよ。いつもヘアアイロンでストレートにしているの。面倒ったらありゃしないわ。

男 でしたら一層のこと内巻きのパーマをされるのはいかがですか。手入れも楽ですよ。

女 そうね。この際イメージチェンジしてみんなを驚かせてみようかしら。

男 カラーもされると顔色が明るくなりますよ。

4번

미용사와 여자 손님이 이야기하고 있습니다. 여자 손님은 왜 파마를 하기로 했습니까?

남 오늘은 어떻게 하실 건가요?

여 샴푸랑 커트를 부탁해요.

남 커트는 어떻게 해 드릴까요?

여 글쎄요, 전 머리카락이 가늘고 숱도 적어서 그런지 볼륨이 없어요. 그래서 숱은 너무 많이 치지 말고 길이는 어깨 정도로 할까 하는데.

남 손님은 머리카락 자체에 웨이브가 있으시네요. 손님 머리카락은 어깨까지 자르면 잘 뻗칠 텐데 괜찮으시겠어요?

여 맞아요. 조금 곱슬거려서 밖으로 뻗치거든요. 항상 미용 기기로 펴고 있어요. 진짜 너무 귀찮아요.

남 그러시면 더더욱 안쪽으로 말리도록 파마를 하시는 게 어떠세요? 손질도 편해요.

여 그럼, 이 기회에 이미지 변신을 해서 다들 놀래켜 볼까?

남 염색도 하시면 안색이 밝아지실 거예요. 지금 30% 저렴하게 해 드리고 있는데 어떠세요?

今なら３０パーセントお安くしますが、よろしいですか。

女　そうね、カラーは髪が傷むから結構よ。

女のお客はどうしてパーマをかけることにしましたか。
1 髪の毛が細いから
2 髪の量が少ないから
3 くせ毛だから
4 割引があるから

여　음, 염색은 머리카락이 상하니까 됐어요.

여자 손님은 왜 파마를 하기로 했습니까?
1 머리카락이 가늘어서
2 머리카락 숱이 적어서
3 곱슬머리라서
4 할인이 돼서

美容師 미용사｜パーマをかける 파마를 하다｜シャンプー 샴푸｜カット 커트｜ボリューム 볼륨｜すく 머리 숱을 치다
髪の毛 머리카락｜自体 자체｜カールがかかる 컬이 생기다｜ウェイブが生기다｜はねる 뻗치다, 삐치다｜うねる 구불구불하다
ヘアアイロン 미용 기기｜ストレートにする 곧게 펴다｜～(っ)たらありゃしない 너무 ～하다｜一層のこと 더욱이, 더더욱
内巻き 안으로 말림｜手入れ 손질｜イメージチェンジ 이미지 변신｜カラー 염색｜顔色 얼굴빛, 안색｜傷む 상하다｜くせ毛 곱슬머리

5番

男の銀行員と女のお客が話しています。男の銀行員はなぜ事前審査ができないと言っていますか。

男　３０５番のお客様、２番窓口へどうぞ。お待たせ致しました。
女　あの、住宅ローンのために、事前審査を申し込みたいのですが…。
男　住宅ローンのお申し込みに必要な書類はお揃いでしょうか。
女　はい。身分証明書、前年分の源泉徴収票、健康保険証、在職証明書、これらはコピーで大丈夫ですよね。
男　はい、さようでございます。それから認め印と物件資料も必要になります。
女　持ってきました。
男　あ、お客様、申し訳ございませんが、シャチハタのご利用はご遠慮いただいております。お手数ですが、ご印鑑をお持ちになり、もう一度お越しくださいませ。
女　え～、そうなんですか。じゃあ、署名ではだめですか。
男　申し訳ございません。ご印鑑がないと事前審査をお受けしかねます。
女　分かりました。私の代わりに代理人が来て手続きをすることは可能ですか。
男　ご本人様確認が必要なので、そちらもお受け

5번

남자 은행원과 여자 손님이 이야기하고 있습니다. 남자 은행원은 왜 사전 심사를 할 수 없다고 말하고 있습니까?

남　305번 고객님, 2번 창구로 오십시오. 오래 기다리셨습니다.
여　저기, 주택 담보 대출을 위해 사전 심사를 신청하고 싶은데요.
남　주택 담보 대출 신청에 필요한 서류는 구비하셨나요?
여　네. 신분증, 전년도 원천징수표, 의료보험증, 재직 증명서, 이 서류들은 복사본이면 되죠?
남　네, 그렇습니다. 그리고 인감하고 부동산 자료도 필요합니다.
여　네, 가지고 왔어요.
남　아, 고객님, 죄송합니다만, 스탬프 도장은 이용하실 수가 없습니다. 번거로우시겠지만 인감을 지참하셔서 다시 한 번 방문해 주십시오.
여　아, 그래요? 그럼 서명으로는 안되나요?
남　죄송합니다. 인감이 없으면 사전 심사를 신청할 수 없습니다.
여　알겠습니다. 저 대신에 대리인이 와서 수속을 하는 건 가능한가요?
남　본인 확인이 필요하기 때문에 그것도 어려울 것 같습니다.
여　네, 알겠습니다.

いたしかねます。

女　はい、分かりました。

男の銀行員はなぜ事前審査ができないと言っていますか。

1　揃えて持ってきた書類が原本ではないため
2　在籍確認ができなかったため
3　源泉徴収票は今年の分が必要なため
4　銀行では使用不可の判子を持ってきたため

남자 은행원은 왜 사전 심사를 할 수 없다고 말하고 있습니까?

1　구비해 온 서류가 원본이 아니기 때문에
2　재적 확인을 할 수 없었기 때문에
3　원천징수표는 올해의 것이 필요하기 때문에
4　은행에서는 사용 불가인 도장을 가지고 왔기 때문에

職員 직원 | 事前 사전 | 審査 심사 | 窓口 창구 | 住宅ローン 주택 담보 대출 | 書類 서류 | 揃う 갖추다 | 身分証明書 신분증
前年分 전년분 | 源泉徴収票 원천징수표 | 健康保険証 의료보험증 | 在職証明書 재직증명서 | コピー 복사본
さようでございます 그렇습니다 | 認め印 도장, 인감 | 物件 물건, 부동산 | 資料 자료 | シャチハタ 스탬프 도장
手数 수고로움, 번거로움 | 印鑑 인감 | 署名 서명 | 〜かねる 〜하기 어렵다, 〜하기 힘들다 | 代わり 대신 | 代理人 대리인
本人 본인 | 確認 확인 | 原本 원본 | 在籍 재적 | 判子 도장

6番

女の人と男の人が話しています。女の人が無人スーパーを利用しない理由は何ですか。

女　買い物って普通どうしてる？
男　週末に近所のスーパーに行ってまとめ買いする時が多いかも。まあ、通販で買う時もあるけど。なんで？
女　夜10時から朝5時までの無人のスーパーが来月オープンするんだって。
男　まじで？もうそういう時代になったのか。どうやって店内に入れんの？
女　入口で専用アプリのＱＲコードをかざして入るみたいよ。
男　そうか。まあ、便利そうだけど、俺の親みたいなアナログ世代にはそれ無理かも。うちの親は古い人間だから携帯のアプリなんか使ったことないと思うな。
女　それもそうだね。年配者にはいろいろ難しいかもね。ていうか無人だと本当に従業員は一人もいないのかな。それも気になる。だって夜中だし、警備員がいないとちょっと怖くない？巧みな方法で万引きする人もいそうだし、犯罪とかも心配だな。
男　確かに女性には怖いかもな。でも色々工夫して営業するんじゃない？
女　まあ、どっちにしろ私は使わないと思う。今

6번

여자와 남자가 이야기하고 있습니다. 여자가 무인 슈퍼를 이용하지 않는 이유는 무엇입니까?

여　쇼핑 보통 어떻게 해?
남　주말에 근처 슈퍼에 가서 한꺼번에 살 때가 많은 거 같아. 음, 인터넷으로 살 때도 있지만. 왜?
여　밤 10시부터 5시까지 하는 무인 슈퍼가 다음 달에 오픈한대.
남　진짜? 이제 그런 시대가 됐구나. 어떻게 가게 안에 들어가는 거야?
여　입구에서 전용 앱의 QR코드를 스캔하고 들어가나 봐.
남　그래? 음, 편리할 거 같긴 한데 우리 부모님 같은 아날로그 세대한테는 그거 힘들지도 모르겠다. 우리 부모님은 옛날 분이셔서 휴대폰 앱 같은 거 사용해 본 적 없을 거야.
여　그건 그렇겠다. 나이 드신 분들께는 여러모로 어려울지도 모르겠네. 그건 그렇고, 무인이면 정말로 종업원은 한 명도 없는 건가? 그것도 궁금하다. 왜냐하면 한밤중이고, 경비원이 없으면 좀 무섭지 않아? 교묘한 수법으로 도둑질하는 사람도 있을 것 같고, 범죄도 걱정된다.
남　하긴 여자들은 무서울 수도 있겠다. 하지만 여러 가지 궁리해서 영업하겠지.
여　뭐, 어쨌든 나는 이용하지 않을 거야. 지금은 인터넷 쇼핑에 익숙해져서 그게 제일 편하거든. 슈퍼보다 싸고, 신선 식품은 아침 일찍 배달해 주니까 식

はネットショッピングに慣れてて、それが一番楽だから。スーパーより安いし、生鮮食品は朝早く届けにきてくれるから食材が傷む心配もないし。私はやっぱりネット派かな。

男 俺はオンラインはなんとなく信用できなくて自分の目で確かめてからじゃないとちょっと不安だな。

女の人が無人スーパーを利用しない理由は何ですか。

1 入店時の手続きが複雑で使いづらいから
2 開店時間が遅すぎるから
3 通販の方が様々な面でいいから
4 警備員がいなくて防犯が不安だから

재료가 상할 걱정도 없고. 나는 역시 인터넷 파야.

남 난 온라인은 왠지 믿음이 안 가서 내 눈으로 직접 확인하지 않으면 좀 불안해.

여자가 무인 슈퍼를 이용하지 않는 이유는 무엇입니까?

1 가게에 들어갈 때의 절차가 복잡해서 사용하기 불편하기 때문에
2 개점 시간이 너무 늦기 때문에
3 인터넷 쇼핑이 여러 가지 면에서 낫기 때문에
4 경비원이 없어서 방범이 불안하기 때문에

無人 무인	まとめ買い 몰아서 삼, 한꺼번에 삼	通販 통신 판매, 인터넷 쇼핑	まじ 진짜, 정말	店内 가게 안	専用 전용
アプリ 앱, 어플리케이션	QRコード QR코드	かざす 비추다, 쬐다	アナログ世代 아날로그 세대	年配者 노년, 노인
ていうか 그건 그렇고, 그보다	警備員 경비원	巧みだ 정교하다, 교묘하다	万引き 도둑(질)	犯罪 범죄
ネットショッピング 인터넷 쇼핑	生鮮食品 신선 식품	食材 식자재, 식재료	傷む 상하다	開店 개점, 개시	防犯 방범

7番

市長が市のPRをしています。市長が市のPRとして言った内容はどれですか。

男 やまなか市は歴史ある町として有名で、神社やお寺が数多くあり、身近に歴史を楽しむことができます。季節ごとに桜や紅葉などが楽しめ、ドラマや映画などの撮影地にもなったりしています。そして、豊かな自然にも恵まれ登山はもちろん、キャンプ場もあるのでバーベキューなども可能です。また、地下から湧き出る湧き水はとても美味しいと評判でビール工場も設置されています。さらに市の中心部にはやまなか公園があり、小動物触れ合い広場も設けられ、休日は家族連れで賑わっています。農産物の栽培も盛んで、これからの季節はいちご狩りがおすすめです。この季節、お祭りもありますので、ぜひ、やまなか市へお越しください。

市長が市のPRとして言った内容はどれですか。

1 いちごの生産量が非常に多い
2 市の中心に大きな動物園がある

7번

시장이 시의 PR을 하고 있습니다. 시장이 시의 PR로 말한 내용은 어느 것입니까?

남 야마나카 시는 역사가 있는 지역으로 유명한데, 신사나 절이 많이 있어 가까이에서 역사를 즐길 수 있습니다. 계절마다 벚꽃과 단풍을 즐길 수 있어서 드라마나 영화 등의 촬영지가 되기도 합니다. 그리고 풍부한 자연에 둘러싸여 등산은 물론, 캠핑장도 있어서 바비큐 등도 가능합니다. 또 지하에서 샘솟는 지하수는 아주 맛있다고 평판이 나서 맥주 공장도 설치되어 있습니다. 게다가 시 중심부에는 야마나카 공원이 있는데 작은 동물들을 만나볼 수 있는 공간도 마련되어 있어서 휴일에는 가족 단위로 온 사람들로 붐비고 있습니다. 농산물 재배도 활발한데, 다가올 계절에는 딸기 따기 체험을 추천합니다. 이 계절 축제도 있으니 꼭 야마나카 시에 오십시오.

시장이 시의 PR로써 말한 내용은 어느 것입니까?

1 딸기 생산량이 매우 많다
2 시의 중심에 큰 동물원이 있다
3 시 안에 텔레비전 방송국이 있다
4 야외 활동을 즐길 수 있다

3 市内にテレビ局がある

4 アウトドアが楽しめる

市長 시장 | PR 선전 활동, 홍보 활동 | 数多い 수많다 | 身近 근처, 주변 | ～ごとに ～마다 | 撮影地 촬영지 | 登山 등산
キャンプ場 캠핑장 | バーベキュー 바비큐 | 湧き出る 솟아나다 | 湧き水 샘물 | 評判 평판 | ビール工場 맥주 공장
設置する 설치하다 | さらに 게다가, 거기다 | 中心部 중심부 | 小動物 작은 동물 | 触れ合い 접촉, 접하기 | 設ける 마련하다, 만들다
家族連れ 가족 동반 | 賑わう 활기차다, 붐비다 | 農産物 농산물 | 栽培 재배 | 盛んだ 번성하다, 번창하다 | いちご狩り 딸기 따기
お越しください 오세요 | 生産量 생산량 | テレビ局 텔레비전 방송국 | アウトドア 야외 활동

問題 3

1番

テレビで女の人が話しています。

女　今回の特集は「お通し」についてです。お通しとは居酒屋で注文した料理とは別に最初に出てくる小鉢料理のことです。料金は３００円程度で、店側としてはおもてなしと同時にサービス料として一定の利益を確保する意味もあります。また、お通しは関東発祥で、注文を通してから、客に料理が出るまでの間をもたせるというおもてなしの心からできた文化だそうです。取材をしていますと、英語・中国語・韓国語でお通し文化を説明する店、過去の外国人観光客とのトラブルからお通し自体を廃止した店、日本独自の慣習であるため日本人にはお通しを出しますが外国人には出さない店など、様々な対策がとられていました。外国人観光客の急増でお通しそのもののあり方も変わりつつあります。

女の人はどのようなことについて話していますか。

1 外国人観光客の影響で変化するお通しの意味について

2 外国人とのトラブル回避のためお通しを廃止することについて

3 外国人観光客増加で変化するお通し文化について

4 外国人観光客へのお通しという店側の気遣いについて

문제3

1번

텔레비전에서 여자가 이야기하고 있습니다.

여　이번 특집은 '오토시'에 대해서 입니다. 오토시란 술집에서 주문한 요리와는 별개로 처음에 나오는 작은 접시에 담긴 요리를 말합니다. 요금은 300엔 정도로 가게 측에서는 대접함과 동시에 서비스 요금으로 일정한 이익을 확보하는 의미도 있습니다. 또 오토시는 간토 지방이 발상지로 주문을 한 후에 손님에게 요리가 나올 때까지 시간을 때우도록 대접하는 마음에서 생긴 문화라고 합니다. 취재를 하다 보니 영어, 중국어, 한국어로 오토시 문화를 설명하는 가게, 과거 외국인 관광객과의 트러블로 인해 오토시 자체를 없앤 가게, 일본의 독자적인 관습이기 때문에 일본인에게는 오토시를 주지만 외국인에게는 주지 않는 가게 등 다양한 대책을 취하고 있었습니다. 외국인 관광객의 급증으로 오토시 그 자체도 바뀌고 있습니다.

여자는 어떤 것에 대하여 이야기하고 있습니까?

1 외국인 관광객의 영향으로 변화하는 오토시의 의미에 대해서

2 외국인과의 트러블을 회피하기 위해 오토시를 폐지하는 것에 대해서

3 외국인 관광객의 증가로 변화하는 오토시 문화에 대해서

4 외국인 관광객에게 주는 오토시라는 가게 측의 배려에 대해서

2番

大学で男の人が話しています。

男　では、今回の土曜講座について簡単に説明しますので、興味のある方は申請書を提出してください。今回のテーマは皆さんが日ごろ不思議に思っていることだと思います。「似たもの夫婦」という言葉がありますよね。それって果たして偶然なのでしょうか。仕草や動きなどが似てくる現象のことを「シンクロニー」と言います。これは好意を持つ相手であれば誰にでも起こる現象です。他にも人間は自分の顔が大好きなので、無意識に自分の顔に似ている人を選んでいるとも言われています。また、ペットが飼い主に似るとも言いますよね。これもまた然りです。土曜日の講座では、みなさんが日ごろ勉強してきた心理学を役立てながら身近にあふれる素朴な疑問を解き明かしていこうと思います。どうですか。いつもの堅苦しい講義と違って面白そうでしょう?

土曜講座のテーマは何ですか。

1 ペットと飼い主が似てくることへの心理学的見解
2 身近に起こっている心理学的現象
3 夫婦が似てくる心理学的原因
4 シンクロニーという心理学的現象

2번

대학교에서 남자가 이야기하고 있습니다.

남　그럼, 이번 토요일 강좌에 대해서 간단하게 설명할 테니 흥미가 있는 분은 신청서를 제출해 주세요. 이번 테마는 여러분이 평소에 신기하게 생각하고 있는 것입니다. '부부는 닮는다'라는 말이 있죠. 그것은 과연 우연일까요? 몸짓이나 동작 등이 닮아 가는 현상을 '싱크로니'라고 합니다. 이것은 호의를 갖고 있는 상대라면 누구에게나 일어나는 현상입니다. 그 외에도 인간은 자신의 얼굴을 매우 좋아해서 무의식적으로 자기 얼굴과 닮은 사람을 고른다고도 합니다. 또 반려 동물이 주인을 닮는다고도 하죠. 이것도 마찬가지입니다. 토요일 강좌에서는 여러분이 평소에 공부해 온 심리학을 이용해 주변에 가득한 소박한 의문을 풀어보려고 합니다. 어때요? 평소의 딱딱한 강의와 달리 재미있겠죠?

토요 강좌의 테마는 무엇입니까?

1 반려 동물과 주인이 닮아가는 것에 대한 심리학적인 견해
2 주변에서 일어나는 심리학적인 현상
3 부부가 닮아가는 심리학적인 원인
4 싱크로니라는 심리학적인 현상

3番

専門家が話しています。

男 みなさん、もうすぐ冬休みですね。年末年始、どこか遠くにお出かけする方も多いと思います。外は寒いですし、荷物も多い、そこで便利なのは車ですね。しかし、車移動での渋滞は頭の痛い問題です。高速道路の場合、時速４０キロ以下での走行、または停止発進を繰り返す車列が１キロ以上、１５分以上継続した状態のことを渋滞といいます。また渋滞の原因の７割が交通集中渋滞によるものです。さらにその６割は下り坂から上り坂に差し掛かる部分で起きます。前の車の速度が落ちると後の車は車間距離を保とうとブレーキを踏みます。これで車が進まなくなるんですね。どんなに渋滞をしていても一番重要なのは安全に運転することです。渋滞しているからと言って無理な車線変更やスピード違反などはしてはいけません。

専門家は何について話していますか。

1 渋滞の対策について
2 渋滞のメカニズムについて
3 旅行における車の重要性について
4 渋滞の種類について

3번

전문가가 이야기하고 있습니다.

남 여러분 이제 곧 겨울방학이네요. 연말연시, 어디 멀리 나가시는 분도 많을 거라 생각합니다. 밖은 춥고 짐도 많고, 이때 편리한 것은 자동차죠. 그러나 차로 이동할 때의 정체는 골치가 아픈 문제입니다. 고속도로의 경우, 시속 40km 이하로 주행 또는 정지, 출발을 반복하는 차량 행렬이 1km 이상, 15분 이상 계속되는 상태를 정체라고 합니다. 또 정체 원인의 70%가 교통 집중 정체 때문입니다. 게다가 그 60%는 내리막길에서 오르막길로 접어드는 부분에서 일어납니다. 앞 차의 속도가 떨어지면 뒤 차는 차간 거리를 유지하려고 브레이크를 밟습니다. 이 때문에 차가 전진하지 않게 되는 것입니다. 아무리 정체되고 있다 하더라도 제일 중요한 것은 안전하게 운전하는 것입니다. 정체되고 있다고 해서 무리한 차선 변경이나 속도 위반 등을 해서는 안됩니다.

전문가는 무엇에 대해서 이야기하고 있습니까?

1 정체 대책에 대해서
2 정체의 이론에 대해서
3 여행에 있어서 차의 중요성에 대해서
4 정체의 종류에 대해서

専門家 전문가 | 年末年始 연말연시 | 移動 이동 | 渋滞 정체 | 高速道路 고속도로 | 時速 시속 | 走行 주행 | 停止 정지
発進 발진, 출발 | 繰り返す 반복하다 | 車列 차량 행렬 | 継続する 계속되다 | 下り坂 내리막길 | 上り坂 오르막길
差し掛かる 접어들다, 다다르다 | 速度が落ちる 속도가 떨어지다 | 車間 차간 | 距離を保つ 거리를 유지하다 | ブレーキ 브레이크
車線 차선 | 変更 변경 | 違反 위반 | 対策 대책 | メカニズム 구조, 이론

4番

工場長が話しています。

男 カップうどんとカップ蕎麦のうち全国的に言うと、うどんの方が人気があります。みなさんご存知の通り関西圏では圧倒的にうどんで、だんだん東に行くと同等の人気になっていきます。出汁の味も東西で異なりまして、東の方はかつおぶしの利いた濃いつゆを使っています。西の方は昆布だしの効いた薄味のつゆを使っております。実は東西だけでなく

4번

공장장이 이야기하고 있습니다.

남 컵우동과 컵메밀국수 중에 전국적으로 말하자면 우동 쪽이 인기가 많습니다. 여러분께서 아시다시피 간사이권에서는 압도적으로 우동이 인기가 있고, 점점 동쪽으로 갈수록 인기가 비슷해집니다. 육수 맛도 동서가 다른데, 동쪽은 가다랑어포를 이용한 진한 국물을 사용하고 있습니다. 서쪽은 다시마로 우린 연한 맛의 국물을 사용합니다. 실은 동서뿐만 아니라 또 한 지역, 맛을 다르게 하고 있는 곳이 있

もう一地域味を分けている場所があります。それが北海道です。このように我社ではその地域にあった出汁の展開をしています。さらに多様な食べ方も研究し、お客様に提供しております。即席カップ麺は家でほっとする時に食べていただくものだと思っていますので、お一人お一人、お好きな食べ方があり、それを楽しみながら食べていただくのが我々も一番うれしいです。

工場長は何について話していますか。

1 カップ麺の多様な種類について
2 担当者おすすめのおいしい食べ方について
3 地域別でみた人気のカップ麺について
4 多様な好みに合わせたカップ麺について

습니다. 바로 홋카이도입니다. 이처럼 저희 회사에서는 그 지역에 맞는 육수를 사용하고 있습니다. 또 먹는 방법도 다양하게 연구하여 손님들께 제공하고 있습니다. 즉석 컵면은 집에서 편하게 쉴 때 먹는 것이라고 생각하기 때문에 한 분 한 분마다 먹는 방식이 다르고, 그것을 즐기면서 드실 때가 저희도 제일 기쁩니다.

공장장은 무엇에 대하여 이야기하고 있습니까?

1 컵면의 다양한 종류에 대해서
2 담당자가 추천하는 맛있게 먹는 방법에 대해서
3 지역별로 본 인기 컵면에 대해서
4 다양한 취향에 맞춘 컵면에 대해서

工場長 공장장 | カップうどん 컵우동 | カップ蕎麦 컵메밀국수 | 全国的 전국적 | 関西圏 관서권, 간사이권 | 圧倒的 압도적 | だんだん 점점 | 同等 동등함 | 出汁 국물, 육수 | 東西 동서 | 異なる 다르다 | かつおぶし 가다랑어포 | 利く 기능을 발휘하다 | 薄味 연한 맛, 담백한 맛 | つゆ 국물 | 我社 우리 회사 | 展開 전개 | 多様だ 다양하다 | 研究する 연구하다 | 提供する 제공하다 | 即席 즉석 | カップ麺 컵면 | ほっとする 한숨 놓다, 안심하다 | 担当者 담당자 | 地域別 지역별 | 好み 취향

5番

女の人が会社の新しい方針について話しています。

女　匿名で意見を交わす「社員の声」ページを検討させていただきましたが、会社の飲み会についてあまり好ましくないと答えた人が約7割を占めました。その理由としては「仕事の延長にしか思えない。職務終了後の時間は自由に使うべき」、「お酒が飲めない人を考慮に入れてない」、「飲みすぎて羽目を外す人がいる。酔っ払った人の相手をすることは仕事より辛い」、「のっぴきならない事情があって断ってるのに、空気が読めない人として扱われるのがいや」、「会社の飲み会なのに自腹なのはおかしい」、「世代間のギャップがあって話が合わない」など、様々な意見がありました。ということで、これからは会社の飲み会を無くすことにしました。飲み会の代わりに社員のモチベーションをアップさせるいい案があれば、またご意見をお聞かせください。同じく匿名でかまいませんので、たくさんの方々のご意見お待ちしております。

5번

여자가 회사의 새로운 방침에 대해서 이야기하고 있습니다.

여　익명으로 의견을 나누는 '사원의 목소리' 페이지를 검토했습니다만, 회사의 회식에 대해서 바람직하지 않다고 대답한 사람이 약 70퍼센트를 차지했습니다. 그 이유로는 '일의 연장으로밖에 생각할 수 없다. 업무 종료 후의 시간은 자유롭게 써야 한다', '술을 마시지 못하는 사람을 고려하지 않는다', '과음으로 도를 지나치는 사람이 있다. 술 취한 사람을 상대하는 건 일보다 괴롭다', '피치못할 사정이 있어서 거절하는데 눈치 없는 사람 취급 받는 게 싫다', '회사 회식인데 돈을 내야 하는 건 이상하다', '세대 간의 격차가 있어서 이야기가 통하지 않는다' 등 여러 가지 의견이 있었습니다. 이런 연유로 앞으로는 회사 회식을 폐지하기로 했습니다. 회식 대신에 사원들의 사기를 올릴 수 있는 좋은 안이 있으면 또 의견을 들려 주세요. 이것 또한 익명이어도 괜찮으니 많은 분들의 의견 기다리겠습니다.

여자가 사원들에게 가장 전하고 싶은 것은 무엇입니까?

1 회식 매너
2 회식을 싫어하는 이유

女の人が社員に最も伝えたいことは何ですか。

1 飲み会のマナー
2 飲み会を嫌う理由
3 飲み会以外の次善の策募集
4 飲み会の断り方

3 회식 이외의 차선책 모집
4 회식 거절하는 방법

1 飲み会のマナー (회식 매너)
2 飲み会を嫌う理由 (회식을 싫어하는 이유)
4 飲み会の断り方 (회식 거절하는 방법)

方針 방침	匿名 익명	交わす 주고받다, 교환하다	検討する 검토하다	好ましい 바람직하다	～割 ～할, ～퍼센트
占める 차지하다, 점하다	延長 연장	職務 직무, 업무	終了 종료	考慮に入れる 고려하다	羽目を外す 도를 지나치다
酔っ払う 잔뜩 취하다	辛い 괴롭다	のっぴきならない 어쩔 수 없다, 피할 수 없다	空気が読めない 눈치가 없다
扱う 취급하다, 대하다	自腹 자기 돈을 씀	世代間 세대간	ギャップ 차이	話が合う 말이 통하다	モチベーション 동기 부여
同じく 같이, 마찬가지	次善の策 차선책	募集 모집	断り方 거절하는 법

6番

大学院の事務係が話しています。

女　修士論文を提出した学生のみなさんは、修士論文要旨の原稿を学務係に提出してください。要旨原稿の提出期限は2月20日になります。提出してから要旨を修正することはできませんので、あらかじめご了承ください。修士論文の口頭発表の終了後に指導教員から指導を受け、助言を頂いた場合にのみ修正を認めます。また、要旨は所定の様式により作成することになっておりますので、ご注意ください。この様式を使用しなかった場合は要旨集に掲載することができませんので、もう一度ご確認の上、作成をお願いします。作成様式は「在学のみなさん」のページからダウンロードできます。

事務係は修士論文要旨について何と言っていますか。

1 要旨の修正があった場合はデータを学務係へ送る
2 要旨集は修了式の際に家族に配る
3 指導教員の指導による要旨の修正は可能である
4 修士論文の口頭発表後に要旨を作成する

6번

대학원의 사무 담당자가 이야기하고 있습니다.

여　석사 논문을 제출한 학생 여러분들은 석사 논문 요지 원고를 학무과로 제출해 주십시오. 요지 원고 제출 기한은 2월 20일까지입니다. 제출한 후에는 요지를 수정할 수 없으니 미리 양해 바랍니다. 석사 논문 구두 발표 후에 지도 교수로부터 지도를 받아 조언을 받은 경우에만 수정을 인정합니다. 또한 요지는 소정의 양식에 따라 작성하도록 되어 있으므로 주의 바랍니다. 이 양식을 사용하지 않은 경우에는 요지집에 게재할 수 없으니 다시 한 번 확인하신 후 작성해 주시기 바랍니다. 작성 양식은 '재학생 여러분' 페이지에서 다운로드 할 수 있습니다.

사무 담당자는 석사 논문 요지에 대해서 뭐라고 말하고 있습니까?

1 요지의 수정이 있는 경우는 데이터를 학무과로 보낸다
2 요지집은 수료식 때 가족들에게 배부한다
3 지도 교원의 지도에 의한 요지 수정은 가능하다
4 석사 논문 구두 발표 후에 요지를 작성한다

事務 사무	～係 ～담당	修士 석사	論文 논문	提出する 제출하다	要旨 요지	原稿 원고	学務係 학무과	期限 기한
修正する 수정하다	あらかじめ 미리, 사전에	ご了承ください 양해 바랍니다	口頭発表 구두 발표	指導 지도	教員 교원, 교수
助言 조언	～のみ ～만	認める 인정하다	所定 소정	様式 양식	要旨集 요지집	掲載する 게재하다	～の上 ～한 후
在学 재학	データ 데이터, 자료	修了式 수료식

問題 4   문제4

1番 / 1번

男　20年ぶりに故郷を訪れた感想は？

女　1　昔の面影は一つもなくて寂しかった。
　　2　私の故郷は都会じゃないよ。
　　3　読書感想文を書くのが一番面倒くさい。

남　20년만에 고향을 방문한 소감은?

여　1　옛날 모습은 하나도 없어서 쓸쓸했어.
　　2　내 고향은 도시가 아니야.
　　3　독서감상문 쓰는 게 제일 귀찮아.

故郷 고향 | 訪れる 찾다, 방문하다 | 感想 감상 | 面影 옛 모습, 닮은 모습 | 都会 도시 | 読書感想文 독서감상문

2番 / 2번

女　気持ちいい。今日はお出かけ日よりだね。

男　1　部長に報告してから出かけてください。
　　2　でも現実は会社の机の前だよ。
　　3　陰口はやめてよ。

여　상쾌하다. 오늘은 외출하기 딱 좋은 날이네.

남　1　부장님께 보고한 후에 나가십시오.
　　2　하지만 현실은 회사 책상 앞이야.
　　3　험담은 그만둬.

～日より ～하기 좋은 날 | 報告する 보고하다 | 陰口 뒤에서 하는 험담

3番 / 3번

女　やっぱりやり甲斐のある仕事がいい。

男　1　いつもご機嫌斜めです。
　　2　圧迫面接は本当やだ。
　　3　何言ってるんだ。お金が先でしょ。

여　역시 보람 있는 일이 좋아.

남　1　언제나 심기가 불편합니다.
　　2　압박 면접은 정말 싫어.
　　3　무슨 말을 하는 거야. 돈이 먼저지.

やり甲斐 하는 보람, 할 만한 가치 | ご機嫌斜め 기분이 언짢음, 심기가 불편함 | 圧迫 압박 | 面接 면접

4番 / 4번

男　来年こそ恋人ができるように縁結びの神社に行こう。

女　1　彼は口数が少なくて渋い男です。
　　2　神社には鳥居があるよ。
　　3　いいご縁があるように５円玉持って行かなくちゃ。

남　내년에야말로 애인가 생기도록 연분을 맺어주는 신사에 가자.

여　1　그는 말수가 적고 점잖은 남자입니다.
　　2　신사에는 입구에 기둥문이 있어.
　　3　좋은 인연이 있도록 5엔짜리 동전을 가지고 가야겠다.

縁結び 연분 | 口数 말수 | 渋い 점잖다, 수수하다 | 鳥居 도리이(신사 입구의 기둥문) | ご縁 인연, 연분

5番 / 5번

男　今回の公募展に出品された作品、見た？

남　이번 공모전에 출품된 작품 봤어?

女　1　間に合わなくて応募できなかった。
　　2　プロ並みのものが多くてびっくりした。
　　3　それは道理にかなっているね。

여　1　제시간에 맞추지 못해서 응모 못 했어.
　　2　프로 못지 않은 작품들이 많아서 깜짝 놀랐어.
　　3　그 말이 맞네.

公募展 공모전 | 出品する 출품하다 | 応募 응모 | プロ 전문가 | 〜並み 〜같은, 〜못지 않은 | 道理にかなう 도리에 맞다, 이치에 맞다

6番

女　そんなチャラチャラした格好で来てどうすんのよ。
男　1　最新作だから早く返却しないと。
　　2　至福のひとときに感謝するかぎりです。
　　3　僕としては着飾ったつもりなんだけど…。

6번

여　그렇게 추레한 복장으로 오면 어떡해.
남　1　최신작이니까 빨리 돌려줘야 해.
　　2　더없이 행복한 한 때에 감사할 따름입니다.
　　3　내 딴에는 차려 입은 건데….

チャラチャラ 추레한 모양 | 最新作 최신작 | 返却する 돌려주다, 반납하다 | 至福 더없는 행복, 극히 행복함 | ひととき 한때
感謝する 감사하다 | 〜かぎり 〜할 뿐, 〜할 따름 | 着飾る 몸치장을 하다, 차려입다 | 〜つもり 〜한 셈

7番

男　実は折り入ってお願いがあるのですが。
女　1　私も最大限、協力致します。
　　2　私にできることであれば喜んで。
　　3　ご静粛にお願いします。

7번

남　실은 긴히 부탁드릴 일이 있습니다만.
여　1　저도 최대한 협조해 드리겠습니다.
　　2　제가 할 수 있는 거라면 기꺼이.
　　3　정숙해 주시기 바랍니다.

折り入って 특별히, 긴히 | 最大限 최대한 | 協力 협력 | 喜んで 기꺼이 | ご静粛 정숙함

8番

女　二度とこのようなミスのないようにね。
男　1　はい、お詫びのしようがございません。
　　2　はい、致し方ありませんでした。
　　3　はい、光栄です。

8번

여　두 번 다시 이런 실수가 없도록 해 줘.
남　1　네, 사과 드릴 방도가 없습니다.
　　2　네, 어쩔 수 없었습니다.
　　3　네, 영광입니다.

お詫び 사과 | しようがない 방법이 없다, 방도가 없다 | 致し方(が)ない 어쩔 수 없다 | 光栄 영광임

9番

女　今回の担当責任者、ぜひ君にやってもらいたいんだけど。
男　1　はい、私なんかには役不足です。
　　2　はい、ご希望には添えかねます。
　　3　はい、足手まといにならないようにします。

9번

여　이번 담당 책임자, 꼭 자네가 해 줬으면 하는데.
남　1　네, 저 같은 사람에게는 하찮은 일입니다.
　　2　네, 기대에 부응하지 못할 것 같습니다.
　　3　네, 걸림돌이 되지 않도록 하겠습니다.

10番

男　また結婚式に呼ばれてうんざりだよ。今月3
　　回目だし、ご祝儀が負担だよ。

女　1　出さないわけにもいかないよね。

　　2　出さないこともないよね。

　　3　出さないようにしようね。

10번

남　또 결혼식에 초대받아서 지긋지긋해. 이번 달만 3
　　번째라, 축의금이 부담스러워.

여　1　내지 않을 수도 없고 말이야.

　　2　내지 않을 것도 없지.

　　3　내지 않도록 하자.

うんざり 지긋지긋함 | ご祝儀 축의금 | 負担 부담

11番

女　伊藤さん、この報告書、もっと簡潔にまとめ
　　てくれないかな？

男　1　これじゃ、簡単なんですね？

　　2　もう一度、やり直します。

　　3　これ、できそうですか。

11번

여　이토 씨, 이 보고서 좀 더 간결하게 정리해 줄래?

남　1　이렇게 하면 간단하죠?

　　2　다시 하겠습니다.

　　3　이거, 가능할까요?

報告書 보고서 | 簡潔に 간결하게 | まとめる 정리하다 | やり直す 다시 하다

12番

女　今回の商品のプレゼンはこれでいいかな。

男　1　異存はありません。

　　2　その意見に同感です。

　　3　承知しております。

12번

여　이번 상품의 프레젠테이션은 이걸로 괜찮을까요?

남　1　반대 의견은 없습니다.

　　2　그 의견에 동감입니다.

　　3　알고 있습니다.

プレゼン 프레젠테이션, 발표 | 異存 반대 의견, 이견 | 同感 동감 | 承知 알아들음, 알고 있음

13番

男　やれることは全部やった。後は成り行きにま
　　かせるよ。

女　1　出る杭は打たれるに決まってるでしょ。

　　2　神様はきっと分かってくれるはずよ。

　　3　やらなくて正解。

13번

남　할 수 있는 건 다 했어. 이젠 될 대로 되라야.

여　1　모난 돌이 정 맞는다고 하잖아.

　　2　하늘은 분명 알 거야.

　　3　안 하길 잘했어.

成り行きにまかせる 흘러가는 대로 두다 | 出る杭は打たれる 두각을 나타내면 미움 받는다, 모난 돌이 정 맞는다
～に決まっている ～하는게 당연하다, ～하게 되어 있다 | ～て正解 ～하길 잘 했다

14番

女　どうしたの？ 見ないうちに、げっそりしたね。
男　1　実は先月彼女に振られて、食欲がないんだ。
　　2　食欲の秋だから、ついつい食べちゃうんだよ。
　　3　最近、忘年会が多くて飲み過ぎたんだよ。

げっそり 홀쭉함, 맥빠진 모양 | 振られる 차이다 | 食欲 식욕 | ついつい 그만, 무심코 | 忘年会 송년회 | 飲み過ぎる 과음하다

14번

여　어떻게 된 거야? 안 본 사이에 홀쭉해졌네.
남　1　실은 지난달에 여자친구한테 차여서 식욕이 없어.
　　2　식욕의 계절 가을이라 그만 많이 먹어버렸거든.
　　3　요즘에 송년회가 많아서 과음했거든.

問題 5

1番

夫婦と娘が話しています。

女1　ママ、空気清浄機を一つ買ってほしいんだけど。空気が悪いせいなのか喉も痛いし、目も痒いよ。
女2　あら、可哀想に。大丈夫？ そうね。家の空気もなんだか汚れてる気がするわね。
男　俺は加湿器がほしいな。寝る時に乾燥して咳が出るし、何度も起こされるんだ。
女2　冬だからなおさらそうかもね。私も買おうと思ってたわ。
女1　ママ、これ見て。新聞に挟んであった家電セールのチラシなんだけど、空気清浄機もいろんな種類があるよ。
女2　そうね。最近はデザインもよくてインテリアにもよさそうね。まあ、デザインはいいとして、まず値段と性能を比べないとね。空気清浄機に加湿機能が付いてるのが一番いいけど。
男　一緒になってるものだとファン式と電気式があるけど、どっちがいい？ ファン式は値段は安いけど、フィルターを掃除したり、交換したりしなきゃいけないんだって。電気式はファン式よりは高いけど、その分性能がよくて何より動作音が大きくないらしいよ。リビングでみんなで使うんだったら電気式の方がよさそうだけど。
女1　こういうのもあるよ。二段になっていて一個ずつ外せるの。リビングにいる時は二段にしといて、寝る時は部屋に一つずつ持っていけるよ。値段的にはこれが一番高価だけど、私

문제5

1번

부부와 딸이 이야기하고 있습니다.

여1　엄마, 공기청정기 하나 사 줬으면 좋겠는데. 공기가 나빠서 그런지 목도 아프고 눈도 가려워.
여2　저런, 가여워라. 괜찮아? 하긴 집 공기도 왠지 안 좋은 느낌이 들어.
남　난 가습기가 필요한데. 잘 때 건조하니까 기침이 나서 몇 번이나 깨.
여2　겨울이라 더 그런가 보다. 나도 사려고 했어.
여1　엄마, 이거 봐봐. 신문에 끼워져 있던 가전 세일 전단지인데, 공기청정기도 여러 가지 종류가 있어.
여2　그러네. 요즘은 디자인도 예뻐서 인테리어에도 좋겠어. 뭐, 디자인은 그렇다 치고 우선 가격이랑 성능을 비교해야지. 공기청정기에 가습 기능이 같이 있는 게 제일 좋은데.
남　같이 되는 거라면 팬식이랑 전기식이 있는데 어느 게 좋아? 팬식은 가격은 싼데 필터를 청소하거나 교환해야 한대. 전기식은 팬식보다는 비싸지만 그만큼 성능이 좋고 무엇보다 작동음이 크지 않다네. 거실에서 다 같이 쓰는 거라면 전기식이 좋을 것 같긴 한데.
여1　이런 것도 있어. 2단으로 되어 있어서 하나씩 분리할 수 있네. 거실에 있을 때는 2단으로 해 놓고, 잘 때는 방에 하나씩 가져 갈 수 있어. 가격은 이게 제일 고가이지만 난 이게 좋아.
여2　뭐가 제일 좋을까? 고민되네. 좋아. 결정했어. 돈보다 다 같이 쓸 수 있는 이게 좋겠어. 거실에서도 방에서도 쓸 수 있는 점이 마음에 들었어.

세 사람은 어떤 공기청정기를 삽니까?
1　디자인이 좋고 고성능인 제품

はこれがいいな。

女2 何が一番いいかしら。悩むわね。よし、決まり。お金よりみんなで使えるこれがいいわ。リビングでも部屋でも使えるところが気に入ったわ。

三人はどのような空気清浄機を買いますか。

1 デザインがよくて高性能なもの
2 値段がリーズナブルで音があまりしないもの
3 値段が高くて、分離できるもの
4 安い代わりにフィルターの管理が必要なもの

2 가격이 합리적이고 소리가 별로 나지 않는 제품
3 가격이 비싸고 분리할 수 있는 제품
4 싼 대신에 필터 관리가 필요한 제품

清浄機 청정기 | 痒い 가렵다 | 可哀想だ 가엾다, 불쌍하다 | なんだか 어쩐지, 왠지 | 汚れる 더러워지다, 오염되다 | 加湿器 가습기
乾燥する 건조하다 | なおさら 더욱, 한층 더 | 挟む 끼다, 끼우다 | 家電 가전제품 | チラシ 전단지 | ～はいいとして ～은/는 그렇다 치고
性能 성능 | 機能 기능 | ファン式 팬식 | 電気式 전기식 | フィルター 필터 | 交換する 교환하다, 바꾸다 | その分 그 만큼
動作音 작동음 | リビング 거실 | 二段 이단 | 外す 떼다, 떼어내다 | 高価 고가 | 高性能 고성능 | リーズナブル 적당함, 합리적임
分離 분리 | 代わりに 대신에 | 管理 관리

2番

女の人と男の人が話しています。

女 インターネット回線の契約が来月で終わるから他の会社に乗り換えようと思ってるんだけど、どの会社がいいのかな。会社も多いし、インターネットの種類によって料金も大きく変わるから選べないよ。

男 まずは違約金を払わないようにもう一度契約の終了日を確認してみて。それから各代理店のキャンペーンの内容が違うからそれを比較するのも大事なんだ。キャッシュバック額とか特典に目を奪われてしまって、高いプランで契約しちゃう場合も多いから気をつけた方がいいよ。インターネットで主に何をしてる？

女 う～んと、仕事関係の資料を検索することが一番多いかも。

男 動画を見たり、ゲームをしたりはしない？

女 動画はたまに見るけどゲームはしないね。

男 そっか。じゃあ、高速インターネットは必要ないね。今使ってるスマホと組み合わせて申し込むと割安になると思うよ。

女 さすが、こういうのに詳しいんだね。

2번

여자와 남자가 이야기하고 있습니다.

여 인터넷 회선 계약이 다음 달로 끝나서 다른 회사로 바꾸려고 하는데, 어떤 회사가 좋을까? 회사도 많고, 인터넷 종류에 따라서 요금도 달라지니까 고를 수가 없어.

남 우선 위약금을 내지 않도록 다시 한 번 계약 만료일을 확인해 봐. 그리고 각 대리점마다 선전 내용이 다르니까 그걸 비교하는 것도 중요해. 캐시백 금액이나 특전에 현혹되어서 비싼 플랜으로 계약하는 경우도 많으니까 조심하는 게 좋아. 인터넷으로 주로 뭘 해?

여 음, 일 관련 자료를 검색하는 경우가 가장 많을지도.

남 동영상을 보거나 게임을 하거나 하지는 않아?

여 동영상은 가끔 보는데 게임은 안 해.

남 그래? 그럼 고속 인터넷은 필요 없겠다. 지금 쓰고 있는 스마트폰이랑 하나로 묶어서 신청하면 저렴해질 거야.

여 역시, 이런 거 잘 안다니까.

남자가 여자에게 충고하지 않은 것은 무엇입니까?
1 자신에게 적합한 플랜을 찾는다
2 초기 비용을 물어 본다
3 특전에 속지 않도록 한다
4 스마트폰과 세트로 되어 있는 플랜으로 한다

男の人が女の人にアドバイスしていないことは何ですか。

1 自分に適したプランを見つける
2 初期費用を聞いておく
3 特典に騙されないようにする
4 スマホとセットになっているプランにする

回線 회선	契約 계약	乗り換える 바꾸다	違約金 위약금
終了日 종료일	各〜 각〜	代理店 대리점	キャンペーン 홍보, 선전
比較する 비교하다	キャッシュバック 캐시백	〜額 〜액, 금액	特典 특전
目を奪われる 이끌리다, 현혹되다	プラン 플랜, 안		
主に 주로	検索する 검색하다	動画 동영상	たまに 가끔, 어쩌다가
高速 고속	組み合わせる 짜 맞추다, 한데 묶다		
申し込む 신청하다	割安 값이 쌈, 저렴함	適する 알맞다, 적당하다	初期 초기
費用 비용	騙す 속이다		

3番

高校の先生が修学旅行のグループ行動について話しています。

男1 今回の修学旅行ではみなさんご存知の通り、グループ行動があります。これからグループ行動の班決めをしていきますが、まずは、コースの紹介からしますね。Aコースは京都祇園で着物体験ができます。美しい着物700点の中から自分の好きな着物を選んで写真撮影が行えるコースです。Bコースは茶道体験です。和菓子の歴史やお茶のたて方を学び、最後には自分でたてた抹茶と和菓子が食べられる体験です。Cコースは神社仏閣巡りです。歴史の勉強はもちろん恋愛成就や金運、学業祈願などパワースポットで運気を上げることができます。Dコースは温泉と人力車体験です。特に運動部の人は温泉で日ごろの疲れをとるのもいいですね。人力車も普段は乗れませんから楽しいと思います。どの体験もよい思い出になると思いますよ。

男2 どうしよう。食べるのも、写真も興味ないしな。

女 そう？私はきれいな着物も着たいし、おいしいものも食べたいな。

男2 着物着て写真なんて七五三でやったじゃん。

女 乙女心を知らないんだね。やっぱり着物着ようかな。

男2 それより試験の結果良くなかったんだろう？こっちの方がいいんじゃない？勉強にもなるし。

3번

고등학교 선생님이 수학여행 단체 행동에 대해서 이야기하고 있습니다.

남1 이번 수학여행에서는 여러분들이 아시다시피 단체 행동이 있습니다. 지금부터 단체 행동할 조를 짤 텐데, 먼저 코스 소개부터 할게요. A코스는 교토 기온에서 기모노 체험을 할 수 있습니다. 아름다운 기모노 700벌 중에 자기가 좋아하는 기모노를 골라서 사진 촬영을 할 수 있는 코스입니다. B코스는 다도 체험입니다. 일본 전통 과자의 역사나 차 끓이는 방법을 배우고 마지막에는 자기가 끓인 말차와 일본 전통 과자를 먹을 수 있는 체험입니다. C코스는 신사와 절 순회입니다. 역사 공부는 물론 연애 성취나 금전운, 학업 기원 등 파워 스폿에서 운을 좋게 할 수 있습니다. D코스는 온천과 인력거 체험입니다. 특히 운동부원들을 온천에서 평소의 피곤함을 씻어내는 것도 좋겠네요. 인력거도 평소에는 탈 수 없으니까 재미있을 거라 생각합니다. 어느 체험이든 좋은 추억이 될 것입니다.

남2 어떡하지? 먹는 것도 사진도 관심이 없는데.

여 그래? 나는 예쁜 기모노도 입고 싶고 맛있는 것도 먹고 싶어.

남2 기모노 입고 사진 촬영이라면 시치고산(남자아이 3, 5살에, 여자아이 5, 7살에 성장을 축하하는 행사) 때 했잖아.

여 소녀의 마음을 모르는구나. 역시 기모노 입는 거 할까?

남2 그것보다 시험 결과가 좋지 않았잖아. 이쪽이 더 좋은 거 아니야? 공부도 되고.

여 쓸데없이 참견하기는. 근데 그렇긴 하네. 알았어.

女 大きなお世話。でも、そうだね。分かった。これにする。どうせだから、一緒に行かない?

男2 僕は他力本願はいやだし、これにするよ。

質問1 女の人はどのコースにしますか。

1 Aコース
2 Bコース
3 Cコース
4 Dコース

質問2 男の人はどのコースにしますか。

1 Aコース
2 Bコース
3 Cコース
4 Dコース

이걸로 할게. 이왕 하는 김에 너도 같이 갈래?

남2 나는 덩달아서 하고 싶지 않으니까, 이걸로 할래.

질문1 여자는 어느 코스로 정했습니까?

1 A코스
2 B코스
3 C코스
4 D코스

질문2 남자는 어느 코스로 정했습니까?

1 A코스
2 B코스
3 C코스
4 D코스

修学旅行 수학여행 | 通り ~대로 | グループ 그룹, 단체 | 行動 행동 | 班 반 | 決め 정함 | 京都 교토(지명) | 祇園 기온(지명)
体験 체험 | 和菓子 화과자, 일본 전통 과자 | お茶のたて方 차 끓이는 법 | 抹茶 말차 | 神社 신사 | 仏閣 불각, 절 | 巡り 순회
成就 성취 | 金運 금전운 | 学業 학업 | 祈願 기원 | パワースポット 파워 스폿, 영적인 힘을 얻을 수 있는 곳 | 運気を上げる 운을 좋게 하다
温泉 온천 | 人力車 인력거 | 七五三 시치고산 | 乙女心 소녀의 마음, 여자의 마음 | 大きなお世話 쓸데없는 참견
どうせだから 이왕 하는 김에 | 他力本願 남의 힘을 빌려 이룸

問題 1

1番

<small>おとこ ひと おんな ひと はな</small>
男の人と女の人が話しています。男の人はこの後
<small>なに</small>
何をしますか。

女 もしもし、部長、申し訳ありません。昨晩か
ら発熱、嘔吐の症状があり、感染の恐れもご
ざいますので、今日一日休ませていただけな
いでしょうか。

男 分かったよ。インフルエンザも流行している
からね。大変だったら人を送るよ。

女 お気遣いありがとうございます。重ね重ね申
し訳ございませんが、私の引き出しの中に
昨日作成した企画案がございます。本日中に
先方へ郵送しなければならないのですが、こ
の発送作業を…。

男 うん。じゃ、それは山田君に頼んでおくよ。

女 封筒に送り先を明記して発送するだけですの
で大丈夫だとは思いますが、忙しい時期にご
迷惑をかけてしまい、申し訳ございません。

男 それは、私ではなく山田君に言うんだね。念
のため病院でみてもらって病欠届のための診
断書、忘れずにもらってきてね。じゃ、今日
はゆっくり体を労るんだよ。

<small>おとこ ひと あとなに</small>
男の人はこの後何をしますか。
1 女の人を看病するために人を遣わす
2 女の人の業務の引き継ぎを行う
3 企画案を発送しに郵便局に行く
4 病欠届を提出する

문제1

1번

남자와 여자가 이야기하고 있습니다. 남자는 이후에 무엇을
합니까?

여 여보세요. 부장님, 죄송합니다. 어젯밤부터 열이 나
고 구토 증상도 있고, 감염의 우려도 있어서 오늘
하루 쉬어도 될까요?

남 알겠네. 독감도 유행하고 있으니 말이야. 힘들면 사
람을 보내겠네.

여 신경 써 주셔서 감사합니다. 거듭 죄송합니다만, 제
서랍 안에 어제 작성한 기획안이 있습니다. 오늘 중
으로 거래처에 보내야 하는데 그 발송 작업을….

남 응. 그럼 그건 야마다에게 부탁해 두겠네.

여 봉투에 수신처를 써서 발송하기만 하면 되어서 괜찮
긴 하겠지만, 바쁜 시기에 폐를 끼쳐서 죄송합니다.

남 그건 내가 아니라 야마다에게 말해야지. 혹시 모르
니 병원에 가서 진료 받고, 병가 신청서를 위한 진
단서 잊지 말고 받아 오게. 그럼 오늘은 푹 쉬면서
몸 좀 챙기게.

남자는 이후에 무엇을 합니까?
1 여자를 간병하기 위해 사람을 보낸다
2 여자의 업무 인계를 한다
3 기획안을 발송하러 우체국에 간다
4 병가 신청서를 제출한다

昨晩 어젯밤 | 発熱 발열 | 嘔吐 구토 | 症状 증상 | 感染 감염 | 恐れ 우려 | インフルエンザ 독감 | 流行する 유행하다
気遣い 배려, 신경 씀 | 重ね重ね 거듭 | 引き出し 서랍 | 作成する 작성하다 | 企画案 기획안 | 本日中 오늘 중 | 先方 거래처, 상대방
郵送する 우편으로 보내다 | 発送 발송 | 作業 작업 | 封筒 봉투 | 送り先 수신처, 받을 곳 | 明記する 명기하다 | 時期 시기
迷惑をかける 폐를 끼치다 | 念のため 만일을 위해 | 病欠届 병가 신청서 | 診断書 진단서 | 体を労る 몸을 돌보다
看病する 간병하다 | 遣わす 보내다, 파견하다 | 業務 업무 | 引き継ぎ 이어받음, 인계 | 提出する 제출하다

2番

女の人と男の人が話しています。女の人はこの後何をしますか。

男　はい、こちらは日本ガスコンタクトセンターでございます。何かお困りのことはございますか。

女　ガスコンロが点火しなくて、おまけにガスくさいんです。

男　ガスコンロに火が付かないのは電池切れなどの人為的原因がほとんどなんですよ。また、古いガスコンロを使っているとガスホースが劣化してガス漏れを起こす可能性があるんです。お使いのガスコンロは何年程ご使用ですか。

女　かれこれ9年になりますかね。

男　そうですか。ガスコンロは10年が寿命なんですよ。ですが、こまめなお手入れで寿命は長くなるんです。では、こちらから修理の者をお送りしましょうか。それとも、現在のガスコンロを処分されて新しい物をお求めになりますか。

女　修理って料金発生しますよね。買った方が安いのかしら。一度、夫と話してみます。

男　そうですか。お困りのことがございましたら、またいつでもご連絡ください。

女の人はこの後何をしますか。

1 ガスコンロを不用品回収業者に回収してもらう
2 ガスコンロの修理を業者に依頼する
3 新品の買い替えを検討する
4 ガスコンロの電池を交換する

2번

여자와 남자가 이야기하고 있습니다. 여자는 이후에 무엇을 합니까?

남　네, 여기는 일본가스컨텍센터입니다. 무엇을 도와드릴까요?

여　가스레인지 불이 안 켜지는 데다가 가스 냄새도 나요.

남　가스레인지 불이 안 켜지는 건 배터리가 닳는 등의 인위적인 원인이 대부분입니다. 또 오래된 가스레인지를 쓰면 가스 호스의 상태가 나빠져서 가스가 샐 가능성이 있습니다. 쓰고 계시는 가스레인지는 몇 년 정도 사용하셨습니까?

여　그럭저럭 9년 정도 된 것 같아요.

남　그러세요? 가스레인지는 수명이 10년입니다. 하지만 부지런히 관리하면 수명은 길어집니다. 그럼 이쪽에서 수리할 사람을 보내 드릴까요? 아니면 지금 쓰시는 가스레인지를 처분하시고 새 것을 장만하시겠습니까?

여　수리하면 요금이 들죠? 사는 편이 싼가? 일단 남편과 상의해 볼게요.

남　그러세요? 불편한 게 있으시면 언제든지 연락 주십시오.

여자는 이후에 무엇을 합니까?

1 가스레인지를 고물상에게 회수해 달라고 한다
2 가스레인지 수리를 업자에게 의뢰한다
3 새 것으로 다시 구입할지 검토한다
4 가스레인지의 배터리를 교환한다

ガスコンロ 가스레인지 | 点火する 점화하다, 불이 붙다 | おまけに 게다가, 더구나 | ガスくさい 가스 냄새가 나다 | 電池 건전지, 배터리
~切れ 다 씀, 부족함 | 人為的 인위적 | 劣化する 성능이 나빠지다 | ガス漏れ 가스 누출 | かれこれ 대강, 이럭저럭 | 寿命 수명
こまめだ 부지런하다, 알뜰하다 | 手入れ 보살핌, 관리 | 処分する 처분하다 | 不用品 고물, 폐품 | 回収業者 회수업자
回収する 회수하다 | 依頼する 의뢰하다 | 新品 새것 | 買い替え 새로 사서 바꿈 | 検討する 검토하다 | 交換する 교환하다

3番

デパートで女の店員と男の店員が話しています。女の店員はこれから何をしなければなりませんか。

男　あ、加藤さん、ちょうどよかった。今ちょっといいかな？

3번

백화점에서 여자 점원과 남자 점원이 이야기하고 있습니다. 여자 점원은 앞으로 무엇을 해야 합니까?

남　아, 가토 씨 마침 잘 됐다. 지금 잠깐 시간 괜찮아?

여　네, 무슨 일이세요?

女	はい、何でしょうか。
男	悪いんだけど、3階の紳士服売り場で車の鍵を置いて行っちゃったお客様がいるみたいで、放送かけてもらえるかな。
女	はい、大丈夫ですよ。鍵になにか特徴はありますか。
男	馬のキーホルダーが付いてるんだけど。あ、ネクタイを購入されたお客様が忘れて行ったんだった。そのことも忘れずに言っといてね。
女	はい。では、お預かり場所はお客様がお買い物された紳士服売り場ですか。
男	いや、もう、サービスカウンターに届けてあるよ。
女	そうなんですね。
男	あと、さっきお呼び出しした、カードの落とし物をしたお客様もまだ来てないみたいだから、そのこともついでに放送かけといて。
女	はい。分かりました。

女の店員はこれから何をしなければなりませんか。

1 車の鍵の持ち主を紳士服売り場に呼び出す
2 車の鍵をサービスカウンターに届ける
3 落とし物のカードを持ち主に返却する
4 落とし物についての館内放送をかける

남	미안한데, 3층 신사복 매장에 자동차 열쇠를 두고 가신 손님이 있는 모양인데 안내 방송 좀 해 줄 수 있어?
여	네, 괜찮아요. 열쇠에 뭔가 특징이 있나요?
남	말 모양 열쇠고리가 달려 있는데. 아, 넥타이를 구입하신 손님이 두고 가셨대. 그것도 잊지 말고 꼭 말해 줘.
여	네. 그럼 맡아 두고 있는 곳은 손님이 쇼핑하셨던 신사복 매장인가요?
남	아니, 이미 서비스 카운터에 가져다 놓았어.
여	그렇군요.
남	그리고 아까 호출한 카드 잃어버린 손님도 아직 안 온 것 같으니까 그것도 하는 김에 같이 방송해 줘.
여	네, 알겠습니다.

여자 점원은 앞으로 무엇을 해야 합니까?

1 차 열쇠 주인을 신사복 매장으로 부른다
2 차 열쇠를 서비스 카운터로 가져다 준다
3 주운 카드를 주인에게 돌려준다
4 잃어버린 물건에 대한 관내 방송을 한다

紳士服 신사복 | 売り場 판매장 | 車の鍵 자동차 열쇠 | 放送(を)かける 방송을 하다 | 特徴 특징 | キーホルダー 키홀더, 열쇠고리
購入する 구입하다 | お預かり場所 보관소, 맡아 두는 곳 | サービスカウンター 서비스 카운터 | 届ける 보내다, 전달하다
呼び出し 호출, 소환 | 落とし物をする 물건을 잃어버리다 | ついでに ~하는 김에 | 持ち主 주인 | 返却する 반납하다, 돌려주다
館内 관내 | 放送 방송

4番

男の人と女の人が話しています。男の人は女の人に何をアドバイスしていますか。

女	先輩、ちょっと相談したいことがあるんですけど、お時間よろしいですか。
男	うん、いいよ。何の相談？
女	私のパソコンの調子がどうもおかしくて、立ち上げる時に時間がかかるし、動きも遅いんです。
男	そうか。ソフトウェアの負荷が問題かもしれないし、ハードウェアトラブルが原因かもし

4번

남자와 여자가 이야기하고 있습니다. 남자는 여자에게 무엇을 충고하고 있습니까?

여	선배님, 잠깐 상담하고 싶은 게 있는데 시간 괜찮으세요?
남	응, 괜찮아. 무슨 상담?
여	제 노트북 컴퓨터 상태가 아무래도 이상해서요, 부팅할 때도 시간이 걸리고 느려졌어요.
남	그래? 소프트웨어의 부하가 문제일지도 모르고 하드웨어 트러블이 원인일 수도 있어. 만약에 소프트웨어가 문제라면 노트북 컴퓨터에 저장되어 있는

れないな。もしソフトウェアが問題ならパソコンに保存されているファイルをバックアップして、運営システムを設置し直した方がいいよ。

女　そうですか。もしハードウェアの問題だとしたら何があり得ますかね。

男　そうだなあ。メインボードが破損していたり、ハードディスクに問題がある場合かな。

女　へえ、そうなんですか。使ってるのはワードぐらいだから、空き容量がないわけではないと思うんですけど。機械音痴なので、私が聞いてもなんかよく分からないですね。やっぱり、まずはサービスセンターに修理をお願いした方がいいですかね。それとも新しいパソコンを買った方がいいですか。

男　どっちにしろ、とりあえず大事なデータは取っといた方が後で苦労しないぞ。

男の人は女の人に何をアドバイスしていますか。

1 大事なデータを無くさないようにバックアップをする
2 容量の大きいプログラムを削除する
3 確実な原因を調べるためにサービスセンターに預ける
4 パソコンの動きが遅くなったら、新しいものを買う

파일을 백업하고 운영체제를 다시 설치하는 게 좋을 거야.

여　그래요? 만약에 하드웨어가 문제라면 어떤 일이 있을 수 있을까요?

남　글쎄. 메인 보드가 파손됐거나 하드디스크에 문제가 있는 경우일 거야.

여　아, 그래요? 사용하고 있는 건 워드 정도라, 용량이 부족할 리는 없는데. 기계치라서 전 들어도 잘 모르겠네요. 역시 먼저 서비스센터에 수리를 맡기는 게 좋을까요? 아니면 새 노트북 컴퓨터를 사는 게 좋을까요?

남　어느 쪽이든 일단 중요한 데이터는 받아 두는 게 나중에 후회하지 않을 걸.

남자는 여자에게 무엇을 충고하고 있습니까?

1 중요한 데이터를 잃지 않도록 백업을 한다
2 용량이 큰 프로그램을 삭제한다
3 확실한 원인을 알아보기 위해 서비스센터에 맡긴다
4 컴퓨터의 움직임이 느려지면 새것을 산다

5番
会社で男の人と女の人が「開運弁当」について話しています。男の人はこの後何をしますか。

男　何そのきれいなお弁当。自分で作ったの？

女　そんなわけないでしょ。これ最近流行ってる開運弁当なの。これ食べると運気が上がって幸せになれるんだって。去年は嫌なことばかりだったし、新年を迎えて少し気合い入れようかなと思ってね。

男　そのお弁当はどこで売ってるの？

5번
회사에서 남자와 여자가 '행운 도시락'에 대해서 이야기하고 있습니다. 남자는 이후에 무엇을 합니까?

남　뭐야, 그 예쁜 도시락. 직접 만들었어?

여　그럴 리가 없잖아. 이거 요즘 유행하고 있는 행운 도시락이야. 이거 먹으면 운이 트여서 행복해진대. 작년에는 안 좋은 일뿐이었고 새해를 맞이해서 좀 집중해 보려고.

남　그 도시락은 어디에서 팔아?

여　이건 말이야, 행운 도시락 온라인 숍이 있어서 거기

女　これはね、開運弁当のオンラインショップが
　　あってそこで注文できるの。メニューのバリ
　　エーションも豊富だし、値段もお手頃でけっ
　　こういいよ。

男　じゃあ、そこのお店のホームページを見てメ
　　ニューを選ぶわけだ。

女　そうそう。カロリーもちゃんと書いてあるから
　　ダイエットする人にもいいと思う。あなたも試
　　してごらん。まず会員登録しなきゃいけないけ
　　ど、登録済みの人は1回限り700円以下のお
　　弁当が無料でもらえるの。とりあえず試食して
　　みて。すべてのメニューを食べてみたわけじゃ
　　ないけど、今まではははずれなしよ。

男　でも、いちいちメニュー見て選ぶの面倒くさ
　　いな。

女　あなたのような面倒臭がり屋のためのおまか
　　せメニューもあるからね。ランダムで送って
　　くれるからそれもまた楽しみじゃない？

男　そうだね。それなら僕も注文してみようかな。

男の人はこの後何をしますか。

1　ホームページで開運弁当を注文する
2　700円以下のお弁当を探す
3　会員登録をしてトライアル試食をする
4　開運弁当のレシピブログを見て作ってみる

에서 주문할 수 있어. 메뉴 종류도 풍부하고 가격도
적당해서 꽤 괜찮아.

남　그럼 그 가게 홈페이지를 보고 메뉴를 고르는 거네.

여　맞아 맞아. 칼로리도 잘 쓰여 있어서 다이어트 하는
　　사람한테도 좋을 것 같아. 너도 한번 먹어 봐. 먼저
　　회원 등록을 해야 하지만, 등록한 사람은 1회에 한
　　해 700엔 이하의 도시락을 무료로 받을 수 있어. 일
　　단 시식해 봐. 모든 메뉴를 다 먹어 본 건 아니지만
　　지금까지 꽝은 없었어.

남　하지만 일일이 메뉴 보고 고르는 거 귀찮은데.

여　너 같은 귀찮아하는 사람을 위한 특선 메뉴도 있으
　　니까. 랜덤으로 보내주니까 그것도 또 다른 즐거움
　　아냐?

남　그렇네. 그렇다면 나도 주문해 볼까.

남자는 이후에 무엇을 합니까?

1　홈페이지에서 행운 도시락을 주문한다
2　700엔 이하의 도시락을 찾는다
3　회원 등록을 하고 시식을 한다
4　행운 도시락의 레시피 블로그를 보고 만들어 본다

開運 운수가 트임, 행운	流行る 유행하다	運気が上がる 운이 트이다	新年 신년, 새해	気合いを入れる 집중하다

開運 운수가 트임, 행운 ┃ 流行る 유행하다 ┃ 運気が上がる 운이 트이다 ┃ 新年 신년, 새해 ┃ 気合いを入れる 집중하다
オンラインショップ 온라인 숍 ┃ バリエーション 베리에이션, 종류 ┃ 手頃だ 적당하다 ┃ カロリー 칼로리, 열량 ┃ 試す 시험 삼아 해보다
会員 회원 ┃ 登録する 등록하다 ┃ ～済み ~을 마침, ~을 완료함 ┃ ～限り ~만, ~한정 ┃ 試食する 시식하다 ┃ はずれ 빗나감, 꽝
面倒臭がり屋 귀찮아 하는 사람 ┃ おまかせ 특선 ┃ ランダム 랜덤, 무작위 ┃ トライアル 시도, 시범 ┃ レシピ 레시피, 조리법 ┃ ブログ 블로그

6番

**男の人と女の人が話しています。男の人は荷物を
どこに預けますか。**

女　来週、3日間東京に出張に行くんだよね？

男　うん、来週水曜日の朝の便で。着いてすぐ取
　　引先の人と打ち合わせがあるから、ホテルに
　　行って荷物を預ける時間なんかないかも。

女　え〜、スーツケースを持って取引先の人に会
　　うの？

男　品川駅だからコインロッカーを探して預けよ

6번

**남자와 여자가 이야기하고 있습니다. 남자는 짐을 어디에
맡깁니까?**

여　다음 주에 3일간 도쿄로 출장 가지?

남　응, 다음 주 수요일 아침 비행기로. 도착하자마자
　　바로 거래처 사람과 회의가 있어서 호텔에 가서 짐
　　맡길 시간은 없을지도 몰라.

여　뭐? 짐가방을 들고 거래처 사람 만나게?

남　시나가와 역이니까 물품보관함을 찾아서 보관하려
　　고 하는데.

うと思ってるんだけど。

女 私も何回か、品川に出張に行ったことがあるじゃない？ スーツケースも入る大型のコインロッカーを見つけるのってなかなか難しかったよ。それで無駄に時間を使っちゃって待ち合わせの時間に遅れそうになったこともあったし、あの時は本当に焦ったよ。

男 そうか。いつも荷物が厄介なんだよな。品川はいつも混雑してるし、考えるだけで頭が痛いな。やっぱり会議の時間を少し遅らせてでも先にホテルに行った方がいいか。

女 そんなことで待ち合わせの時間を変えるのは申し訳ないでしょ。

男 そしたら取引先の受付に預けるのはどう？

女 いや、それはちょっと…。あ、そういえば品川と池袋なら荷物の預かりサービスをしてるんだったよ。品川はビジネスマンが多いし、池袋は観光客が増えたことで、身軽に移動できるように荷物の一時預かりサービスを始めたんだって。しかも事前予約で確実に預けられるそうだからそれを使えばいいんじゃない？

男 それいいな。それにしよう。いい情報ありがとう。

男の人は荷物をどこに預けますか。
1 駅構内にある大型のコインロッカーを利用する
2 荷物一時預かり所を予約して利用する
3 打ち合わせの前にホテルに行って荷物を預ける
4 取引先のインフォメーションデスクに預ける

여 나도 몇 번인가 시나가와에 출장 간 적이 있잖아. 짐가방도 들어갈 만한 대형 물품보관함을 찾는 게 꽤 어려웠어. 그것 때문에 시간 허비해서 약속 시간에 늦을 뻔 한 적도 있고, 그때는 진짜 초초했어.

남 그래? 항상 짐이 골칫거리라니까. 시나가와는 항상 혼잡하고, 생각만해도 머리가 아프다. 역시 회의 시간을 조금 늦추더라도 먼저 호텔에 가는 편이 낫나?

여 그런 걸로 약속 시간을 바꾸는 건 죄송스럽잖아.

남 그럼 거래처 안내데스크에 맡기는 건 어때?

여 아니, 그건 좀…. 아, 그러고보니 시나가와랑 이케부쿠로라면 임시 수하물 보관 서비스가 있었어. 시나가와는 비즈니스맨이 많고, 이케부쿠로는 관광객이 늘어서 홀가분하게 이동할 수 있도록 임시 수하물 보관 서비스를 시작했대. 게다가 사전 예약이라서 확실히 맡길 수 있다니까 그걸 사용하면 되지 않아?

남 그거 괜찮네. 그걸로 해야지. 좋은 정보 고마워

남자는 짐을 어디에 맡깁니까?
1 역내에 있는 대형 물품보관함을 이용한다
2 임시 수하물 보관소를 예약해서 이용한다
3 회의 전에 호텔에 가서 짐을 맡긴다
4 거래처의 안내 데스크에 맡긴다

預ける 맡기다 | 便 (이동 수단)편 | 取引先 거래처 | 打ち合わせ 협의, 회의 | スーツケース 짐가방, 여행 가방 | 品川駅 시나가와 역(지명)
コインロッカー 코인로커, 물품보관함 | 大型 대형 | 無駄に 헛되이 | 焦る 초조하다 | 厄介 골칫거리 | 混雑する 혼잡하다
池袋 이케부쿠로(지명) | 預かりサービス 보관 서비스 | 身軽だ 홀가분하다, 가뿐하다 | 移動する 이동하다 | 一時 일시, 한때
事前 사전, 미리 | 構内 구내 | インフォメーションデスク 안내 데스크

問題 2

1番

男の人が話しています。スロープのもともとの目的は何ですか。

문제2

1번

남자가 이야기하고 있습니다. 슬로프의 원래 목적은 무엇입니까?

男　今回、リニューアルされた山川駅です。これまで駅の東西には３か所の踏切がありましたが、その遮断機の降りている時間はなんと１時間のうち最大52分ありました。今回、駅舎の高架化に伴い線路をまたぐ通路も高架の上を通ることができ、３か所の踏切は廃止されました。地元の方はさぞかし大喜びかと思いきや、必ずしもそうではないんです。新設されたスロープは、傾斜もきつく距離にしてもなかなかなものです。踏切を10分、20分待つよりは早いとはいえ、スロープでは８分ほどかかります。利用した方にお話しを伺っても、距離が長くて使いづらいとの声が多数ありました。付近の住民が不満なく、この線路を渡れる日は訪れるのでしょうか。

スロープのもともとの目的は何ですか。

1　スロープの勾配の軽減
2　開かずの踏切の解消
3　ピーク時の混雑の緩和
4　駅舎のバリアフリー化

남　이번에 리뉴얼된 야마카와 역입니다. 지금까지 역의 동서에는 세 군데 건널목이 있었습니다만, 그 차단기가 내려져 있는 시간은 무려 1시간 중에 52분이나 되었습니다. 이번에 역사 건물을 높이 올리면서 선로를 가로지르는 통로도 고가도로 위를 지날 수 있게 되어, 세 군데 있던 건널목은 폐지되었습니다. 지역 주민들은 무척 기뻐할 거라 생각했지만, 반드시 그렇지는 않습니다. 신설된 슬로프는 경사도 가파르고 거리도 꽤 멉니다. 건널목을 10분, 20분 기다리는 것보다는 빠르지만 슬로프로는 8분 정도 소요됩니다. 이용하신 분께 얘기를 들어 보아도, 거리가 멀어서 사용하기 불편하다는 의견이 많았습니다. 근처 주민들이 불만 없이 이 선로를 건널 수 있는 날은 과연 올까요?

슬로프의 원래 목적은 무엇입니까?

1　슬로프의 경사 경감
2　열리지 않는 건널목 해소
3　피크일 때의 혼잡 완화
4　역사의 장애물 제거

スロープ 슬로프, 경사면 | リニューアル 리뉴얼, 개조 | 東西 동서 | 踏切 건널목 | 遮断機 차단기 | なんと 무려 | 最大 최대
駅舎 역사 | 高架 고가 | ～化 ~화 | 伴う 동반하다, 따르다 | 線路 선로 | またぐ 넘다, 걸치다 | 通路 통로 | 廃止する 폐지하다
地元 지역, 그 고장 | さぞかし 분명, 추측컨대 | 大喜び 큰 기쁨, 매우 기뻐함 | ～と思いきや ~라고 생각했는데 | 新設する 신설하다
傾斜 경사 | きつい 정도가 심하다, 과격하다 | 距離 거리 | 利用する 이용하다 | 付近 부근, 근처 | 勾配 경사도, 기울기 | 軽減 경감
解消 해소 | ピーク時 피크일 때, 가장 붐빌 때 | 混雑 혼잡 | 緩和 완화 | バリアフリー 장애물 제거

2番

女の人と男の人が話しています。女の人の妹はどうして来なかったですか。

男　あれ、今日はしおりの妹も一緒に来るって言ってなかったっけ？

女　うん、一緒に来るつもりだったんだけど…。

男　さては、しおりと妹、けんかしたな？

女　まあ、よくけんかはするけど、私たちはすぐ仲直りするよ。

男　じゃ、体調が悪くて家で寝てるとか？

女　あの子、体は丈夫だよ。風邪もめったにひかないんだから。

男　じゃ、何で？

女　実はうち、今、お母さんが入院してて。大し

2번

여자와 남자가 이야기하고 있습니다. 여자의 여동생은 왜 오지 않았습니까?

남　어? 오늘은 시오리 여동생도 같이 온다고 하지 않았어?

여　응, 같이 오려고 했는데….

남　그럼, 시오리랑 여동생, 싸웠구나?

여　뭐, 잘 싸우기도 하지만 우린 화해도 금방 해.

남　그럼 몸이 안 좋아서 집에서 자는 거야?

여　걔 몸은 건강해. 감기도 거의 안 걸리니까.

남　그럼 왜?

여　실은 우리 집, 지금 엄마가 입원하셔서. 큰 병은 아니지만.

남　아, 그래서. 병원에 간 거구나.

た病気じゃないんだけどね。

男 ああ、それで。病院に行ったんだね。

女 それが、今日はそうじゃなくて、お母さんが妹に親戚の家におつかいを頼んだのよ。

男 あ〜、それじゃ、来れないね。

女の人の妹はどうして来なかったですか。

1 女の人とけんかしたから
2 体調が悪いから
3 お母さんに用事を頼まれたから
4 お母さんのお見舞いに行ったから

여 그게, 오늘은 그게 아니고, 엄마가 동생한테 친척 집으로 심부름 보냈거든.

남 아, 그럼 못 오지.

여자의 여동생은 왜 오지 않았습니까?

1 여자와 싸워서
2 몸이 안 좋아서
3 엄마한테 부탁 받은 일이 있어서
4 엄마 병문안을 가서

さては 그렇다면 | 仲直り 화해 | めったに 거의, 좀처럼 | 入院する 입원하다 | 大した 대단한, 굉장한 | 親戚 친척 | おつかい 심부름
体調 몸 상태 | 用事 볼일, 용무 | お見舞い 병문안

3番

女の人と男の人が話しています。女の人はどうしてミュージカルを見に行くことになったのですか。

女 聞いて、聞いて。私、明日、「ライオンキング」のミュージカル見に行くんだ。

男 え〜、いいな。そのミュージカル、今、話題になってるやつじゃん。すごい人気でチケットも高いし、予約も取りづらいって聞いたよ。

女 そうなのよ。しかも、ただで行けるんだ。いいでしょう?

男 ずるいよ。僕も連れてってよ。どうせ、商店街の福引かなんかで当たったんだろう?

女 違うよ。

男 え、じゃあ、どうやってチケット手に入れたんだよ。

女 知りたい?実はね、田中さんの息子さんがミュージカル関係の仕事をしてるみたいで、結婚記念日のプレゼントとしてこのミュージカルのチケットを田中さん夫妻にプレゼントしたらしいのよ。でも残念ながら、ご主人は明日、知り合いの結婚式で行けないみたいで。田中さんが一人で行くのは嫌だからって私に。いいでしょう?

女の人はどうしてミュージカルを見に行くことになったのですか。

3번

여자와 남자가 이야기하고 있습니다. 여자는 왜 뮤지컬을 보러 가게 되었습니까?

여 들어봐 봐. 나 내일 '라이온 킹' 뮤지컬 보러 간다.

남 와, 좋겠다. 그 뮤지컬 지금 화제가 되고 있는 거잖아. 너무 인기가 많아서 티켓도 비싸고 예약도 하기 힘들다고 들었어.

여 맞아. 게다가 난 공짜로 가게 됐어. 좋겠지?

남 치사하다. 나도 데리고 가. 어차피 상점가 추첨인지 뭔지로 당첨된 거지?

여 아니야.

남 어, 그럼 티켓 어떻게 구했는데?

여 궁금해? 실은 말이야, 다나카 씨 아들이 뮤지컬 관련 일을 하는 모양인데, 결혼기념일 선물로 이 뮤지컬 티켓을 다나카 씨 부부한테 선물했대. 근데 안타깝게도 남편분은 내일 지인 결혼식 때문에 못 가나 봐. 다나카 씨가 혼자서 가는 건 싫다며 나한테. 좋겠지?

여자는 왜 뮤지컬을 보러 가게 되었습니까?

1 결혼기념일 선물로 받아서
2 상점가 추첨에 당첨되어서
3 아들이 뮤지컬 일을 하고 있어서
4 다나카 씨 남편이 못 가게 되어서

1 結婚記念日のプレゼントでもらったから
2 商店街の福引で当たったから
3 息子がミュージカルの仕事をしているから
4 田中さんの旦那さんが行けなくなったから

ミュージカル 뮤지컬 | 話題になる 화제가 되다 | しかも 게다가, 더구나 | ただ 공짜, 무료 | ずるい 치사하다 | 連れる 데려가다, 데려오다
商店街 상점가 | 福引 제비뽑기, 추첨 | ～かなんか ～인지 뭔지 | 手に入れる 손에 넣다, 얻다 | ～づらい ～하기 어렵다 | ～関係 ～관련
結婚記念日 결혼기념일 | 夫妻 부부 | ご主人 (타인의) 남편 | 知り合い 지인 | 旦那さん (타인의) 남편

4番

女の人と男の人が話しています。女の人は男の人に何をアドバイスしていますか。

男　仕事してるのになんでいつも残高がぎりぎりなんだろう。

女　習い事とかグルメ同好会とかいろいろしてるからじゃない？衝動買いもしてるでしょ？

男　違うよ。買い物はウインドーショッピングする時が多し、グルメ同好会も月1回の集まりで会費だって3000円程度なんだよ。

女　習い事は？楽器のレッスンを受けてるから高いんじゃないの？

男　それも2万円しないぐらいなのにおかしいな。

女　私もどこにお金を使ったのか全部も覚えられなくて、前は家計簿を付けてたよ。今は日付にポケットが付いてるカレンダーを使ってるけどね。使える金額を決めてそれをポケットに入れておくの。そうするといくら使ったか毎日分かるから節約できるよ。常に確認できるものがあれば無駄遣いしないと思うよ。

男　なるほど。俺もそうしよう。

女の人は男の人に何をアドバイスしていますか。

1 習い事の支出を減らす
2 同好会に参加する回数を減らす
3 毎日使う金額を決めて目に見えるところにおく
4 衝動買いをしないようにする

4번

여자와 남자가 이야기하고 있습니다. 여자는 남자에게 무엇을 조언하고 있습니까?

남　일을 하는데도 왜 언제나 통장 잔액이 간당간당한 걸까?

여　배우는 거라든지 맛집 동호회라든지 여러 가지 해서 그런 거 아냐? 충동구매도 하지?

남　아니야. 쇼핑은 아이쇼핑할 때가 많고, 미식 동호회도 한 달에 한 번 모임에다가 회비도 3천 엔 정도란 말야.

여　배우는 건? 악기 레슨 받고 있으니까 비싼 거 아냐?

남　그것도 2만 엔이 안 되는데 이상하단 말이지.

여　나도 어디에 돈을 썼는지 전부 다는 생각이 안 나서 전에는 가계부를 썼었어. 지금은 날짜에 주머니가 달려있는 달력을 사용하지만. 쓸 수 있는 금액을 정해서 그걸 주머니에 넣어 두는 거야. 그렇게 하면 얼마 썼는지 매일 알 수 있으니까 절약할 수 있거든. 늘 확인할 수 있는 게 있으면 낭비 안 할거야.

남　그렇구나. 나도 그렇게 해야지.

여자는 남자에게 무엇을 조언하고 있습니까?

1 배우는 데 나가는 지출을 줄인다
2 동호회에 참가하는 횟수를 줄인다
3 매일 쓸 금액을 정해서 눈에 보이는 곳에 둔다
4 충동구매를 하지 않도록 한다

アドバイスする 조언하다 | 残高 잔고, 잔액 | ぎりぎり 아슬아슬함, 빠듯함 | 習い事 (취미 등으로) 배우는 것 | グルメ 미식, 미식가
同好会 동호회 | 衝動買い 충동구매 | ウインドーショッピング 윈도쇼핑, 아이쇼핑 | 会費 회비 | ～だって ～도 또한, ～도 역시
楽器 악기 | レッスン 레슨 | 家計簿を付ける 가계부를 쓰다 | 日付 날짜 | 金額 금액 | 節約 절약 | 常に 늘, 항상 | 無駄遣い 낭비
支出 지출 | 減らす 줄이다 | 回数 횟수

留学生の女の人と日本人の男の人が話しています。留学生の女の人は何で悩んでいますか。

女　日本語は勉強すればするほど難しいね。

男　そうだね。漢字も難しくて覚えなければならないものが多くて大変でしょ？

女　うん、木の名前とか魚の名前とか擬声語、擬態語はほぼ諦めてるって感じかな。しかも覚えたそばから忘れちゃって困っちゃうよ。ことわざも慣用句も多すぎるし、似たような言葉も多くて。この間ね、友達に笑われちゃったよ。

男　何で？

女　友達が何度も約束の時間に遅れて、約束を守らない人を見ると本当に「頭が切れる」って言ったら、友達がげらげら笑ったの。

男　はは。そうゆう時は「頭が切れる」んじゃなくて、ただの「キレる」って言わなきゃ。

女　そうそう。いろんな意味を持っている、そういう言葉が一番難しいよ。

男　確かに。僕たちは普通に使ってるけど、外国の人には紛らわしいかもね。

留学生の女の人は何で悩んでいますか。

1　日本語の擬声語と擬態語の発音が難しいから
2　ことわざと慣用句の違いが分からないから
3　似たような動植物の名前が紛らわしいから
4　多義語の意味を覚えるのが難しいから

유학생인 여자와 일본인 남자가 이야기하고 있습니다. 유학생인 여자는 무엇 때문에 힘들어하고 있습니까?

여　일본어는 공부하면 할수록 어려워.

남　그렇지. 한자도 어렵고 외워야 할 게 많아서 힘들지?

여　응, 나무 이름이나 물고기 이름, 의성어, 의태어는 거의 포기한 상태야. 게다가 외우자마자 바로 잊어버려서 곤란해. 속담도 관용구도 너무 많고, 비슷한 말도 많아서. 지난번에는 있잖아, 친구한테 놀림 받았어.

남　왜?

여　친구가 몇 번이나 약속 시간에 늦어서 약속을 지키지 않는 사람을 보면 정말 '머리가 잘 돌아간다'고 했더니 친구가 껄껄 웃었어.

남　하하하. 그럴 때 '머리가 잘 돌아간다'가 아니라 그냥 '열받아'라고 해야지.

여　맞아 맞아. 여러 의미가 있는 그런 말들이 제일 어려워.

남　하긴. 우리는 아무렇지 않게 쓰고 있지만 외국 사람한테는 헷갈리겠다.

유학생인 여자는 무엇 때문에 힘들어하고 있습니까?

1　일본어의 의성어와 의태어 발음이 어려워서
2　속담과 관용구의 차이를 몰라서
3　비슷한 동식물의 이름이 헷갈려서
4　다의어의 의미를 외우는 게 어려워서

留学生 유학생 | 擬声語 의성어 | 擬態語 의태어 | ほぼ 거의 | 諦める 포기하다 | ～たそばから ～하자마자 | ことわざ 속담
慣用句 관용구 | 頭が切れる 머리가 잘 돌아간다, 머리 회전이 빠르다 | げらげら 껄껄 | キレる 화가 나다, 열받다
紛らわしい 헷갈리기 쉽다 | 発音 발음 | 動植物 동식물 | 多義語 다의어

男の人と女の人が話しています。男の人は冷え性に悩まされている女の人に何が一番大事だと言っていますか。

女　寒い日が続いてるね。私、冬は本当に苦手なの。手先と足先が冷たくて辛いのよ。お医者さんにみてもらった方がいいのかな。

男　冷え性なんだね。俺も冷え性だったけど、今

남자와 여자가 이야기하고 있습니다. 남자는 수족냉증에 시달리는 여자에게 무엇이 가장 중요하다고 말하고 있습니까?

여　요즘 계속 춥네. 난 겨울은 진짜 싫어해. 손끝하고 발끝이 시려서 괴롭거든. 의사한테 진찰받는 게 나을까?

남　수족냉증인가 보다. 나도 수족냉증이었는데, 지금

はだいぶよくなったよ。病院に行く前に生活習慣を少し変えてみるのはどう？それだけでもかなり改善されると思うよ。

女　どう変えればいいの？

男　靴下を重ねて履くとか体を温めるお茶を保温ポットに入れて何度も飲むとかね。俺は足湯も試してみたけど、それ結構おすすめよ。

女　そうなんだ。考えてみれば私は冬にもアイスコーヒー飲んだり冷たいものばかり食べてたかも。外にいる時は寒いから温かいものを飲むけど、家の中にいる時はつい…。

男　俺に一番効果があったのは筋トレだったよ。お尻上げ運動を寝る前に１０回ずつしてみて。そうすると腹筋と太ももまで鍛えられるし、基礎代謝も上がるから冷え性を治すのにいいよ。俺筋トレは今も続けてるよ。

女　なるほど。よし、私も明日からお尻上げ運動を毎日５０回ずつする。

男　張り切ってるじゃない。でも、こつこつと続けるのが大切だから頑張りすぎて飽きないようにね。

女　うん、分かった。いろいろ教えてくれてありがとね。

男の人は冷え性に悩まされている女の人に何が一番大事だと言っていますか。

1　自分がどんな冷え性なのかを知る
2　病院に行って診察を受ける
3　冷え性対策に効果がある運動をする
4　体温調節のために腹巻きをする

은 많이 좋아졌어. 병원에 가기 전에 생활습관을 조금 바꿔보는 건 어때? 그것만으로도 꽤 개선이 될 거야.

여　어떻게 바꾸면 되는데?

남　양말을 겹쳐 신거나 몸을 따뜻하게 하는 차를 보온 주전자에 넣어서 수시로 마시거나. 나는 족욕도 해 봤는데 그거 꽤 추천해.

여　그렇구나. 생각해 보니 난 겨울에도 아이스 커피 마시거나 찬 것만 먹은 거 같아. 밖에 있을 때는 추우니까 따뜻한 걸 마시지만 집 안에 있을 때는 나도 모르게….

남　나한테 가장 효과가 있었던 건 근육 트레이닝이었어. 엉덩이 들기 운동을 자기 전에 10번씩 해 봐. 그렇게 하면 복근이랑 허벅지 근육까지 키울 수 있고, 기초대사도 올라가니까 수족냉증 고치는 데 좋아. 나 근육 트레이닝은 지금도 계속 하고 있어.

여　그렇구나. 나도 내일부터 엉덩이 들기 운동을 매일 50번씩 해야지.

남　의욕이 넘치네. 하지만 꾸준히 하는 게 중요하니까 너무 열심히 하다가 질리지 않도록 해.

여　응, 알았어. 이것저것 알려줘서 고마워.

남자는 수족냉증에 시달리는 여자에게 무엇이 가장 중요하다고 말하고 있습니까?

1　자기가 어떤 수족냉증인지를 안다
2　병원에 가서 진찰을 받는다
3　수족냉증 대책으로 효과가 있는 운동을 한다
4　체온 조절을 위해서 복대를 한다

冷え性 수족냉증 | 手先 손끝 | 足先 발끝 | 生活習慣 생활습관 | 改善する 개선하다 | 保温ポット 보온 주전자 | 足湯 족욕
試す 시도하다, 해 보다 | 結構 꽤, 제법 | おすすめ 추천 | 筋トレ 근육 트레이닝 | お尻上げ 엉덩이 들기 | 腹筋 복근 | 太もも 허벅지
鍛える 단련하다 | 基礎代謝 기초대사 | 治す 치료하다, 고치다 | 張り切る 기운이 넘치다 | こつこつ 꾸준히 | 飽きる 싫증나다, 질리다
診察 진찰 | 対策 대책 | 体温 체온 | 調節 조절 | 腹巻き 복대

7番

男の俳優に女の人がインタビューしています。男の俳優はこのドラマに出演した理由は何だと言っていますか。

女　主演男優賞おめでとうございます。隆さんは何がきっかけでこの世界に入られましたか。

7번

남자 배우에게 여자가 인터뷰하고 있습니다. 남자 배우는 이 드라마에 출연한 이유는 뭐라고 말하고 있습니까?

여　남우주연상 축하 드립니다. 다카시 씨는 어떤 계기로 이 세계에 들어오셨나요?

남　저, 어릴 적에는 내성적인 성격이어서 어머니가 그

男 僕、幼い頃は内向的な性格で、母がそれを直すために僕を子役の養成所に入れたみたいです。子役の頃はいろんなオーディションを受けてたくさん落ちたんですが、今ではいい経験だったと思います。

女 そうだったんですね。隆さんといえば現在放送中の主演ドラマが大人気のようですね。

男 おかげさまで。監督やスタッフ、共演者の方々が支えてくださって。ありがたい事ですね。5年前にこのドラマの監督と語り合う機会がありまして。その時に個人的にやりたいことや自分の信念や夢などを語り合ったんです。5年後こんなふうに呼んでいただけることになるなんて…。僕、本当は、市民を守る警察官が夢だったんです。良くも悪くも、この業界に入ってそれはできなくなったんですが、このドラマを通し警察官になれたんです。何者にもなれるこの職業は本当に僕にとって天職ですね。

男の俳優はこのドラマに出演した理由は何だと言っていますか。

1 オーディションで選ばれたから
2 内向的な性格を直したかったから
3 監督と親交があったから
4 警察官になりたかったから

걸 고치기 위해 저를 아역 배우 양성하는 곳에 보냈다고 해요. 아역 배우일 때는 여러 오디션을 보고 많이 떨어졌는데 지금은 좋은 경험이었다고 생각합니다.

여 그러셨군요. 다카시 씨하면 현재 방송 중인 주연 드라마가 아주 인기가 많은 것 같은데요.

남 덕분에요. 감독님과 스태프, 같이 출연하시는 분들이 도와 주셔서. 감사한 일이죠. 5년 전에 이 드라마 감독님과 이야기할 기회가 있었는데, 그 때 개인적으로 하고 싶은 것이나 저의 신념, 꿈 등에 대해서 이야기를 나눴어요. 5년 후에 이렇게 불러 주시게 될 줄은…. 저 원래는 시민을 지키는 경찰관이 꿈이었어요. 좋든 싫든 이 세계에 들어와서 그건 할 수 없게 되었지만, 이 드라마를 통해서 경찰관이 될 수 있었어요. 무엇이든 될 수 있는 이 직업은 정말로 저한테는 천직입니다.

남자 배우는 이 드라마에 출연한 이유는 뭐라고 말하고 있습니까?

1 오디션에서 뽑혔기 때문에
2 내성적인 성격을 고치고 싶었기 때문에
3 감독님과 친분이 있었기 때문에
4 경찰관이 되고 싶었기 때문에

俳優 배우	出演 출연	主演男優賞 남우주연상	内向的 내향적, 내성적	子役 아역	養成所 양성소	オーディション 오디션
監督 감독(님)	スタッフ 스태프, 제작진	共演者 공동 출연자	方々 분들	支える 지지하다, 지원하다	語り合う 서로 이야기하다
機会 기회	信念 신념	市民 시민	警察官 경찰관	良くも悪くも 좋든 싫든	業界 업계	何者 어떤 사람, 누구	職業 직업
天職 천직	親交 친분

問題3

1番

アナウンサーが話しています。

男 外国人の方が訪日し、マスクをつけている人の多さに驚くという話はよく耳にしますよね。日本人がマスクを習慣的につけるようになったのは2000年以降からです。花粉症に加え2002年のサーズの流行により空気感染

문제3

1번

아나운서가 이야기하고 있습니다.

남 외국 분들이 일본에 오셔서 마스크를 쓰고 있는 사람이 많은 것을 보고 놀란다는 이야기를 자주 듣습니다. 일본인이 마스크를 습관적으로 쓰게 된 것은 2000년 이후부터입니다. 꽃가루 알레르기에 더해 2002년 사스(중증 급성 호흡기 증후군)의 유행으로

の予防意識が高まり、使い捨ての不織布マスクが浸透していきました。２０１０年以降はマスクの生産量も右肩上がりなんです。なぜ、ここまで浸透したのでしょうか。どうやら、病気予防だけではないようなんです。最近若者の間では、伊達マスクとして使用されており、すっぴんを隠せるから、暖かいからという理由で重宝されているようです。

アナウンサーは何について話していますか。

1 マスクの正しい着用方法について
2 マスクの歴史的変遷について
3 日本でマスクが普及した理由について
4 外国人のマスク使用率について

공기 감염을 예방하려는 의식이 높아져, 일회용 부직포 마스크가 퍼졌습니다. 2010년 이후는 마스크 생산량도 증가했습니다. 어째서 이렇게까지 퍼진 것일까요? 아무래도 질병 예방만을 위한 것은 아닌 것 같습니다. 요즘 젊은이들 사이에는 멋내기 마스크로 사용되고 있고 맨얼굴을 가릴 수 있어서, 따뜻하니까 등의 이유로 애용되고 있는 것 같습니다.

아나운서는 무엇에 대해서 이야기하고 있습니까?

1 마스크의 올바른 착용 방법에 대해서
2 마스크의 역사적 변천에 대해서
3 일본에서 마스크가 보급된 이유에 대해서
4 외국인의 마스크 사용률에 대해서

訪日する 일본을 방문하다 | 花粉症 화분증, 꽃가루 알레르기 | ～に加え ～에 더해, ～외에 | サーズ 사스 | 流行 유행 | 空気 공기
感染 감염 | 予防 예방 | 意識 의식 | 高まる 높아지다 | 使い捨て 일회용 | 不織布 부직포 | 浸透する 퍼지다 | 生産量 생산량
右肩上がり 점점 늘어남 | 若者 젊은이, 청년 | 伊達 멋 부림 | 使用する 사용하다 | すっぴん 맨얼굴 | 隠す 숨기다
重宝する 애용하다, 요긴하다 | 着用 착용 | 変遷 변천 | 普及する 보급되다

2番

アナウンサーが話しています。

女 ゴルフ禁止の看板も見て見ぬふり。河川敷でゴルフをする彼らは河川敷ゴルファーと呼ばれています。さらに彼らは河川敷をゴルフ場のように改造し、私有物までも我が物顔で放置しています。そんな彼らを誰も取り締まることはできないのでしょうか。国土交通省では毎日パトロールを行っていますが、鼬ごっこだと言います。基本、河川敷は迷惑でなければ自由に使っていい場所です。ゴルフ用具を撤去することも私有財産なので難しく、逆に訴訟を起こされる可能性もあります。ですから国も触らぬ神に祟りなし状態なのです。

アナウンサーは何について話していますか。

1 政府の目に余る不正行為
2 河川敷ゴルファーの横行
3 ゴルフ場での迷惑行為の実態
4 国土交通省の暴挙

2번

아나운서가 이야기하고 있습니다.

여 골프 금지 간판도 보고도 못 본 척. 하천 부지에서 골프를 치는 사람들을 하천 부지 골퍼라고 부릅니다. 게다가 그들은 하천 부지를 골프장처럼 개조해서 사유물까지도 제 것인 양 방치하고 있습니다. 그런 사람들을 단속하는 것은 그 누구도 불가능한 걸까요? 국토교통부에서는 매일 순찰을 하고 있지만 헛수고라고 합니다. 기본적으로 하천 부지는 민폐가 되지 않는다면 자유로이 써도 되는 장소입니다. 골프용구를 철거하는 것도 사유재산이기 때문에 어렵고, 역으로 소송을 당할 가능성도 있습니다. 그래서 나라에서도 긁어 부스럼 만들지 않으려는 상황인 것입니다.

아나운서는 무엇에 대해서 이야기하고 있습니까?

1 정부의 눈꼴사나운 부정행위
2 하천 부지 골퍼의 횡행
3 골프장에서의 민폐 행위 실태
4 국토교통부의 폭동

ゴルフ 골프 | 禁止 금지 | 看板 간판 | 見て見ぬふり 보고도 못 본 척 | 河川敷 하천 부지 | ゴルファー 골퍼 | 改造する 개조하다
私有物 사유물 | 我が物顔 제멋대로 | 放置する 방치하다 | 取り締まる 단속하다 | 国土交通省 국토교통부 | パトロールを行う 순찰하다
鼬ごっこ 제자리 걸음, 헛수고 | 基本 기본 | 迷惑 폐, 민폐 | 用具 용구 | 撤去する 철거하다 | 私有財産 사유재산 | 逆に 반대로
訴訟を起こす 소송을 제기하다 | 触らぬ神に祟りなし 긁어 부스럼 만들지 말라 | 状態 상태 | 目に余る 눈꼴사납다
不正行為 부정행위 | 横行 횡행 | 実態 실태 | 暴挙 폭거, 폭동

3番

アナウンサーが話しています。

女　兵庫県を直撃した台風23号は県内の農業に大打撃を与えました。震災後の被害を立て直しているさなか、台風に見舞われ、今も多くの農家が台風の後始末に追われています。農家の人々はまさに「泣きっ面に蜂」だと口をそろえます。今回の大型台風の影響で海水が巻き上げられ、12ヘクタールの土地で塩害被害に見舞われました。市役所職員によりますと、塩害を受けると商品価値がなくなってしまい損失は計り知れないと言います。塩害を受けていない作物は店頭に並びますが、塩害の影響の懸念からこの地域の作物を買う消費者の手は遠のいており、農家の方々の頭を悩ませています。

このニュースの主な内容は何ですか。
1 噂による被害について
2 地震の被害について
3 人災の被害について
4 ２次災害の被害について

3번

아나운서가 이야기하고 있습니다.

여　효고 현을 직격으로 강타한 태풍 23호는 현 내의 농업에 큰 타격을 입혔습니다. 지진 재해 후 피해 복구가 한창이던 차에 태풍이 와서, 지금도 많은 농가가 태풍으로 인한 뒤처리에 급급합니다. 농가 사람들은 이거야말로 '엎친 데 덮친 격'이라고 입을 모읍니다. 이번 대형 태풍의 영향으로 바닷물이 범람하여 12헥타르의 토지가 염해 피해를 입었습니다. 시청 직원에 따르면 염해를 입으면 상품 가치가 없어지기 때문에 손해는 이루 말할 수 없다고 합니다. 염해를 입지 않은 작물은 가게 앞에 진열되지만, 염해의 영향을 우려하여 그 지역의 작물을 사는 소비자들의 발길이 뜸해지고 있어서 농가 사람들을 근심하게 만들고 있습니다.

이 뉴스의 주된 내용은 무엇입니까?
1 소문에 의한 피해에 대해서
2 지진 피해에 대해서
3 인재 피해에 대해서
4 2차 재해로 인한 피해에 대해서

兵庫県 효고 현(지명) | 直撃する 직격하다 | 県内 현내 | 農業 농업 | 大打撃 큰 타격 | 震災 지진 재해 | 被害 피해
立て直す 다시 일으키다 | ~さなか ~가 한창인 때 | 見舞う 닥쳐 오다, 덮치다 | 農家 농가 | 後始末 뒤처리 | まさに 그야말로
泣きっ面に蜂 설상가상, 엎친 데 덮친 격 | 口をそろえる 입을 모으다 | 大型 대형 | 海水 해수, 바닷물 | 巻き上げる 범람하다
ヘクタール 헥타르 | 塩害 염해 | 市役所 시청 | 職員 직원 | 商品価値 상품 가치 | 損失 손실 | 計り知れない 헤아릴 수 없다
作物 작물 | 店頭 점포 앞 | 懸念 걱정, 불안 | 消費者 소비자 | 遠のく 멀어지다, 뜸해지다 | 人災 인재 | 災害 재해

4番

男の人が話しています。

男　戦争の始まりは弥生時代に遡ります。なぜ弥生時代に戦争が始まったかというと、一番大きな理由は、農耕が始まったことと非常に大き

4번

남자가 이야기하고 있습니다.

남　전쟁의 시작은 야요이 시대로 거슬러 올라갑니다. 왜 야요이 시대에 전쟁이 시작되었는가하면, 가장 큰 이유는 농경이 시작된 것과 매우 큰 관계가 있습

な関係があります。弥生時代は縄文時代と違って、農耕が始まって人々は定住するようになります。また、それはいろんな食糧を安定的にとることができることを意味します。稲作は紀元前4世紀頃から始まりましたが、それには土地や水が必要です。しかし、土地も水も日本に無限にあるわけではないので、それを巡るあるいは作物を巡る取り合いが始まったのです。これが戦争の始まりだと言えるでしょう。これが分かった理由は考古学の成果なんです。例えば佐賀県の吉野ヶ里遺跡で矢が刺さっている人骨が発掘されました。このことから、戦争が行われていたことが分かります。また、定住というのは集落を作って住むようになることなんですが、この集落についても戦争の跡がかなり出てきました。

男の人は何について話していますか。
1 農耕と戦争の関係について
2 農耕が始まった年と地域について
3 考古学によって研究されている分野について
4 定住化が促進された理由について

니다. 야요이 시대는 조몬 시대와 달리 농경이 시작되어 사람들은 정착해서 생활하게 됩니다. 또 그것은 여러 식량을 안정적으로 구할 수 있다는 것을 의미합니다. 벼농사는 기원전 4세기 무렵부터 시작되었는데, 그것에는 토지와 물이 필요합니다. 하지만 토지도 물도 일본에 무한히 있는 것이 아니기에 그것을 둘러싼, 혹은 작물을 둘러싼 쟁탈이 시작된 것입니다. 이것이 전쟁의 시작이라고 말할 수 있겠습니다. 이것을 알게 된 이유는 고고학의 성과입니다. 예를 들면 사가 현의 요시노가리 유적에서 화살이 박힌 사람의 뼈가 발굴되었습니다. 이것으로 전쟁이 일어났다는 것을 알 수 있습니다. 또 정착 생활이라는 것은 촌락을 만들어서 살게 되는 것인데, 이 촌락에서도 전쟁의 흔적이 상당히 나왔습니다.

남자는 무엇에 대해서 이야기하고 있습니까?
1 농경과 전쟁의 관계에 대해서
2 농경이 시작된 해와 지역에 대해서
3 고고학에 의해 연구되고 있는 분야에 대해서
4 정착화가 촉진된 이유에 대해서

戦争 전쟁	始まり 시작	弥生時代 야요이 시대	遡る 거슬러 올라가다	農耕 농경	非常に 아주, 매우	縄文時代 조몬 시대
定住する 정착하다	食糧 식량	安定的に 안정적으로	稲作 벼농사	紀元前 기원전	~世紀 ~세기	無限に 무한히	巡る 둘러싸다
作物 작물	取り合い 쟁탈	考古学 고고학	成果 성과	佐賀県 사가 현(지명)	吉野ヶ里遺跡 요시노가리 유적(지명)
矢が刺さる 화살이 박히다	人骨 인골	発掘する 발굴하다	集落 취락, 촌락	跡 흔적	かなり 꽤, 상당히	分野 분야
定住化 정착화	促進 촉진

5番
会社で男の人と女の人が話しています。

女 ねえ、山田さんの送別会の場所はどこにすればいいかな。忘年会のシーズンだからなかなか予約ができないんだけど。

男 そうか。山田さんってお酒は飲まないんだっけ？

女 うん、飲みに行ってもいつもノンアルコール頼んでたよ。

男 それなら飲み屋よりライブカフェはどう？俺の友達の中にセッションバンドをやってるやつがいてさ。そいつの演奏を見に一度行ったことがあるんだけど、すごくよかったんだ。

5번
회사에서 남자와 여자가 이야기하고 있습니다.

여 있잖아, 야마다 씨 송별회 장소 어디로 하면 좋을까? 송년회 시즌이라서 예약이 잘 안돼.

남 그래? 야마다 씨 술 안 마셨었지?

여 응, 술 마시러 가도 항상 무알콜 주문했었어.

남 그럼 술집보다 라이브 카페는 어때? 내 친구 중에 세션 밴드하는 녀석이 있거든. 그 친구 연주 보러 한 번 간 적이 있는데 아주 좋았어. 술 종류는 물론이고 음료수나 커피, 차도 여러 가지 있었어. 전세로 빌릴 수도 있으니까 우리처럼 많은 인원이 들어가기에 딱 좋지 않아? 아, 통째로 빌리는 손님에 한해 라이브도 해 준대.

酒の種類はもちろん、ソフトドリンクとかコーヒー、お茶もいろいろあったし。貸切もできるからぼくらみたいに大人数が入るのにはちょうどよくない？あ、貸切をする客限定で、ライブもやってくれるって。

女 いいね。音楽が大好きな山田さん、きっと喜ぶよ。料金が予算内ならそこにしよう。

男の人はなぜライブカフェをおすすめしていますか。

1 セッションバンドをする友達が紹介してくれたから
2 山田さんの行きつけのお店だから
3 少人数しか入場できない静かなところだから
4 飲み物の種類も豊富で音楽も楽しめるところだから

여 좋다. 음악을 좋아하는 야마다 씨, 분명 기뻐할 거야. 요금이 예산 내라면 거기로 하자.

남자는 왜 라이브 카페를 추천하고 있습니까?

1 세션 밴드를 하는 친구가 소개해 주어서
2 야마다 씨가 자주 가는 가게여서
3 적은 인원밖에 들어갈 수 없는 조용한 곳이어서
4 마실 것의 종류도 많고 음악도 즐길 수 있는 곳이어서

送別会 송별회	忘年会 송년회	シーズン 시즌, 철	ノンアルコール 논알콜	飲み屋 술집	ライブカフェ 라이브 카페
セッションバンド 세션 밴드	そいつ 그 친구	演奏 연주	ソフトドリンク 청량 음료, 음료수	貸切 전세, 대절	大人数 많은 인원
限定 한정	料金 요금	予算内 예산 내	行きつけ 단골 가게	少人数 적은 인원	入場 입장	種類 종류	豊富だ 풍부하다

6番

女の人が話しています。

女 クレジットカードを取り扱ウェブサイトにカード情報を登録して買い物をする方は、パスワードの管理には充分ご注意ください。最近パスワードを盗用して買い物をしたり、有料のゲームサイトに不正にログインしてゲームのアイテムを買うなど、他人のパスワードを悪用する事件が増えています。パスワードは定期的に変更してください。他人に推測されやすい生年月日、電話番号、連続した数字の羅列は避けて、数字や記号、大文字を混ぜて最低10文字以上にしてください。また、長期間利用していないサイトは退会することをお勧めします。

女の人は何を呼びかけていますか。

1 利用頻度が高いサイトはリストアップしておく
2 ゲームサイトは利用しない
3 安全なパスワードを作る

6번

여자가 이야기하고 있습니다.

여 신용카드를 취급하는 웹 사이트에 카드 정보를 등록해서 쇼핑하시는 분은 패스워드 관리에 충분히 주의해 주십시오. 요즘 패스워드를 도용해서 물건을 사거나 유료 게임 사이트에 부정하게 로그인해서 게임 아이템을 사는 등, 타인의 패스워드를 악용하는 사건이 늘고 있습니다. 패스워드는 정기적으로 변경해 주십시오. 타인이 추측하기 쉬운 생년월일, 전화번호, 연속되는 숫자의 나열은 피하시고, 숫자와 기호, 대문자를 혼합해 적어도 10글자 이상으로 만들어 주십시오. 또 장기간 이용하지 않는 사이트는 탈퇴하는 것을 추천합니다.

여자는 무엇을 권하고 있습니까?

1 이용 빈도가 높은 사이트는 목록을 만들어 놓는다
2 게임 사이트는 이용하지 않는다
3 안전한 패스워드를 만든다
4 정기적으로 사이트를 탈퇴한다

4 定期的にサイトを退会する

クレジットカード 신용카드 | 取り扱う 취급하다 | ウェブサイト 웹 사이트 | 登録する 등록하다 | パスワード 비밀번호 | 管理 관리
充分 충분히 | 盗用する 도용하다 | 有料 유료 | 不正に 부정하게 | ログインする 로그인하다 | 悪用する 악용하다 | 定期的に 정기적으로
変更する 변경하다 | 推測する 추측하다 | 生年月日 생년월일 | 連続する 연속되다 | 羅列 나열 | 避ける 피하다 | 記号 기호
大文字 대문자 | 混ぜる 섞다 | 最低 최저, 적어도 | 長期間 장기간 | 退会する 탈퇴하다 | 頻度 빈도 | リストアップする 목록을 만들다

問題 4

1 番

女　私の彼氏、金遣いが荒くて困っちゃう。
男　1　節約してくれていい夫になりそうだけど。
　　2　浮気するなんて、早く別れた方がいいよ。
　　3　僕の彼女もだよ。彼女にはつくづく愛想が
　　　　尽きたよ。

彼氏 남자친구 | 金遣いが荒い 돈 씀씀이가 헤프다 | 夫 남편 | 浮気する 바람을 피우다 | 別れる 헤어지다 | つくづく 정말, 아주
愛想が尽きる 정이 떨어지다

2 番

男　最近タバコを吸う人たちの世間の風当たりが
　　強くなったなあ。
女　1　しょうがないじゃない。外で吸うんだから
　　　　風も吹くよ。
　　2　当たり前でしょ？健康に悪いんだから。
　　3　そうね。明日台風でも来るんじゃないかな。

世間 세간 | 風当たり 비난, 공격 | しょうがない 어쩔 수 없다 | 当たり前 당연함 | 健康 건강

3 番

女　この前の飲み会、男性の中で女性一人だった
　　から、肩身が狭かったよ。
男　1　ジムで肩幅を広げる運動でもしたらどう
　　　　かな。
　　2　体格のいい人ばかりじゃ、狭くて肩がぶつ
　　　　かっちゃうね。
　　3　それは居心地が悪かっただろうね。

肩身が狭い 주눅이 들다, 어색하다 | ジム 헬스클럽 | 肩幅 어깨 폭 | 体格 체격 | ぶつかる 부딪치다 | 居心地が悪い 있기 불편하다

문제4

1번

여　내 남자친구 돈 씀씀이가 헤퍼서 걱정이야.
남　1　절약해 주니까 좋은 남편이 될 것 같은데.
　　2　바람을 피우다니 빨리 헤어지는 게 낫겠어.
　　3　내 여자친구도 그래. 여자친구한테 아주 정이 뚝
　　　　떨어졌어.

2번

남　요즘 담배 피우는 사람들을 향한 세간의 비난이 거
　　세진 거 같아.
여　1　어쩔 수 없지. 밖에서 피우니까 바람도 부는 거지.
　　2　당연한 거 아냐? 건강에 나쁘니까.
　　3　그러네. 내일 태풍 오는 거 아닐까?

3번

여　지난번 술자리 때 남자들 틈에서 여자 혼자라 어색
　　했어.
남　1　헬스클럽에서 어깨가 넓어지는 운동이라도 하는
　　　　게 어때?
　　2　체격이 좋은 사람들뿐이면 좁아서 어깨가 부딪
　　　　히지.
　　3　그거 참 불편했겠다.

4番

男 部長、ぐったりしてたけど、何かあったのかな。

女 1 急な人事異動で左遷されたらしいよ。
2 息子さんが大学に合格したんだって。
3 昇進祝いで今日パーティーが開かれるんだって。

4번

남 부장님 축 쳐져 계시던데 무슨 일 있었나?

여 1 갑작스런 인사 이동으로 좌천되셨대.
2 아드님이 대학에 합격했대.
3 승진 축하 의미로 오늘 파티가 열린대.

ぐったりする 축 쳐지다 | 人事異動 인사이동 | 左遷される 좌천 당하다 | 合格する 합격하다 | 昇進 승진 | 祝い 축하

5番

女 木村さん、この前、迷子を助けたんだって？やるじゃん。

男 1 やっぱり、やるんじゃなかったよ。
2 迷子になって困ったよ。
3 いや、当然のことをしたまでだよ。

5번

여 기무라 씨, 얼마 전에 미아를 도와줬다며? 대단한데~.

남 1 역시 하는 게 아니었어.
2 미아가 돼서 곤란했어.
3 아니, 당연한 일을 했을 뿐이야.

迷子 미아 | 助ける 돕다, 도와주다 | やるじゃん(=やるじゃない) 잘 한다, 대단하다 | ~(た)まで ~했을 뿐

6番

男 昨日お寿司を食べてからずっと腹を下してて。

女 1 誘ってくれればよかったのに。
2 生ものは足が速いからね。
3 活きがいい魚はおいしいよね。

6번

남 어제 초밥을 먹은 뒤로 계속 설사해.

여 1 같이 가자고 하지 그랬어.
2 날것은 금방 상하니까.
3 싱싱한 생선은 맛있지.

腹を下す 설사하다 | 誘う 권하다 | 生もの 날것 | 足が速い (음식이) 쉽게 상하다 | 活きがいい 싱싱하다

7番

女 昨日、ひいおじいちゃんが、脳卒中で倒れたんだって。

男 1 大したことじゃなくてよかったね。
2 一昨昨日会った時は元気だったのに。
3 明々後日里帰りするんだ。

7번

여 어제 증조 할아버지께서 뇌졸중으로 쓰러지셨대.

남 1 큰일이 아니라서 다행이야.
2 그끄저께 만났을 때는 건강하셨는데.
3 내일모레 고향에 돌아가.

ひいおじいちゃん 증조 할아버지 | 脳卒中 뇌졸중 | 大したこと 큰일, 별일 | 一昨昨日 그끄저께 | 明々後日 내일모레 | 里帰り 고향에 돌아감

8番

女　なんで私に八つ当たりするのよ。

男　1　気の利く人でした。

　　　2　切羽詰まってるから急がないと。

　　　3　ごめん。ちょっといらいらしててさ。

8번

여　왜 나한테 화풀이야.

남　1　사려 깊은 사람이었습니다.

　　　2　발등에 불 떨어졌으니까 서둘러야 해.

　　　3　미안. 좀 초조해서.

八つ当たり 엉뚱한 화풀이 | 気が利く 눈치가 빠르다, 사려 깊다 | 切羽詰まる 궁지에 몰리다, 다급해지다
いらいら 불안한 모양, 초조한 모양

9番

女　超格好いい。俳優顔負けだね。

男　1　早い者勝ちです。

　　　2　まろやかな口当たりでおいしい。

　　　3　え～、本気で言ってるの？

9번

여　너무 멋있다. 배우 저리 가라네.

남　1　먼저 한 사람이 임자예요.

　　　2　부드러운 식감에 맛있다.

　　　3　뭐? 진심으로 말하는 거야?

超～ 뛰어난 모양, 아주 ～함 | 俳優 배우 | 顔負け ～에 버금감, ～못지 않음 | 早い者勝ち 먼저 한 사람이 유리함
まろやかだ 맛이 부드럽고 순하다 | 口当たり 입에 닿는 느낌, 식감 | 本気 진심

10番

女　今回のテストはどうだった？

男　1　やっぱり一夜漬けはだめだね。

　　　2　聞く耳持たないし。

　　　3　やる事が山積みで今日は無理かも。

10번

여　이번 테스트 어땠어?

남　1　역시 벼락치기는 안돼.

　　　2　들은 척도 안 하고.

　　　3　할 일이 산더미라서 오늘은 무리일지도.

一夜漬け 벼락치기 | 聞く耳を持たない 들으려 하지 않다 | 山積み 산적, 산더미

11番

男　大学に願書出した？

女　1　いいえ、知らない問題は山をかけます。

　　　2　うん、滑り止めまで考えて三ヶ所。

　　　3　はい、粘り強い性格です。

11번

남　대학에 원서 냈어?

여　1　아니오. 모르는 문제는 찍습니다.

　　　2　응. 떨어질 걸 생각해서 세 군데.

　　　3　네. 끈기 있는 성격입니다.

願書 원서 | 山をかける 요행을 노리다, 모험을 하다 | 滑り止め 시험·입시 등에 떨어질 것에 대비함 | ～ヶ所 ～개소, ～곳
粘り強い 끈질기다, 집요하다

12番

男　置き引きの被害が増えてるらしいよ。

女　1　体当たりで捕まえました。

　　　2　いろんな窃盗があるね。

12번

남　물건 가로채기 피해가 늘고 있대.

여　1　온 힘을 다해 붙잡았습니다.

　　　2　절도도 여러 가지네.

3 売れ行きがよくないのかな。　　　　　　3 매출이 좋지 않은 건가?

13番

女　この前の先輩の結婚式、本当によかったよ
　　ね。私もあんな結婚式がしたいな。
男　1 うん、あっけなく終わったね。
　　2 うん、結構うるさかったね。
　　3 うん、なごやかな雰囲気だったね。

13번

여　저번 선배 결혼식 정말 좋았지? 나도 그런 결혼식
　　을 하고 싶어.
남　1 응, 허무하게 끝났지.
　　2 응, 꽤 시끄러웠지.
　　3 응, 부드러운 분위기였지.

14番

男　なんでそんなことまで知ってるんですか。
女　1 はは。長い経験の賜物でございます。
　　2 のどかな風景で癒される。
　　3 かしこまりました。すぐ参ります。

14번

남　어째서 그런 것까지 아는 거예요?
여　1 하하. 오랜 경험에서 얻은 선물입니다.
　　2 고즈넉한 풍경에 마음이 편안해진다.
　　3 알겠습니다. 곧 찾아 뵙겠습니다.

問題5

1番

男の学生と女の学生が話しています。

男　やっぱり、就職やこれからの未来に向けて、
　　資格とか取っておいた方がいいよね。
女　そうね。履歴書の資格を書く欄に何も書けな
　　いのは悲しいし。
男　うん、それに、変わった資格があると面接官
　　の目にとまりやすいし。
女　う～ん、就職に有利な資格って何かな。やっ
　　ぱ英語かな？ どの分野でも必要とされてる
　　し。三上君は留学経験もあるからぺらぺらで
　　いいなあ。
男　僕程度の英会話ができる人なんていっぱいい
　　るから、あんまり意味ないかも。やっぱり、

문제5

1번

남학생과 여학생이 이야기하고 있습니다.

남　역시, 취직이나 앞으로의 미래에 대비해서 자격증
　　같은 거 따 놓는 게 좋겠지?
여　맞아. 이력서에 자격증을 쓰는 난에 아무것도 못 쓰
　　면 슬프니까.
남　응, 게다가 특이한 자격증이 있으면 면접관 눈에 들
　　기도 쉽고.
여　음, 취직에 유리한 자격증이란 뭘까? 역시 영어겠
　　지? 어떤 분야에서든 필요하고. 미카미는 유학 경
　　험도 있으니까 술술 말할 수 있어서 좋겠다.
남　나 정도로 영어 회화 할 수 있는 사람은 많이 있으
　　니까 별로 의미 없을지도 몰라. 역시 남들이랑 차별
　　화를 두어야 해.

みんなと差別化を図らなきゃ。

女 理系なら、コンピューター関係の資格がいいよね。理系の女子は少ないから重宝されるかも。

男 いいね。あ、ファイナンシャルプランナーとか、最近人気だって聞いたことがあるよ。税金、保険、年金とか幅広いお金の知識が身につくんだって。

女 へえ～、三上君、金融関係に興味あるんだ。銀行とかに就職希望なの？

男 いや、そういうわけではないかな。取っておくといいって聞いただけで。

女 どうせなら、三上君が行きたいと思ってる職種から必要なのを選んだら？

男 そうだな。僕は住宅メーカーかな。

女 だったら、宅地建物取引士とかは？難しいらしいけど、今から頑張れば就活までに間に合うよ。やってみたら？しかも、この資格に加えて英語もできるとすごく就職に有利なんだって。

男 じゃ、僕はそれに挑戦してみようかな。

男の学生が受けようと思っているのは何に関する試験ですか。

1 英語
2 不動産
3 コンピューター
4 金融

여 이공계면 컴퓨터 관련 자격증이 좋겠지? 이공계 여자는 적으니까 우대 받겠다.

남 괜찮겠다. 아, 파이낸셜 플래너 같은 게 요즘 인기라고 들은 적이 있어. 세금, 보험, 연금 등 폭넓게 돈에 관한 지식을 익힐 수 있대.

여 아~, 미카미는 금융 쪽에 관심이 있구나. 은행 같은 곳에 취업하고 싶은 거야?

남 아니, 그런 건 아니고. 따 놓으면 좋다길래.

여 이왕이면 미카미가 가고 싶은 직종에 필요한 것을 고르는 게 어때?

남 그렇구나. 난 주택 건설 회사?

여 그럼 공인 중개사 같은 건? 어렵다고는 해도 지금부터 공부하면 취업 활동 때까지 딸 수 있을 거야. 해 보는 게 어때? 게다가 이 자격증에 영어도 할 수 있으면 취직할 때 아주 유리하대.

남 그럼 난 그거에 도전해 볼까?

남학생이 보려고 하는 것은 무엇에 관련된 시험입니까?

1 영어
2 부동산
3 컴퓨터
4 금융

就職 취직 | 資格(証) 자격(증) | 欄 난, 칸 | 面接官 면접관 | 目にとまる 눈에 띄다, 눈에 들다 | 有利だ 유리하다 | 分野 분야
ぺらぺら 유창한 모양, 술술 | 程度 정도 | 差別化 차별화 | 図る 꾀하다, 의도하다 | 理系 이공계 | 重宝する 소중히 하다, 아끼다
ファイナンシャルプランナー 파이낸셜 플래너, 금융 상담 전문가 | 税金 세금 | 保険 보험 | 年金 연금 | 幅広い 폭넓다 | 知識 지식
身につく 익히다, 몸에 배다 | 金融 금융 | 関係 관계, 관련 | 興味 관심이 있다, 흥미가 있다 | 希望 희망 | どうせなら 이왕이면
職種 직종 | 住宅メーカー 주택 건설 회사 | 宅地建物取引士 공인 중개사 | 就活 취직 활동 | 挑戦する 도전하다 | 不動産 부동산

2番

会社の社員同士が社員食堂で話しています。

男1 ここだけの話なんだけど、この会社を選んだ本当の理由って何？

男2 う～ん、勤務時間がフレキシブルなことが一番気に入って。俺みたいな夜型人間が朝早く起きるのは本当に大変だからな。

女 え～っと、私は服装が自由なところに一番ひ

2번

회사 사원들끼리 사원 식당에서 이야기하고 있습니다.

남1 우리끼리만 하는 이야긴데, 이 회사를 선택한 진짜 이유가 뭐야?

남2 음, 근무 시간이 유연한 게 가장 마음에 들었어. 나 같은 올빼미형 인간이 아침 일찍 일어나는 건 정말 힘들거든.

여 음, 난 복장이 자유로운 거에 가장 끌렸어. 매일 정

かれたの。毎日スーツを着たり靴を履いたりするのは考えるだけでも疲れる。カジュアルな服で仕事できるから本当に楽なの。

男1 俺の理由を聞いたら笑うかもしれないけど、俺はこの会社の社員食堂がおいしいっていう話を聞いて選んだんだぜ。

男2 は？

男1 うちの部署に大学の先輩がいるだろ？俺より1年先にこの会社に入社したんだけど、会社の話をする度に、いつも社員食堂の話でさ。ランチタイムが楽しみって言ってて。俺はそれを聞いた瞬間、この会社に絶対入るって決めたんだ。

女 はは。あなた単純すぎるでしょ。こんな人は初めて見た。

男1 だって食うために仕事するんだからさ。

男2 その食うためにの使い方、間違ってない？

女の人はなぜ男の人に単純だと言いましたか。

1 入社のきっかけがおかしいため
2 社員食堂でいつも同じメニューを選ぶため
3 同じ部署の先輩の話を完全に信用しているため
4 言葉の使い方が間違っているため

장 입고 구두 신는 건 생각만으로도 피곤하거든. 편한 복장으로 일할 수 있어서 진짜 편해.

남1 내 이유를 들으면 웃을 지도 모르겠지만, 난 이 회사 사원식당이 맛있다는 이야기를 듣고 골랐어.

남2 뭐?

남1 우리 부서에 대학 선배가 있잖아? 나보다 1년 먼저 이 회사에 입사했는데 회사 이야기할 때마다 항상 사원 식당 이야기를 했거든. 점심시간이 기다려진다고. 난 그 이야기를 들은 순간, 이 회사에 꼭 들어와야겠다고 마음 먹었지.

여 하하. 너 너무 단순한 거 아니야? 너 같은 사람 처음 봤다.

남1 그치만 먹고 살려고 일하는 거니까.

남2 그 '먹고 살려고'의 사용법 틀린 거 아냐?

여자는 왜 남자에게 단순하다고 말했습니까?

1 입사한 계기가 웃겨서
2 사원 식당에서 항상 같은 메뉴를 골라서
3 같은 부서 선배의 이야기를 완전히 믿고 있어서
4 말의 사용법이 틀려서

~同士 ~끼리 | ここだけの話 여기에서만 하는 얘기 | 勤務 근무 | フレキシブルだ 유연하다, 융통성 있다 | 気に入る 마음에 들다
夜型 야행성 | 服装 복장 | ひく 끌다 | スーツ 정장 | カジュアルだ 간편하다, 편안하다 | 部署 부서 | 入社する 입사하다
~度に ~할 때마다 | ランチタイム 점심시간 | 瞬間 순간 | 絶対 절대로, 반드시 | 単純 단순 | 使い方 사용법

3番

女の人が紅茶の効能について話しています。

女1 甘いものと紅茶って合いますよね。お茶はおいしいだけでなく健康にもいいのは周知のとおりです。それでは今から当店人気の4種類をご紹介します。まずは紅茶の定番、ダージリンです。渋みはありますが、後味が爽やかなのが特徴です。疲労回復効果、リラックス効果などが期待できます。渋みはありますが柑橘系の豊かな香りが楽しめるのがアールグレイです。冷え性の緩和に効果があります。そして、こちらはルイボスティー。ノンカフェインで口当たりがよく抗酸化作用、アト

3번

여자가 홍차의 효능에 대해서 이야기하고 있습니다.

여1 단것과 홍차는 잘 어울리죠. 차는 맛있을 뿐 아니라 건강에도 좋다는 것은 잘 알려져 있습니다. 그러면 지금부터 저희 가게에서 인기가 있는 4종류를 소개하겠습니다. 먼저 홍차의 대표, 다르질링입니다. 떫은맛이 있지만 뒷맛이 깔끔한 것이 특징입니다. 피로 회복 효과, 릴렉스 효과를 기대할 수 있습니다. 떫은맛이 있지만 감귤계의 풍부한 향기를 즐길 수 있는 것이 얼그레이입니다. 수족냉증 완화에 효과가 있습니다. 그리고 이것은 루이보스티. 논카페인으로 입에 닿는 느낌이 좋고 항산화 작용, 아토피성 피부염에 효과가 있습니다. 그리고 면역력을 높이

ピー性皮膚炎に効果があります。そして免疫力を高め、インフルエンザ予防やダイエット効果が期待できるのがキーマンという紅茶です。渋さがなく甘みがあり、後味が柔らかいのが特徴です。ぜひ、これからはみなさんの体調や好みに合わせた紅茶を飲んでみるのはいかがでしょうか。

男　僕、疲れてるからこれ飲みたいな。

女2　あなた、コーヒー一杯飲んだだけで眠れなくなるのに、それにして大丈夫なの？ カフェインないやつにしなさいよ。

男　あ、そうだね。そうするよ。

女2　私はこれにする。最近、手足が冷たくて家事をするのがストレスなのよ。

男　君、渋いの苦手じゃないか。それに最近、風邪もよくひくし。こっちの方がいいよ。

女2　まあ、それもそうね。じゃ、そっちにする。

質問1　男の人はどのお茶を飲みますか。

1　ダージリン
2　アールグレイ
3　ルイボスティー
4　キーマン

質問2　女の人はどのお茶を飲みますか。

1　ダージリン
2　アールグレイ
3　ルイボスティー
4　キーマン

고 독감 예방과 다이어트 효과를 기대할 수 있는 것이 기문이라는 홍차입니다. 떫은맛이 없고 단맛이 있으며, 뒷맛이 부드러운 것이 특징입니다. 부디 앞으로는 여러분의 몸 상태나 취향에 맞는 홍차를 마셔보는 건 어떠세요?

남　난 피곤하니까 이거 마시고 싶다.

여2　당신, 커피 한 잔만 마셔도 잠 못 자면서 그거 괜찮겠어? 카페인이 없는 걸로 해.

남　아, 그러네. 그렇게 할게.

여2　나는 이걸로 할게. 요즘 손발이 차가워서 집안일하는 게 스트레스거든.

남　당신 떫은 거 싫어하잖아. 게다가 요즘 감기도 자주 걸리니까 이게 낫겠어.

여2　아, 그렇긴 하네. 그럼 그쪽으로 할게.

질문1　남자는 어느 차를 마십니까?

1　다르질링
2　얼그레이
3　루이보스티
4　기문

질문2　여자는 어느 차를 마십니까?

1　다르질링
2　얼그레이
3　루이보스티
4　기문

紅茶 홍차 | 効能 효능 | 周知のとおり 아시는 바와 같이 | 当店 이 가게, 우리 가게 | 定番 잘 팔리는 상품, 대표 상품
渋み 떫은맛, 떫은 느낌 | 後味 뒷맛 | 爽やかだ 깔끔하다 | 特徴 특징 | 疲労 피로 | 回復 회복 | リラックス 릴랙스, 긴장을 풀고 쉼
期待 기대 | 柑橘系 감귤 계통 | 香り 향, 향기 | 冷え性 냉증 | 緩和 완화 | ノンカフェイン 논카페인 | 口当たり 입에 닿는 느낌, 입맛
抗酸化 항산화 | 作用 작용 | アトピー性皮膚炎 아토피성 피부염 | 免疫力 면역력 | インフルエンザ 독감 | 渋さ 떫은맛, 떫은 느낌
甘み 단맛 | 柔らかい 부드럽다 | カフェイン 카페인 | 手足 손발 | 家事 가사, 집안일 | 渋い 떫다

問題 1

1番

家で母と息子が話しています。息子はこの後何を
しなければなりませんか。

女 修平、母さん、これからちょっと出掛けてく
　　るから、お留守番お願い。2時に宅配便がく
　　るから、ちゃんと受け取ってね。

男 うん、まかしといて。

女 それから、ちゃんと、塾の宿題するのよ。

男 それなら、もう終わったよ。

女 あら、早いのね。あと、時間があったら、皿
　　洗いもよろしくね。

男 え～、面倒くさいから嫌だよ。それより、母
　　さん、今日、遅くなるの？夕食は？

女 そうね。それもしないといけないんだけど。
　　夕食は母さんが帰ってから準備しようかし
　　ら。修平も手伝ってね。

男 うん、分かったよ。

息子はこの後何をしなければなりませんか。

1 宅配便を受け取る
2 塾の宿題をする
3 皿洗いをする
4 夕食を作る

문제1

1번

집에서 엄마와 아들이 이야기하고 있습니다. 아들은 이후에
무엇을 해야 합니까?

여 슈헤이, 엄마 지금 잠깐 나갔다 올 테니까 집 잘 보
　　고 있어. 2시쯤에 택배가 올 거니까 잘 받아 두고.

남 응, 맡겨둬.

여 그리고 학원 숙제 잊지 말고 해야 해.

남 그거라면 벌써 끝났어.

여 어머, 빠르네. 그리고 또, 시간 있으면 설거지도 부
　　탁할게.

남 아~, 귀찮아서 싫어. 그보다 엄마 오늘 늦어? 저녁
　　은?

여 글쎄. 그것도 해야 하는데. 저녁은 엄마가 돌아와서
　　준비할까. 슈헤이도 도와.

남 응, 알았어.

아들은 이후에 무엇을 해야 합니까?

1 택배를 받는다
2 학원 숙제를 한다
3 설거지를 한다
4 저녁을 만든다

出掛ける 외출하다 | 留守番 집 지키기, 집 보기 | 宅配便 택배, 택배편 | 受け取る 받다, 수취하다 | まかす 맡기다 | 塾 학원
皿洗い 설거지 | 面倒くさい 아주 귀찮다 | 準備する 준비하다 | 手伝う 돕다, 거들다

2番

営業部で女の人と男の人が話しています。女の人
はこの後、まず何をしますか。

女 部長、お忙しいところ申し訳ございません。
　　今、お時間よろしいでしょうか。

男 なんだね。

女 ただ今、お客様からこのような苦情が寄せら
　　れていまして。

2번

영업부에서 여자와 남자가 이야기하고 있습니다. 여자는 이
후에 먼저 무엇을 합니까?

여 부장님, 바쁘신 와중에 죄송합니다. 지금 시간 괜찮
　　으세요?

남 무슨 일인가?

여 방금 손님으로부터 이런 컴플레인이 들어와서요.

남 그래? 그건 적절히 대처해야지. 하지만 곧 도다상

<table>
<tr><td>男</td><td>そうか、それは適切に対処しなければならないなあ。しかし、まもなく、戸田商事の中村さんがお見えになるんだよ。僕も今は忙しくてそこまで手がまわらないな。</td></tr>
<tr><td>女</td><td>そうですか。中村さんへの対応は私が致しましょうか。</td></tr>
<tr><td>男</td><td>いや、これは重要な商談だから、僕が直接お迎えしないと。君は報告書にまとめて後で私のデスクに置いといてくれるかい。詳しい説明は後で聞くから。</td></tr>
<tr><td>女</td><td>かしこまりました。</td></tr>
</table>

女の人はこの後、まず何をしますか。

1 苦情を話したお客様に会いに行く
2 取引先の中村さんに会いに行く
3 苦情を報告書にまとめる
4 苦情の内容を部長に説明する

営業部 영업부	苦情 불만, 컴플레인	寄せる 밀려오다, (소식 등을) 전하다	適切に 적절히	対処する 대처하다	まもなく 곧
商事 상사	お見えになる 오시다(존경어)	手がまわる 손쓰다, 주의가 미치다	対応 대응	重要だ 중요하다	商談 상담
直接 직접	報告書 보고서	まとめる 정리하다	デスク 책상	取引先 거래처	

3番

空港のチェックインカウンターで男の人と女の人が話しています。男の人はこの後何をしますか。

女	お客様の航空券を拝見してもよろしいでしょうか。
男	はい。どうぞ。
女	では、お客様、お預けになるお荷物をこちらにお乗せください。
男	はい。よいっしょ。
女	お客様、お預かり可能なお荷物の重量は20キロまでとなっております。お客様のお荷物は36キロですので、16キロオーバーしていますね。
男	え～、そうですか。じゃ、どうしたらいいですか。
女	このままでお預けになられるのであれば別途、超過料金がかかります。または、別のカウンターで郵送されるという方法もございますが。

사의 나카무라 씨가 오시거든. 나도 지금은 바빠서 거기까지는 손 쓸 틈이 없는데.

여 그러세요? 그럼 나카무라 씨 응대는 제가 할까요?

남 아니, 이건 중요한 거래 상담이라 내가 직접 맞이해야지. 자네는 보고서로 정리해서 나중에 내 책상에 놓아줄 수 있겠나? 자세한 설명은 나중에 들을 테니까.

여 알겠습니다.

여자는 이후에 먼저 무엇을 합니까?

1 컴플레인을 건 손님을 만나러 간다
2 거래처의 나카무라 씨를 만나러 간다
3 컴플레인을 보고서로 정리한다
4 컴플레인 내용을 부장님에게 설명한다

3번

공항 체크인 카운터에서 남자와 여자가 이야기하고 있습니다. 남자는 이후에 무엇을 합니까?

여 손님 항공권 좀 보여 주시겠어요?

남 네. 여기요.

여 그럼, 손님 부치실 수하물을 여기에 올려 주세요.

남 네. 으쌰.

여 손님, 부치실 수 있는 수하물 중량은 20킬로까지입니다. 손님 수하물은 36킬로라서 16킬로 초과되었어요.

남 어? 그래요? 그럼 어떻게 해야 하죠?

여 이대로 부치신다면 별도로 초과요금이 부과됩니다. 아니면 다른 카운터에서 우편으로 보내시는 방법도 있습니다만.

남 음, 그래요? 어떡하지….

여 아니면 기내반입용 수하물 안에 16킬로를 채우시는 방법도 있습니다만.

남 기내에 가지고 가는 것도 괜찮지만, 아마 액체류가 무거운 걸 거라서…. 그리고 배낭에 16킬로 넣는 것은 좀 힘들겠고. 음, 역시 보내는 걸로 할게요.

男　う～ん、そうですか。まいったなあ。

女　もしくは、機内持ち込み手荷物の中に１６キロ分を入れていただくという方法もございますが…。

男　機内に持ち込むのも有りだけど、たぶん液体が重いんだろうし…。それにリュックに１６キロは結構きついなあ。う～ん、やっぱり、送ることにします。

男の人はこの後何をしますか。
1　荷物の超過料金を支払う
2　機内持ち込み手荷物に荷物を移す
3　１６キロ分の荷物を捨てる
4　荷物を郵送する

남자는 이후에 무엇을 합니까?

남자는 이후에 무엇을 합니까?
1　수하물 초과요금을 지불한다
2　기내반입용 수하물에 짐을 옮긴다
3　16킬로치 수하물을 버린다
4　짐을 우편으로 보낸다

チェックインカウンター 체크인 카운터 | 航空券 항공권 | 拝見する 보다(겸양어) | 預ける 맡기다 | 荷物 짐, 수하물
乗せる 싣다, 올리다 | 預かり 맡아 둠, 보관 | 重量 중량, 무게 | オーバーする 초과하다 | 別途 별도 | 超過料金 초과요금
郵送 する 우편으로 보내다 | まいった 이런, 어쩌지(감탄사) | もしくは 또는, 혹은 | 機内 기내 | 持ち込み 가지고 들어감, 반입
手荷物 수하물 | ～分 ~분, ~분량 | 持ち込む 가지고 들어가다 | ～のも有り ~하는 방법도 있음 | 液体 액체 | リュック 배낭
きつい 심하다, 힘들다 | 支払う 지불하다 | 移す 옮기다

4番

女の人と男の人が話しています。女の人はこの後どうすることにしましたか。

女　私、今月、お金ないのに結婚式に呼ばれちゃって、ご祝儀のことで頭が痛いよ。ご祝儀の相場っていくらくらいなのかな。

男　友人、知人だったら３万円、親族だったら５万円から１０万円くらいだよ。偶数は割り切れるし、４万円は死ぬこと、９万円は苦労することを連想させるから縁起が悪いんだよね。気を付けないといけないよ。

女　うん、でも私まだ学生だし、３万円もきついな。

男　だったら２万円でもいいんじゃない？その代り金額は偶数でもお札の数は奇数にした方がいいよ。それか、金額が少ない代わりに結婚祝いのプレゼントなんかをするのもいいんじゃない？ペアのワイングラスとか写真立てとか。デパートにそういうのいっぱい売ってるし。

女　う～ん、難しいね。プレゼントあげるくらい

4번

여자와 남자가 이야기하고 있습니다. 여자는 이후에 어떻게 하기로 했습니까?

여　나, 이번 달에 돈 없는데 결혼식에 초대받아서 축의금 때문에 골치가 아파. 축의금 보통 얼마 정도 내?

남　친구나 지인이라면 3만 엔, 친족은 5만 엔부터 10만 엔 정도지. 짝수는 나눠 떨어지고, 4만 엔은 죽을 사, 9만 엔은 고생이라는 말을 연상시켜서 불길하거든. 조심해야 해.

여　응, 하지만 난 아직 학생이라 3만 엔도 부담스러운데.

남　그럼 2만 엔이면 되지 않아? 그 대신에 금액은 짝수라도 지폐는 홀수로 하는 게 좋아. 아니면 금액이 적은 대신 결혼 축하 선물을 하는 것도 좋지 않을까? 커플 와인 잔이나 액자 같은 거. 백화점에 그런 거 많이 파니까.

여　음, 어렵다. 선물 줄 바에는 돈으로 주는 게 나을 거 같기도 하고…. 친한 친구도 아니고 이번 달은 경제적으로 힘드니까 역시 축의금도 가능하면 적은 액수로 해야 겠다.

ならお金であげた方がいいような気もするし…。親しい友人でもないし、今月は経済的に厳しいから、やっぱり、ご祝儀もできるだけ安く済ませることにしようかな。

女の人はこの後どうすることにしましたか。

1 一万円札 2枚と五千円札 2枚をご祝儀袋に入れる
2 一万円札 1枚と五千円札 2枚をご祝儀袋に入れる
3 一万円札 2枚と五千円ほどのお祝いの品を別に送る
4 一万円札 3枚をご祝儀袋に入れる

여자는 이후에 어떻게 하기로 했습니까?

1 만 엔짜리 지폐 2장과 오천 엔짜리 지폐 2장을 축의금 봉투에 넣는다
2 만 엔짜리 지폐 1장과 오천 엔짜리 지폐 2장을 축의금 봉투에 넣는다
3 만 엔짜리 지폐 2장과 오천 엔 정도의 축하 선물을 따로 보낸다
4 만 엔짜리 지폐 3장을 축의금 봉투에 넣는다

ご祝儀 축의금	相場 시세, 시가	友人 친구
知人 지인	親族 친족	偶数 짝수
割り切れる 딱 나누어 떨어지다	連想する 연상하다	縁起が悪い 불길하다
きつい 심하다, 힘들다	代り 대신	金額 금액
お札 지폐	奇数 홀수	それか 아니면
ペア 한 쌍	ワイングラス 와인글라스	写真立て 액자
厳しい 힘들다, 혹독하다	済ます 때우다, 해결하다	
ご祝儀袋 축의금 봉투		

5番

会社で女の人と男の人が話しています。女の人はこの後、まず何をしなければなりませんか。

男 鈴木君、頼んでおいた見積もり書はもうできたかね。

女 はい、課長。先輩に確認してもらってすでに先方に報告済みです。

男 君は、相変わらず仕事が早いね。そういえば、田中君はまだ出勤してないのかい。

女 あ、先ほど連絡がありまして、人身事故の影響で電車が遅延しているとのことです。

男 始業時間までに出社するのが社会人の基本だろう。田中君も困ったものだな。彼には必ず今日中に遅延証明書を提出するようにと言っておいてくれるかい。

女 かしこまりました。

男 あ、そういえば、木村建設の社長にアポイントメントをとらないといけないんだった。僕としたことが、うっかりしてたよ。10分後には企画会議が始まるっていうのに、こんな時に限って時間がないなあ。

女 では、私が課長の代わりにご連絡いたしましょうか。

男 すまないね。大至急頼むよ。あと、今週の金曜日にお得意様と大切な会議があるから、会

5번

회사에서 여자와 남자가 이야기를 하고 있습니다. 여자는 이후에 먼저 무엇을 해야 합니까?

남 스즈키 씨, 부탁했던 견적서는 완성됐나?

여 네, 과장님. 선배한테 확인을 받아서 거래처에 이미 보고한 상태입니다.

남 자네는 여전히 일이 빠르군. 그러고 보니, 다나카 씨는 아직 출근하지 않았나?

여 아, 방금 전 연락이 왔는데, 인명 사고의 영향으로 전철이 지연되고 있다고 합니다.

남 근무 시작 시간까지 출근하는 게 사회인의 기본 아닌가? 다나카 씨도 참 어이없는 사람이군. 다나카 씨에게는 반드시 오늘 중으로 지연증명서를 제출하도록 말해 주겠나?

여 알겠습니다.

남 아, 그러고 보니 기무라 건설 사장님과 약속을 잡아야 했었네. 다른 사람도 아닌 내가 깜빡하다니. 10분 후에는 기획 회의가 시작될텐데 꼭 이럴 때에만 시간이 없단 말이지.

여 그럼, 제가 과장님 대신에 연락 드릴까요?

남 미안하군. 급히 좀 부탁하겠네. 그리고 이번 주 금요일에 주요 거래처와 중요한 회의가 있으니까 회의 자료를 내일 12시까지 15부 인쇄해 주겠나? 이건 시간이 날 때 해도 되니까.

여 내일 12시까지 15부지요? 알겠습니다.

議の資料を明日の１２時までに１５部、印刷しておいてくれるかな。これは手が空いた時でいいからね。

女　明日の１２時までに１５部ですね。承知しました。

女の人はこの後、まず何をしなければなりませんか。

1 課長に見積もり書を提出する
2 田中さんに遅延証明書を出すように伝える
3 木村建設の社長にアポイントメントをとる
4 会議の資料を１５部印刷する

여자는 이후에 먼저 무엇을 해야 합니까?

1 과장님에게 견적서를 제출한다
2 다나카 씨에게 지연증명서를 제출하도록 전한다
3 기무라 건설 사장님과 약속을 잡는다
4 회의 자료를 15부 인쇄한다

見積もり書 견적서 | 課長 과장(님) | すでに 이미, 벌써 | 先方 상대방, 거래처 | 報告 보고 | ～済み ～을 끝냄 | 出勤する 출근하다
先ほど 조금 전 | 人身事故 인명 사고 | 影響 영향 | 遅延する 지연되다 | 始業 업무 시작 | 出社する 출근하다 | 基本 기본
遅延証明書 지연증명서 | 提出する 제출하다 | アポイントメント 약속 | 僕としたことが 다른 사람도 아닌 내가
うっかりする 깜박하다 | 企画 기획 | ～に限って ～에 한해서만 | すまない 미안하다 | 大至急 몹시 급함 | お得意様 주요 거래처
資料 자료 | 印刷する 인쇄하다 | 手が空く 손이 비다, 짬이 나다 | 承知する 알다, 이해하다

６番
男の人と女の人が話しています。男の人は地元にどうやって帰りますか。

女　年末年始は地元に帰って家族と一緒に過ごすんでしょ？

男　うん、２９日から休みだから２８日の夕方に車で出発しようと思って。

女　仕事終わってからすぐ行くの？それはやめた方がいいよ。私も去年新幹線が満席になっちゃって仕方なく車で行ったんだけど、普通は車で３時間の距離が、帰省ラッシュで８時間もかかったの。もうへとへとで大変だった。

男　え、そんなに？でも、俺は２８日の夕方に出発するから大丈夫じゃない？帰省ラッシュのピークは２９日からだろう？

女　私もそう思ったんだけど、みんなが同じことを考えてるから混雑するんじゃない？私は幸い今年は新幹線のチケットが取れたからよかったけど、去年のことを思い出すと二度と車では帰りたくない。

男　そうか。でも、新幹線の予約はもう遅いし、俺は車で行くしかないな。

女　それなら２８日の夕方じゃなくて夜中に出発

6번
남자와 여자가 이야기하고 있습니다. 남자는 고향에 어떻게 돌아갑니까?

여　연말연시는 고향에 돌아가서 가족들과 함께 보낼 거지?

남　응, 29일부터 휴일이니까 28일 저녁에 자동차로 출발하려고 해.

여　일 끝나고 바로 가게? 그만두는 게 좋을 걸. 나도 작년에 신칸센이 만석이라서 어쩔 수 없이 차로 갔는데, 보통은 차로 3시간 거리가 귀성길 정체로 8시간이나 걸렸어. 완전 녹초가 돼서 힘들었어.

남　뭐? 그렇게나? 하지만 난 28일 저녁에 출발할 거니까 괜찮지 않을까? 귀성길 정체 피크는 29일부터잖아?

여　나도 그렇게 생각했는데, 모두 다 똑같이 생각하니까 혼잡한 거 아니야? 나는 운 좋게 올해는 신칸센 티켓을 살 수 있어서 다행이지만, 작년 일을 떠올리면 두 번 다시는 차로 내려가고 싶지 않아.

남　그래? 하지만 신칸센 예약하기에는 이미 늦었고, 난 차로 갈 수 밖에 없는데.

여　그럼 28일 저녁이 아니라 한밤중에 출발하는 건 어때? 출발 시간을 조금 옮기면 정체를 피할 수 있을 거야. 졸음 운전은 위험하니까 일 끝나고 조금 잔

するのはどう？ 出発の時間を少しずらすと渋滞が避けられると思うよ。居眠り運転は危ないから仕事が終わってから少し寝てから出発したら？

男　そっか。分かった。そうする。

男の人は地元にどうやって帰りますか。

1　28日の夕方に車で行く
2　28日の夕方に新幹線で行く
3　28日の夜中に車で行く
4　28日の夜中に新幹線で行く

地元 고향, 그 고장	年末年始 연말연시	満席 만석	距離 거리	帰省ラッシュ 귀성길 정체	へとへと 몹시 지침, 녹초가 됨
ピーク 피크, 절정	混雑する 혼잡하다, 붐비다	幸い 다행히, 운 좋게	ずらす 겹치지 않게 하다, 옮기다	渋滞 정체
避ける 피하다	居眠り運転 졸음 운전	夜中 심야, 한밤중

問題2

1番

会社で女の人と男の人が話しています。女の人は何が一番不満だったと言っていますか。

男　山田さんはよく、家事代行を利用するって言ってましたよね。やっぱり業者が掃除してくれるのっていいんですか。

女　便利だけど、一長一短よ。例えば、浴室乾燥機のフィルター掃除を頼んで、業者が取ってはいけないところを無理矢理取ってしまって、浴室の天井にひびが入ってしまったこともあったのよ。

男　それは災難だったじゃないですか。もちろん業者が修理代、出してくれたんですよね？

女　ええ。でも、私が気が付かなかったらそのままだったかもしれないわ。他にも換気扇の掃除に強い薬を使ったらしくて塗装が剥がれ落ちたり、エアコンの掃除を頼んだら部品を壊してしまったなんてこともあったの。自己申告してくれる業者はまだいい方よ。

男　そうなんですね。やっぱり、ちゃんとした業者を選ばないと。

女　そうよ。この前なんてトイレの掃除を頼ん

후에 출발하는 게 어때?

남　그런가? 알았어. 그렇게 할게.

남자는 고향에 어떻게 돌아갑니까?

1　28일 저녁에 자동차로 간다
2　28일 저녁에 신칸센으로 간다
3　28일 한밤중에 자동차로 간다
4　28일 한밤중에 신칸센으로 간다

문제2

1번

회사에서 여자와 남자가 이야기하고 있습니다. 여자는 뭐가 가장 불만이라고 말하고 있습니까?

남　야마다 씨는 자주 가사 대행 업체를 이용한다고 하셨죠? 역시 업체가 청소해 주는 게 좋아요?

여　편리하긴 한데 장단점이 있지. 예를 들어, 욕실건조기 필터 청소를 부탁했는데, 업체가 떼면 안되는 곳을 억지로 떼 버려서 욕실 천장에 금이 간 적도 있었거든.

남　그건 재난이잖아요. 물론 업체가 수리비 물어줬겠죠?

여　응. 하지만 내가 못 봤으면 그대로 뒀을 거야. 그 외에도 환풍기 청소할 때 센 약을 썼는지 칠이 벗겨지거나, 에어컨 청소를 부탁했더니 부품을 망가뜨린 일도 있었어. 스스로 실수를 실토하는 업체는 그래도 나은 편이지.

남　그렇군요. 역시 제대로 된 업체를 골라야겠네요.

여　맞아. 지난번엔 화장실 청소를 부탁했는데 청소가 끝나자 마자 "화장실 좀 써도 돼요?"라고 하는 거 있지. 내 귀를 의심했다니까. 결국 다시 청소하지 않고 돌아가 버렸어.

남　백 보 양보해서 화장실 빌려주는 건 어쩔 수 없다 쳐도, 청소를 다시 할 수도 있었을 텐데요?

で、掃除が終わったと同時に「トイレ借りて
もいいですか」って。耳を疑ったよ。挙句の
果てには掃除しなおさないで帰ってしまった
のよ。

男　百歩譲ってトイレを貸すのはしょうがないと
しても、掃除しなおすとかすればいいんです
けどね。

女　でしょ？　かといって掃除してないわけでは
ないから、返金してくださいとも言えない
し…。私は赤の他人のためにお金払ってトイ
レをきれいにしたのかと思うと、やるせない
気持ちになったわ。

女の人は何が一番不満だったと言っていますか。
1　業者が浴室を壊したのに返金してくれなかった
　こと
2　エアコンの部品を壊したのに交換してくれなか
　ったこと
3　換気扇の塗装が剥がれ落ちたのに修理してくれ
　なかったこと
4　使用後のトイレを掃除しなかったこと

不満 불만	代行 대행 ┃ 業者 업자 ┃ 掃除する 청소하다 ┃ 一長一短 일장일단 ┃ 浴室 욕실 ┃ 乾燥機 건조기 ┃ フィルター 필터
無理矢理 억지로 ┃ 天井 천장 ┃ ひびが入る 금이 가다 ┃ 災難 재난 ┃ 修理代 수리비 ┃ 換気扇 환풍기 ┃ 塗装 도색, 칠	
剥げ落ちる 벗겨지다 ┃ 部品 부품 ┃ 自己申告 스스로 고백함 ┃ 耳を疑う 귀를 의심하다 ┃ 挙句の果て 결국, 끝에는	
百歩譲って 백 보 양보해서 ┃ かといって 그렇다고 해서 ┃ 返金 환불 ┃ 赤の他人 생판 모르는 남 ┃ やるせない 안타깝다, 처량하다	
交換する 교환하다 ┃ 剥がれる 벗겨지다	

2番
**薬剤師が薬について説明しています。薬を飲む時
に一番注意しなければならないことは何ですか。**

男　このお薬は1日3回、毎食後に飲んでくださ
い。まあ、少々時間がずれても4時間以上空
いていれば問題ないですから、そんなに神経
質にならなくても大丈夫ですよ。薬の箱の中
に入っている説明書にも用法、用量が書いて
ありますから、確認してから飲むようにして
くださいね。それから、できれば、ぬるま湯
で飲むのがいいですよ。あ、そして、この薬
を飲む時に、解熱剤と一緒には飲まないよう
にしてください。一緒に飲むと薬同士の相互
作用で薬の効果が変わることもありますし、

여　그렇지? 그렇다고 해서 청소를 안 한 것도 아니
니까 돈을 돌려달라고 할 수도 없고 말이야. 나는 생
판 모르는 남을 위해 돈 써서 화장실을 깨끗하게 한
건가 하고 생각하면 어처구니가 없더라니까.

여자는 뭐가 가장 불만이라고 말하고 있습니까?
1　업체가 욕실을 망가뜨렸는데 환불해주지 않은 것
2　에어컨 부품을 망가뜨렸는데 교환해 주지 않은 것
3　환풍기의 칠이 벗겨졌는데 수리해 주지 않은 것
4　화장실을 사용한 후 청소하지 않은 것

2번
**약사가 약에 대해서 설명하고 있습니다. 약을 먹을 때 가장
주의해야 할 점은 무엇입니까?**

남　이 약은 하루에 3번 식후에 드세요. 뭐, 조금 시간이
지나도 4시간 이상 간격을 두면 문제 없으니까 크
게 신경 쓰지 않으셔도 괜찮아요. 약 상자 안에 들
어 있는 설명서에도 복용법, 복용량이 쓰여 있으니
까 확인하신 후에 드시도록 하세요. 그리고 될 수
있으면 미지근한 물로 마시는 게 좋아요. 아, 그리
고 이 약을 드실 때 해열제랑 같이 드시지 않도록
하세요. 같이 드시면 약끼리 상호 작용을 해서 약의
효과가 바뀌는 경우도 있고, 부작용의 위험성도 있
어서요. 만약에 열이 나서 힘드신 경우에는 빨리 병
원에서 진료를 받으세요. 이건 꼭 지키셔야 해요.

副作用の危険性もあるので。もし、熱が出て辛い場合は、すぐに病院で受診してください。これは必ず守ってくださいね。

薬を飲む時に一番注意しなければならないことは何ですか。

1 薬の保管方法
2 薬を飲む間隔
3 飲み物の種類
4 他の薬との併用

약을 먹을 때 가장 주의해야 할 점은 무엇입니까?

약을 먹을 때 가장 주의해야 할 점은 무엇입니까?

1 약의 보관 방법
2 약을 먹는 간격
3 마실 것의 종류
4 다른 약과의 병용

薬剤師 약사 | 毎〜 매〜 | 食後 식후 | ずれる 어긋나다, 벗어나다 | 神経質 신경질적임 | 用法 용법 | 用量 용량 | ぬるま湯 미지근한 물
解熱剤 해열제 | 〜同士 〜끼리 | 相互作用 상호 작용 | 効果 효과 | 副作用 부작용 | 危険性 위험성 | 受診する 진찰을 받다
保管 보관 | 間隔 간격 | 種類 종류 | 併用 병용

3番

女の人が美顔器の説明をしています。この美顔器はどこが一番優れていると言っていますか。

女　乾燥したこの時期、お肌トラブルに悩まされていませんか。エステに行くのは金銭的に難しい、そんなあなたにおうちでエステさながらのスキンケアができる、この美顔器がおすすめです。乾燥小じわや加齢によるたるみもこれで解決です。さらにイオンクレンジングができるので、にきびができやすいという方にもぴったり。防水効果もあるので清潔に保てますし、お風呂で使っても故障や感電の心配はありません。そして、何といっても弊社独自の特許技術で、肌だけでなく顔全体が一回りも二回りも引き締まります。効果をいち早く実感されたい方には美容成分を含む専用ジェルのお買い求めをおすすめ致します。

この美顔器はどこが一番優れていると言っていますか。

1 お手頃価格なのに多機能な点
2 防水性が高く、美顔器を洗浄できる点
3 洗顔では落とせない毛穴の汚れを落とせる点
4 特許技術で肌と顔が引き締まる点

3번

여자가 피부관리기에 대해서 설명하고 있습니다. 이 미용기기는 어떤 점이 가장 뛰어나다고 말하고 있습니까?

여　건조한 이 시기에 피부 트러블 때문에 고민하고 계시지 않습니까? 피부관리실에 가는 건 금전적으로 어려운 분들께 집에서 피부관리실과 같은 스킨케어를 할 수 있는 이 피부관리기를 추천합니다. 건조해서 생기는 잔주름이나 나이가 들면서 생기는 피부 처짐도 이걸로 해결됩니다. 게다가 이온 클렌징을 할 수 있어서 여드름이 잘 생기는 분들께도 안성맞춤입니다. 방수 효과도 있어서 청결하게 보관할 수 있고, 욕실에서 쓰셔도 고장이나 감전의 걱정은 없습니다. 그리고 뭐니뭐니해도 저희 회사 특허 기술로 피부뿐만이 아니라 얼굴 전체가 몰라보게 탄력 있어집니다. 효과를 빨리 실감하시고 싶은 분께는 미용 성분이 들어 있는 전용 젤을 구입하시기를 권합니다.

이 피부관리기는 어떤 점이 가장 뛰어나다고 말하고 있습니까?

1 적당한 가격에 기능이 많은 점
2 방수성이 높아 미용기기를 세정할 수 있는 점
3 세안으로는 씻기지 않는 모공의 노폐물을 씻을 수 있는 점
4 특허 기술로 피부와 얼굴이 탄력 있어지는 점

美顔器 피부관리기	優れる 뛰어나다, 훌륭하다	乾燥する 건조하다	時期 시기	お肌トラブル 피부 트러블	エステ 피부관리실	
金銭的 금전적	さながら 마치, ~같은	スキンケア 스킨케어	小じわ 잔주름	効果 효과	加齢 나이가 듦	たるみ 늘어짐, 처짐
解決 해결	イオン 이온	クレンジング 클렌징	にきび 여드름	ぴったり 딱 맞음, 제격임	防水 방수	清潔だ 청결하다
保つ 유지하다, 보관하다	故障 고장	感電 감전	何といっても 뭐니뭐니해도	弊社 폐사, 저희 회사	特許技術 특허기술	
一回りも二回りも 확연하게, 몰라보게	引き締まる 당겨지다, 조여지다	いち早く 빨리	実感 실감	美容 미용	成分 성분	
含む 포함하다	専用ジェル 전용 젤	買い求め 구입	手頃 적당함, 알맞음	価格 가격	多機能 다기능, 기능이 많음	洗浄 세정
洗顔 세안	落とす 씻다, 없애다	毛穴 모공	汚れ 더러움, 노폐물			

4番

ニュースでアナウンサーが新しいお花見スタイルについて話しています。アナウンサーは新しいお花見のどんなところが一番いいと言っていますか。

女　春の陽気に包まれて、桜のつぼみも膨らんできましたね。桜といえばお花見ですが、最近注目を集めている新しいお花見スタイルがあるのをご存知でしょうか。ここでは、お花見が室内ででき、造花の桜が装飾された部屋を丸ごとレンタルすることができます。ここなら、開花の時期や天候に左右されず、花見が楽しめますね。通常のお花見では場所取りが大変だとか、花粉症などの心配がありますが、ここではその心配もありません。何といっても個室ですから、プライベート空間でお花見が楽しめます。お子様連れの方でも気兼ねなくお花見を楽しむことができますね。

アナウンサーは新しいお花見のどんなところが一番いいと言っていますか。

1 桜を枯らす心配がないところ
2 本物の桜よりも美しいところ
3 周囲の目を気にしなくていいところ
4 利用者の満足度が高いところ

4번

뉴스에서 아나운서가 새로운 꽃구경 방식에 대해서 이야기하고 있습니다. 아나운서는 새로운 꽃구경의 어떤 점이 가장 좋다고 말하고 있습니까?

여　봄의 밝은 기운을 받아 벚꽃도 꽃봉오리를 틔우고 있습니다. 벚꽃하면 꽃구경입니다만, 요즘 주목을 받고 있는 새로운 꽃구경 방식을 알고 계십니까? 여기에서는 꽃구경을 실내에서 할 수 있고, 조화 벚꽃이 장식된 방을 통째로 빌릴 수 있습니다. 이곳이라면 개화 시기나 날씨에 좌우되지 않고 꽃구경을 즐길 수 있습니다. 보통 꽃구경에서는 자리 잡기가 힘들다거나 꽃가루 알레르기 등의 걱정이 있지만, 여기에서는 그런 걱정도 없습니다. 뭐니뭐니해도 개별 방이기 때문에 독립된 공간에서 꽃구경을 즐길 수 있습니다. 자녀를 동반하시는 분들도 편안하게 꽃구경을 즐길 수 있습니다.

아나운서는 새로운 꽃구경의 어떤 점이 가장 좋다고 말하고 있습니까?

1 벚꽃을 시들게 할 염려가 없는 점
2 진짜 벚꽃보다 아름다운 점
3 주위의 시선을 신경 쓰지 않아도 되는 점
4 이용자의 만족도가 높은 점

陽気 양기, 밝은 기운	包む 안다, 감싸안다	つぼみ 꽃봉오리	膨らむ 부풀어 오르다	注目を集める 주목을 받다	室内 실내	
造花 조화	装飾する 장식하다	丸ごと 통째로	レンタルする 빌리다	時期 시기	開花 개화	天候 날씨	左右する 좌우하다
通常 통상, 보통	場所取り 자리 잡기	花粉症 화분증, 꽃가루 알레르기	何といっても 뭐니뭐니해도	個室 독실, 개별 방		
プライベート 개인적인, 독립된	空間 공간	お子様連れ 자녀 동반	気兼ねなく 스스럼 없이, 편안하게	枯らす 시들게 하다		
本物 진짜	周囲の目 주위의 시선	利用者 이용자	満足度 만족도			

5番

テレビレポーターが和菓子職人にインタビューしています。職人はこの店の和菓子が人気なのはどうしてだと言っていますか。

女　今日は親子代々和菓子を作っていらっしゃる職人の斎藤さんにお話しを伺います。健康志向、そして見た目の美しさから今、和菓子の魅力が見直されています。斎藤さんのお店は100年も前からある老舗で、昔から人気だったそうですね。

男　はい。初代当主が考案したこの餡子がとても評判だったと聞いております。餡子の秘伝の作り方は100年前から変わらず受け継がれています。

女　斎藤さんの和菓子は歴史を感じることができる和菓子なんですね。

男　私どもが作る和菓子を、御贔屓にしてくださる方々のほとんどが老舗旅館や茶道家などで、代々受け継がれるお茶請けとしてご愛顧いただいております。ただ、ここ最近は洋菓子の波に押され気味です。美の価値観が変化してしまったようで、地味な羊羹などは若者受けしにくくなりました。

女　最近はSNSの写真に映える、華やかなスイーツが人気ですからね。

男　ですから、今後は現代アートを取り入れてみたり、生クリームなども使用してみたり、試行錯誤をしていくつもりです。時代の流れに逆らわず、なおかつ伝統も受け継ぎながら日々精進していく所存です。

職人はこの店の和菓子が人気なのはどうしてだと言っていますか。

1 ヘルシーで見た目が美しく、写真に映える和菓子だから
2 代々試行錯誤して和菓子の作り方を変えてきたから
3 創業者が生み出した製法を守り続けているから
4 時代の流行を取り入れ、万人受けする和菓子だから

5번

텔레비전 리포터가 일본 과자 장인에게 인터뷰를 하고 있습니다. 장인은 이 가게의 일본 과자가 인기가 있는 것은 무엇 때문이라고 말하고 있습니까?

여　오늘은 대대손손 일본 과자를 만들고 계시는 장인 사토 씨께 이야기를 여쭙겠습니다. 건강 지향, 그리고 아름다운 모양 때문에 지금 일본 과자의 매력이 재조명되고 있습니다. 사토 씨의 가게는 백년도 더 된 노포로 옛날부터 인기가 있었다고요.

남　네. 초대 주인이 고안한 이 팥소가 매우 평판이 좋았다고 들었습니다. 팥소 만드는 비법은 백년 전부터 변하지 않고 이어지고 있습니다.

여　사토 씨의 일본 과자는 역사를 느낄 수 있는 일본 과자이군요.

남　저희가 만드는 일본 과자를 찾아 주시는 분들 대부분이 오래된 료칸이나 다도가 등이고, 대대로 이어오는 다과로서 사랑 받고 있습니다. 다만, 요 근래에는 서양과자의 물결에 다소 밀리고 있습니다. 미의 가치관이 변하고 있는 모양이어서 평범한 양갱 등은 젊은이들에게 잘 통하지 않게 되었습니다.

여　요즘은 SNS용 사진에 잘 나오는 화려한 디저트가 인기가 있으니까요.

남　그래서 앞으로는 현대예술과 접목시켜 보거나, 생크림 등도 사용해 보거나 해서 시행착오를 해 갈 생각입니다. 시대의 흐름을 거스르지 않고, 또한 전통도 계승하면서 나날이 정진해 갈 생각입니다.

장인은 이 가게의 일본 과자가 인기가 있는 것은 무엇 때문이라고 말하고 있습니까?

1 건강에 좋고 모양이 예쁘고 사진에 잘 나오는 일본 과자이기 때문에
2 대대로 시행착오를 겪고 일본 과자 만드는 방법을 바꿔 왔기 때문에
3 창업자가 고안한 제조법을 지켜 이어나가고 있기 때문에
4 시대의 유행을 받아들여서 모두가 좋아하는 일본 과자이기 때문에

6番

女の人と男の人が話しています。女の人は何に一番怒っていますか。

女 年度末だから仕事も増えてるし、朝の会議も多いのに電車が毎日毎日遅延になって本当に困る。

男 先輩がいつも乗っているのはセントラル線ですよね。

女 うん、本当になんとかしてほしいよ。車内点検だの車両点検だの、その違いもよく分からないけど、まあ、とにかくそういうアナウンスが流れた途端ストレスなの。

男 それは分かります。僕が乗ってるのもセントラル線ほどしょっちゅう止まるわけではないんですけど、ただでさえ時間がぎりぎりの時にそういうアナウンスが流れると冷や汗が出ます。

女 しかもセントラル線はちょっとしたことでもすぐ止まるから。それが一番いらいらする。この間なんか、運転再開まで30分以上もかかっちゃって、あちこちでため息をついてる人がいたよ。

男 電車の中で30分以上閉じ込められるなんて、考えるだけでも息苦しくなりますね。

女の人は何に一番怒っていますか。

1 どんな車内点検を行っているのか説明してくれないこと
2 電車が時刻通りに来ないこと
3 年度末で仕事が増えてストレスを受けていること
4 大したことではないのに電車がよく止まること

6번

여자와 남자가 이야기하고 있습니다. 여자는 무엇에 가장 화가 나 있습니까?

여 연말이라서 일도 많아졌고, 아침 회의도 많은데 전철이 날마다 지연돼서 짜증나.

남 선배님이 항상 타는 건 중앙선이죠?

여 응, 진짜 어떻게든 해 줬으면 좋겠어. 차내 점검이다 차량 점검이다 그 차이도 잘 모르겠지만 뭐 아무튼 그런 안내 방송이 나오는 순간 스트레스야.

남 그 마음 이해해요. 제가 타는 선도 중앙선만큼 자주 멈추는 건 아니지만, 안 그래도 시간이 아슬아슬할 때 그런 안내 방송이 나오면 식은땀이 나요.

여 게다가 중앙선은 사소한 걸로도 금방 멈추니까. 그게 제일 짜증나. 지난번엔 운행 재개까지 30분 이상이나 걸려서 여기저기서 한숨 쉬는 사람들이 있었어.

남 전철 안에서 30분 이상이나 갇혀 있다니, 생각만 해도 숨이 막힐 것 같네요.

여자는 무엇에 가장 화가 나 있습니까?

1 어떤 차내 점검을 하는지 설명해 주지 않는 것
2 전철이 제때에 오지 않는 것
3 연말이라서 일이 많아져 스트레스를 받고 있는 것
4 별거 아닌 일에 전철이 잘 멈추는 것

年度末 연말 | 遅延 지연 | 車内点検 차내 점검 | 〜だの〜だの 〜라느니 〜라느니, 〜다 〜다 | 車両点検 차량 점검
アナウンスが流れる 안내방송이 나오다 | 〜た途端 〜한 순간 | しょっちゅう 늘, 항상 | ただでさえ 그렇지 않아도, 안 그래도
ぎりぎり 빠듯함, 아슬아슬함 | 冷や汗 식은땀 | しかも 게다가, 더구나 | ちょっとした 대수롭지 않은, 사소한
いらいらする 초조하다, 짜증나다 | 運転再開 운행재개 | ため息をつく 한숨을 쉬다 | 閉じ込める 가두다, 감금하다
息苦しい 답답하다, 숨이 막히다 | 時刻 시각, 시간 | 〜通りに 〜대로

7番

女の人と男の人が話しています。女の人は何をアドバイスしていますか。

女　尖ったものを見るとすごく怖くなるし、パニックに近い状態になるから最近、病院に行ったんだけどね。先端恐怖症って言われたのよ。

男　えっ、何それ？初めて聞いたんだけど。

女　名前の通りなんだけど、針とか刃物とか鉛筆とか、尖ったものに恐怖を感じる病気なのよ。私の場合は症状が重い方で、長くて先っぽが尖ってる魚を見るだけでも怖くなるの。食べることも、もちろんできないしね。

男　へえ〜、それは大変だね。俺も病院で採血している時に、血を見たら急に頭がくらくらして目まいがしてさ。それから料理をしてる途中手をちょっと切っちゃったんだけど、その時も心臓がばくばくして気を失いそうになった。緊張したり不安になってそうなったんだと思うけど。そういうことがあってからは自分なりに気をつけてはいるけど。

女　それは危ないよ。包丁を持ってる時に倒れたりでもしたらどうするのよ。早くお医者さんに診てもらった方がいいよ。いつどこで何が起きるか分からないからね。

女の人は何をアドバイスしていますか。

1 万が一のために診察を受ける
2 献血や採血をしない
3 常に薬を持ち歩く
4 失神しないように緊張や不安を和らげる

7번

여자와 남자가 이야기하고 있습니다. 여자는 무엇을 조언하고 있습니까?

여　뾰족한 것을 보면 너무 무서워지고, 패닉에 가까운 상태가 돼서 요즘 병원에 갔는데 말이야. 첨단공포증이래.

남　어? 그게 뭐야? 처음 듣는 건데.

여　이름대로 바늘이나 칼이나 연필이나 뾰족한 것에 공포를 느끼는 병이야. 내 경우는 증상이 심한 편이라, 길고 끝이 뾰족한 생선을 보기만해도 무서워져. 먹는 것도 물론 불가능하고.

남　아이고, 그거 힘들겠다. 나도 병원에서 채혈할 때 피를 보니까 갑자기 머리가 어지러워지고 현기증이 났어. 그리고 요리하다가 조금 손을 뱄는데, 그때도 심장이 콩닥콩닥거리면서 기절할 뻔했어. 긴장하거나 불안해져서 그렇게 된 것 같은데. 그런 일이 있고 나서는 나 나름대로 조심하고는 있지만.

여　그건 위험해. 식칼을 들고 있을 때 쓰러지기라도 하면 어떡해. 빨리 의사한테 진료 받아 봐. 언제 어디에서 무슨 일이 일어날 지 모르니까.

여자는 무엇을 조언하고 있습니까?

1 만일을 위해서 진찰을 받는다
2 헌혈이나 채혈을 하지 않는다
3 항상 약을 가지고 다닌다
4 실신하지 않도록 긴장이나 불안을 완화시킨다

尖る 뾰족해지다 | パニック 패닉, 공황 | 先端 뾰족한 끝 | 恐怖症 공포증 | 〜の通り 〜대로 | 針 바늘, 침 | 刃物 칼, 날붙이
鉛筆 연필 | 恐怖 공포 | 症状が重い 증상이 심각하다 | 先っぽ 끝 | 採血する 채혈하다 | くらくら 어질어질 | 目まい 현기증, 어지럼증
途中 도중 | 心臓 심장 | ばくばく 두근두근, 콩닥콩닥 | 気を失う 정신을 잃다 | 緊張する 긴장하다 | 自分なりに 자기 나름으로
包丁 식칼 | 倒れる 쓰러지다 | 診る 진찰하다 | 万が一のために 만일을 위해 | 診察 진찰 | 献血 헌혈 | 常に 늘, 항상
持ち歩く 가지고 다니다 | 失神する 실신하다 | 和らげる 누그러뜨리다, 진정시키다

問題 3

1番

男の人が話しています。

男 出稼ぎ労働者の増加に伴いこの地区では外国籍の家族が増加し、この小学校では全校児童の6割以上が外国籍です。授業は一般の教科に加え日本文化や習慣の違いも教えます。さらに来日間もない外国人生徒に日本語や日本での生活に必要なルールやマナーも指導します。小学校に通う生徒達のほとんどは隣接するこの団地で生活しています。かつては外国人労働者が集まるこの団地でトラブルもありました。ゴミ捨てについてのマナーが悪かったり、深夜の騒音や異臭など、様々な問題に悩まされたと言います。こういったトラブル解消に一役買ったのは、この小学校の子供達です。小学校で日本のルールを学んだ子供達が、それを親に伝えることで地域のマナーが向上したそうです。

男の人は何について話していますか。

1 インターナショナルスクールの増加理由について
2 外国人児童の異文化適応支援について
3 外国人労働者の受け入れによる弊害について
4 英才教育の利点について

1번

남자가 이야기하고 있습니다.

남 타지에서 온 노동자의 증가에 따라 이 지역에서는 외국 국적을 가진 가족들이 증가해, 이 초등학교에서는 전교생의 60퍼센트 이상이 외국 국적입니다. 수업은 일반 교과에 더해 일본 문화와 습관의 차이에 대해서도 가르칩니다. 게다가 일본에 온 지 얼마 안 된 외국인 학생들에게 일본어나 일본에서 생활하는 데 필요한 규칙이나 예절도 지도합니다. 초등학교에 다니는 학생들 대부분은 인접해 있는 이 단지에서 생활하고 있습니다. 예전에는 외국인 노동자가 모이는 이 단지에서 트러블도 있었습니다. 쓰레기를 버리는 예절이 나쁘거나, 심야 소음이나 냄새 등 여러 문제에 시달렸다고 합니다. 이러한 트러블 해소에 중요한 역할을 한 것은 이 초등학교의 아이들입니다. 초등학교에서 일본의 규칙을 배운 아이들이 그것을 부모에게 전함으로써 지역의 매너가 향상되었다고 합니다.

남자는 무엇에 대해서 이야기하고 있습니까?

1 국제학교의 증가 이유에 대해서
2 외국인 아동의 이문화 적응 지원에 대해서
3 외국인 노동자의 수용에 따른 폐해에 대해서
4 영재 교육의 이점에 대해서

出稼ぎ 타지에서 돈을 벎	労働者 노동자	増加 증가	~に伴う ~에 따르다, ~에 동반하다	地区 지구, 지역	外国籍 외국 국적
児童 아동	授業 수업	一般 일반	教科 교과	~に加え ~에 더해	習慣 습관	来日 일본을 방문함	間もない 얼마 안 되다
指導する 지도하다	隣接する 인접하다	団地 단지	かつては 예전에는	深夜 심야, 한밤중	騒音 소음	異臭 이상한 냄새
解消 해소	一役買う 중요한 역할을 하다	向上する 향상되다	インターナショナルスクール 국제학교	異文化 이문화
適応 적응	支援 지원	受け入れ 받아들임, 수용	弊害 폐해	英才 영재	利点 이점

2番

男の人が話しています。

男 日本の化粧品販売市場で最近、男性用化粧品の売り上げが伸びています。男性専用メイクサロンも第一印象が仕事の結果を左右する営業職の方に人気だそうです。また、男性メイクに特化したブランドも登場しました。材料は女性用とほぼ同じですが、デザインは洗練

2번

남자가 이야기하고 있습니다.

남 일본의 화장품 판매 시장에서 최근 남성용 화장품의 매출이 늘고 있습니다. 남성 전용 메이크업 살롱도 첫인상이 일의 결과를 좌우하는 영업직인 사람들에게 인기가 있다고 합니다. 또 남성 메이크업에 특화된 브랜드도 등장했습니다. 재료는 여성용과 거의 같지만, 디자인이 세련되어 남성들도 쉽게

されており男性も手に取りやすい商品がラインアップされています。男性メイクは相手に不快感を与えない清潔感やナチュラルさがポイントだそうです。こちらのブランドでは、あくまで身だしなみの延長ととらえていますので、男性でも抵抗感なく使用できるとのことです。

男の人は何について話していますか。

1 男性化粧品の使い方について
2 スキンケア商品の販売戦略について
3 男性メイクブランドの特徴について
4 男性のメイクアップの実施率について

구할 수 있는 상품이 갖추어져 있습니다. 남성 메이크업은 상대방에게 불쾌감을 주지 않는 청결함이나 자연스러움이 포인트라고 합니다. 이러한 브랜드에서는 어디까지나 단정한 몸가짐의 연장으로 생각하고 있기 때문에 남성들도 거부감 없이 사용할 수 있다고 합니다.

남자는 무엇에 대해서 이야기하고 있습니까?

1 남성 화장품의 사용법에 대해서
2 스킨 케어 상품의 판매 전략에 대해서
3 남성 메이크업 브랜드의 특징에 대해서
4 남성의 메이크업 실시율에 대해서

化粧品 화장품	販売 판매	市場 시장	売り上げ 매상, 매출	伸びる 늘다, 늘어나다	専用 전용	メイクサロン 메이크업 살롱
第一印象 첫인상	左右する 좌우하다	営業職 영업직	特化する 특화되다	登場する 등장하다	材料 재료	洗練 세련됨
ラインアップする 갖추다	不快感 불쾌감	清潔感 청결함	ナチュラルさ 자연스러움	ポイント 포인트, 핵심	あくまで 어디까지나
身だしなみ 단정한 몸가짐	延長 연장	とらえる 받아들이다, 인식하다	抵抗感 저항감	スキンケア 스킨 케어, 피부관리
戦略 전략	特徴 특징	実施率 실시율

3番

女の人が話しています。

女　旦那さんのワイシャツの襟の黄ばみ、洗濯してるのに落ちないと困っている方も多いのではないでしょうか。その原因は洗濯機で洗っても落ちにくい皮脂の成分である脂とタンパク質の付着にあるんです。洗濯しても皮脂の脂は残っており、時間の経過とともに酸化し、黄色く変色してしまうんです。そこで家庭でもできる裏技をお教えしましょう。食器用洗剤で脂を溶かし、酸素系の漂白剤を使いタンパク質を溶かしつつ、変色した部分を白く戻すのです。しかし、これも面倒な方は、ワイシャツをこまめにクリーニングに出すのも有効的です。とは言え、今回、お教えした方法を使えば、簡単に衣服の黄ばみを取り除くことができますし、衣服の持ちもよくなるので、家計にもやさしく、一石二鳥です。ぜひ、みなさんも、一度試してみてはいかがでしょうか。

3번

여자가 이야기하고 있습니다.

여　남편 와이셔츠 옷깃의 누런 때, 빨아도 지워지지 않아 고민하고 계신 분들이 많으시죠? 그 원인은 세탁기로 빨아도 잘 지워지지 않는 피지 성분인 기름기와 단백질 부착에 있습니다. 빨래를 해도 피지의 기름은 남아 있어 시간이 지나면서 산화해 누렇게 변색되는 것입니다. 그래서 가정에서도 할 수 있는 비법을 알려 드리겠습니다. 식기용 세제로 기름을 녹이고 산소계 표백제를 사용해서 단백질을 녹이면서 변색된 부분을 하얗게 되돌리는 것입니다. 하지만 이것도 귀찮으신 분들은 와이셔츠를 자주 세탁소에 맡기는 것도 효과적입니다. 그렇지만 이번에 알려 드린 방법을 사용하면 간단히 옷의 누런 때를 없앨 수 있고, 옷도 오래 입을 수 있어서 가계에도 도움이 되는 일석이조입니다. 여러분도 꼭 한 번 해 보시면 어떨까요?

여자는 무엇에 대해서 이야기하고 있습니까?

1 가정용 세탁기로 여러 종류의 때를 없애는 방법
2 유성 때의 원리와 손질 방법

女の人は何について話していますか。

1 家庭用洗濯機での多様な汚れの落とし方
2 油性の汚れのメカニズムとお手入れ方法
3 クリーニング店での洗濯方法
4 プロが教える基本的な洗濯方法とテクニック

3 세탁소의 세탁 방법
4 프로가 알려주는 기본적인 세탁 방법과 기술

旦那さん 남편분 | ワイシャツ 와이셔츠 | 襟 옷깃, 칼라 | 黄ばみ 누런 때 | 洗濯 세탁 | 落ちる (때가) 빠지다, 지워지다 | 洗濯機 세탁기
皮脂 피지 | 成分 성분 | 脂 기름(기) | タンパク質 단백질 | 付着 부착 | 経過 경과 | 酸化する 산화되다 | 変色する 변색되다
家庭 가정 | 裏技 비법, 요령 | 食器用 식기용 | 洗剤 세제 | 溶かす 녹이다 | 酸素系 산소계 | 漂白剤 표백제 | こまめに 여러번, 자주
クリーニングに出す 세탁소에 맡기다 | 有効的 효과적 | 衣服 옷, 의복 | 取り除く 제거하다, 없애다 | 持ち 오래 감, 오래 유지함
家計 가계 | 一石二鳥 일석이조 | 試す 시도하다 | 多様 다양함 | 油性 유성 | メカニズム 원리, 구조 | お手入れ 손질, 관리
クリーニング店 세탁소 | プロ 프로, 전문가 | 基本的 기본적 | テクニック 기술

---

4 番

女の子と男の子が話しています。

女 これあげるから聞いてみて。

男 これ何のCD？

女 私が最近はまってるアイドルグループのなんだけど…。実はハイタッチ会のために30枚も買っちゃった。ママにばれたら大変なことになるよ。

男 え？30枚も？なんでそんなにたくさん買ったの？

女 CDの中にメンバーのソロ写真があるとそのメンバーとハイタッチができるんだけど、私の目当てのメンバーのソロ写真がなかなか出なくて、出るまで買い続けたら、お正月にもらったお年玉を全部使い切っちゃったよ。でも実際に会ってハイタッチできるなんて夢みたい。会えるなら50枚だって買うよ。

男 えっ、そんなに？でも当選確率って低いんだね。

女 はっきりは分からないんだけど、CD 5枚に1枚程度の確率なんだって。

男 まあ、楽しんできな。僕も歌を聞いてみて後で感想を言うよ。

女の子は主に何について話していますか。

1 ソロ写真が出る確率
2 ハイタッチ会への誘い
3 CDをたくさん買った理由
4 一番推しているメンバー

4번

여자아이와 남자아이가 이야기하고 있습니다.

여 이거 줄 테니까 들어 봐.

남 이거 무슨 CD인데?

여 내가 요즘에 빠져 있는 아이돌 그룹인데…. 실은 하이파이브회에 가기 위해서 30장이나 사 버렸어. 엄마한테 걸리면 큰일 나.

남 뭐? 30장이나? 왜 그렇게 많이 산 건데?

여 CD 안에 멤버 독사진이 있으면 그 멤버하고 하이파이브를 할 수가 있는데, 내가 원하는 멤버의 독사진이 잘 안 나와서 나올 때까지 계속 샀더니 설날에 받은 세뱃돈 다 써 버렸어. 하지만 실제로 만나서 하이파이브할 수 있다니 꿈만 같아. 만날 수만 있다면 50장이라도 살 거야.

남 뭐? 그렇게까지? 근데 당첨될 확률이 낮구나.

여 정확히는 모르겠는데 CD 5장에 1장 정도의 확률이라나 봐.

남 뭐, 즐기고 와. 나도 노래 들어 보고 나중에 감상 말해 줄 테니까.

여자아이는 주로 무엇에 대해서 이야기하고 있습니까?

1 독사진이 나올 확률
2 하이파이브회에 가는 권유
3 CD를 많이 산 이유
4 제일 추천하는 멤버

5番

テレビでお医者さんが話しています。

女　猛暑が続き、各地で熱中症になる人が増えています。熱中症とは気温や湿度の高い環境にいて体の調子が崩れてしまうことですが、熱中症と見られる症状がありましたら、すぐ近くの病院に行き、早めに治療を受けてください。熱中症の症状としては、めまい、だるさ、頭痛、吐き気、筋肉痛などがあります。また、熱中症にならないように日頃から予防することも大切です。35度以上の暑い日には外出を控えてください。どうしても外出しなければならない時は、歩かないで公共交通機関を利用し、日射しが強い12時から15時までの時間帯は避けるようにしてください。それから熱中症は水分だけでなく塩分も奪ってしまうので、塩分を含んだ飲み物、例えばスポーツドリンクで水分補給をしてください。

お医者さんが触れていない内容は何ですか。
1 熱中症が起きる原因
2 熱中症を予防する方法
3 熱中症の症状
4 熱中症になりやすい人

5번

텔레비전에서 의사가 이야기하고 있습니다.

여　폭염이 계속되면서 각지에서 열사병에 걸리는 사람이 늘고 있습니다. 열사병이란 기온과 습도가 높은 환경에 있어서 몸상태가 나빠지는 것인데, 열사병으로 보이는 증상이 있으면 바로 가까운 병원에 가서 빨리 치료를 받으세요. 열사병 증상으로서는 현기증, 무기력함, 두통, 구토, 근육통 등이 있습니다. 또 열사병에 걸리지 않도록 평소에 예방하는 것도 중요합니다. 35도 이상의 더운 날에는 외출을 삼가세요. 꼭 외출해야 할 때는 걷지 말고 대중교통 기관을 이용하고, 햇빛이 강한 12시부터 15시까지의 시간대는 피하도록 하세요. 그리고 열사병은 수분뿐만 아니라 염분도 빼앗아 가기 때문에 염분을 포함한 음료수, 예를 들면 스포츠 음료로 수분 보충을 하세요.

의사가 언급하지 않은 내용은 무엇입니까?
1 열사병이 일어나는 원인
2 열사병을 예방하는 방법
3 열사병의 증상
4 열사병에 걸리기 쉬운 사람

6番

料理教室の先生が話しています。

男　今日は旬の玉ねぎをたっぷり使ってこの時期ならではのハンバーグを作ります。まず、玉ねぎをみじん切りにしていきます。今回は玉

6번

요리 교실 선생님이 이야기하고 있습니다.

남　오늘은 제철 양파를 듬뿍 사용해서 이때가 아니면 만들 수 없는 햄버그를 만들겠습니다. 먼저 양파를 잘게 썹니다. 이번에는 양파의 단맛과 아삭아삭한

ねぎの甘味としゃきしゃきとした食感を活かすために大きめに刻みます。次に、刻んだ玉ねぎとパン粉、卵を粘りが出るまでよく混ぜ合わせていきます。そして、よく混ざったところで、最後にひき肉を入れてまた素早く混ぜ合わせます。そうすることにより、いつもより早く粘りがでますし、かつ玉ねぎが肉に馴染んでさらにおいしくなるんです。そうしたら、作ったハンバーグのたねをキャッチボールをするように、空気を抜きながら形を作っていきます。そして、ハンバーグの両面を焼き色がつくまで中火でしっかりと焼いていきます。裏側を焼く時に蓋をしておくと、ふんわりとしたハンバーグに仕上がりますよ。

料理教室の先生はハンバーグがおいしくなるポイントはどんなことだと言っていますか。

1 旬の玉ねぎをたっぷり使うこと
2 最初に玉ねぎを大きくみじん切りにすること
3 あらかじめ、ひき肉以外の材料を混ぜ合わせておくこと
4 蓋をして蒸し焼きにすること

식감을 살리기 위해 큼직하게 썹니다. 그 다음 잘게 썬 양파와 빵가루, 계란을 찰기가 생길 때까지 잘 섞습니다. 그리고 잘 섞이면 마지막에 다진 고기를 넣어 다시 재빨리 섞습니다. 그렇게 하면 평소보다 빨리 찰기가 생기고 또 양파가 고기와 어우러져 더욱 더 맛있어집니다. 그렇게 하고 나서 만든 햄버그 소를 캐치볼을 하는 것처럼 공기를 빼면서 모양을 만들어 갑니다. 그리고 햄버그 양면을 노릇노릇해질 때까지 중불로 잘 굽습니다. 뒷면을 구울 때에 뚜껑을 덮어 놓으면 폭신한 햄버그가 완성됩니다.

요리 교실 선생님은 햄버그가 맛있어지는 포인트는 어떤 것이라고 말하고 있습니까?

1 제철 양파를 듬뿍 사용하는 것
2 처음에 양파를 큼직하게 다지는 것
3 미리 다진 고기 이외의 재료를 섞어놓는 것
4 뚜껑을 덮고 찌듯이 굽는 것

旬の 제철 | たっぷり 가득, 듬뿍 | ~ならではの ~이 아니고는 할 수 없는 | みじん切り 잘게 썸 | 甘味 단맛
しゃきしゃき 아삭아삭 | 食感 식감 | 活かす 살리다 | 刻む 썰다 | パン粉 빵가루 | 粘りが出る 찰기가 생기다 | 混ぜ合う 섞다
混ざる 섞이다 | ひき肉 다진 고기 | 素早く 재빠르게 | かつ 동시에, 또한 | 馴染む 맛이 배다, 어우러지다 | さらに 게다가, 더욱
キャッチボール 캐치볼 | 両面 양면 | 焼き色がつく 노릇노릇해지다 | 中火 중불 | 裏側 뒷면 | 蓋をする 뚜껑을 덮다
ふんわり 폭신한 모양 | 仕上がる 완성되다, 다 되다 | あらかじめ 미리 | 材料 재료 | 蒸し焼き 찌듯이 구움

問題4

1番

女　初めてのプレゼンじゃないんだから、そんなに硬くならないで。

男　1 まだ、慣れないんだ。
　　2 初めてだらけだと、大変だね。
　　3 ありがとう。うれしいよ。

문제4

1번

여　처음하는 발표도 아니니까 그렇게 긴장하지 마.

남　1 아직 적응이 안 돼.
　　2 처음하는 것 투성이면 힘들겠다.
　　3 고마워. 기뻐.

プレゼン(=プレゼンテーション) 프레젠테이션, 발표 | 硬くなる 굳다, 긴장하다 | ~だらけ ~투성이 | 慣れる 익숙해지다, 적응하다

2番

女 商品の価格に関わらず万引きは犯罪だよ。

男 1 捕まってしまった。

    2 つい、魔が差してしまって…。

    3 これ、お買い得だね。

2번

여 상품 가격에 상관없이 물건을 훔치는 건 범죄야.

남 1 붙잡히고 말았어.

    2 순간 나쁜 마음을 먹어서….

    3 이거, 정말 싸게 사는 거네.

商品 상품 | 価格 가격 | ～に関わらず ～에 상관없이 | 万引き 물건을 훔침 | 犯罪 범죄 | 捕まる 붙잡히다 | つい 무심결에, 그만
魔が差す (순간적으로) 나쁜 마음을 먹다 | お買い得 싸게 삼

3番

女 彼には口酸っぱくいったんだけどね。

男 1 本人も分かってるよ。あまりお節介にならないようにね。

    2 レモンでも食べたの？うがいでもしなよ。

    3 おだてないでよ。お世辞はほどほどにね。

3번

여 그 사람한테는 입이 닳도록 말했는데 말이야.

남 1 본인도 알 거야. 너무 참견하지 마.

    2 레몬이라도 먹은 거야? 가글이라도 해.

    3 비행기 태우지마. 아부도 적당히 해야지.

口酸っぱく 입이 닳도록, 여러번 | 本人 본인 | お節介 쓸데없는 참견 | うがい 입안을 헹굼, 가글 | おだてる 아부하다, 치켜세우다
お世辞 아부 | ほどほど 적당함, 알맞은 정도

4番

男 それは寝耳に水だな。

女 1 あらら、濡れた布団を乾かさないと。

    2 病気になるといけないから耳鼻科に行ってきなよ。

    3 そうね。晴天の霹靂とはこのことを言うのね。

4번

남 그건 아닌 밤중에 홍두깨인데.

여 1 어머, 젖은 이불을 말려야 하는데.

    2 병 나면 안되니까 이비인후과에 다녀와.

    3 맞아. 청전벽력이란 말은 바로 이럴 때 쓰는 거지.

寝耳に水 아닌 밤중에 홍두깨 | 濡れる 젖다, 축축해지다 | 布団 이불 | 乾かす 말리다 | 耳鼻科(耳鼻咽喉科) 이비인후과
晴天の霹靂 청천벽력

5番

男 会議の雰囲気が湿っぽいですね。

女 1 梅雨の時期だから仕方がないね。

    2 運動して汗をたくさんかいたもので。

    3 話がまとまらなくて。

5번

남 회의 분위기가 우중충하네요.

여 1 장마철이라서 어쩔 수 없지.

    2 운동해서 땀을 많이 흘렸거든.

    3 이야기가 정리되지 않아서.

雰囲気 분위기 | 湿っぽい 침울하다, 우중충하다 | 梅雨の時期 장마철 | 仕方がない 어쩔 수 없다 | 汗をかく 땀을 흘리다
まとまる 정리되다, 결정이 나다

6番

男 この前の会議、先輩に揚げ足をとられて困ったよ。

女
1 真に受けない方がいいよ。
2 骨折しなくてよかったね。
3 きっと両手がふさがってたのね。

6번

남 지난번 회의 때 선배가 말꼬리를 잡고 늘어져서 당황했어.

여
1 곧이곧대로 받아들이지 않는 편이 좋아.
2 골절이 아니라서 다행이네.
3 분명 다른 일 때문에 정신이 없었나 보지.

揚げ足をとる 말꼬리를 잡고 늘어지다 | 真に受ける 곧이듣다 | 骨折する 골절하다 | (両)手がふさがる 매우 바빠 여유가 없다

7番

女 うちの子、東京へ旅行に行ってからというもの、東京かぶれになっちゃって。

男
1 じゃ、薬局行って薬買ってきてあげようか。
2 かわいそうに。とてもかゆいだろうね。
3 ここ、田舎だしね。都会に憧れが強かったのかな。

7번

여 우리 아이, 도쿄 여행을 갔다 오고 나서부터 도쿄에 심취해 있어.

남
1 그럼 약국에 가서 약을 사다 줄까?
2 가여워라. 아주 간지럽겠다.
3 여긴 시골이니까. 도시에 대한 동경이 강했나 봐.

~かぶれ ~에 심취함, ~에 물듦 | 薬局 약국 | かゆい 가렵다 | 都会 도시 | 憧れ 동경

8番

女 とぼけて知らん顔してるね。

男
1 違う。僕じゃないってば。
2 できる見込みがないけど。
3 駄目な僕ですみません。

8번

여 시치미 떼고 모른 척하고 있네.

남
1 아니야. 나 아니라니까.
2 될 가능성이 없는데.
3 이런 부족한 나라서 죄송합니다.

とぼける 시치미 떼다 | 知らん顔(を)する 모르는 척 하다 | 見込み 가망, 희망 | 駄目だ 좋지 않음, 부족함

9番

女 申し訳ございませんが、そちらの商品は品切れになっております。

男
1 保証期間はどのぐらいですか。
2 いつ再入荷されますか。
3 取り替えてもらえますか。

9번

여 죄송합니다만, 그 상품은 품절됐습니다.

남
1 보증기간은 어느 정도인가요?
2 언제 재입고 되나요?
3 바꿔주실 수 있나요?

商品 상품 | 品切れ 품절 | 保証 보증 | 期間 기간 | 再入荷 재입고 | 取り替える 바꾸다, 교환하다

10番

男 もう12月だね。

10번

남 벌써 12월이네.

女	1 光陰矢の如しだよね。	여	1 세월이 화살 같네.
	2 お手上げだよね。		2 두 손 두 발 다 들었어.
	3 年越しそばを食べたよね。		3 도시코시소바 먹었지.

光陰矢の如し 세월이 화살과 같다 | お手上げ 어쩔 도리가 없음, 손듦 | 年越しそば 도시코시소바(섣달 그믐날에 먹는 메밀국수)

11番 / 11번

男	その資料はまだ見つかりませんか。	남	그 자료는 아직도 못 찾았어요?
女	1 目頭を熱くさせたものでした。	여	1 눈시울을 뜨겁게 만들었어요.
	2 目を皿のようにしても…。		2 눈을 크게 뜨고 찾아봐도….
	3 目じりがたるみます。		3 눈꼬리가 쳐져요.

見つかる 발견되다, 찾게 되다 | 目頭を熱くさせる 눈시울을 뜨겁게 하다 | 目を皿のようにする 눈을 크게 뜨다 | 目じり 눈꼬리 | たるむ 처지다, 늘어지다

12番 / 12번

男	わざわざ食べに行ったのに営業日じゃなかった。	남	일부러 먹으러 갔는데 영업날이 아니었어.
女	1 人知れずの苦労でした。	여	1 남모르는 고생이었어요.
	2 無駄足を踏んだね。		2 헛걸음했네.
	3 忙しいところ、わざわざすみません。		3 바쁘신 와중에 일부러 오셨는데, 죄송합니다.

わざわざ 일부러 | 営業日 영업일 | 人知れずの苦労 남모르는 고생 | 無駄足を踏む 헛걸음하다

13番 / 13번

男	今日はこの辺で切り上げましょう。	남	오늘은 이쯤에서 마무리합시다.
女	1 そうだね。残りは明日にしよう。	여	1 그래. 나머지는 내일 하자.
	2 そうだね。質素倹約しよう。		2 그래. 근검절약하자.
	3 そうだね。遠慮なくいただこう。		3 그래. 사양 말고 먹자.

この辺で 이쯤에서 | 切り上げる 일단락 짓다, 마무리하다 | 質素倹約 근검절약 | 遠慮なく 사양 말고

14番 / 14번

男	彼女は気の置けない友達です。	남	그녀는 마음을 터놓을 수 있는 친구입니다.
女	1 そんなに口が軽いんですか。	여	1 그렇게 입이 가벼워요?
	2 いいですね。私は浅い付き合いしかないんですよ。		2 좋겠네요. 난 얕게 사귀는 사람밖에 없거든요.
	3 お気の毒に。		3 가엽게도.

問題5

1番

ベビー用品の売り場で従業員とお客二人が話して
います。

女1　お客様、何かお探しのものはございますか。

男　　友達の出産祝いを探しているんですけど。何
　　　がいいのかさっぱり分からなくて。

女1　そうですね。やはり、ベビー用品になりますか
　　　ね。こちらのベビー食器なんていかがですか。

女2　あ、このブランド知ってます。歴史も長い
　　　し、格式あるブランドですよね。

女1　そうなんです。しかも、落としても割れにく
　　　く、食洗器や電子レンジ対応なんですよ。

男　　でも歯が生えてくるまで食器は用なしですよ
　　　ね。他にも何かありますか。

女1　でしたら、こちらのスタイなんていかがでし
　　　ょうか。

男　　スタイって何ですか。

女2　知らないの？　よだれかけのことよ。あ、これ
　　　刺しゅうが入れられるんですね。

女1　そうなんです。お名前が入れられるんです
　　　よ。スタイは何枚あっても困らないですか
　　　ら、人気の商品なんですよ。両面使えるので
　　　気分で付け替え可能でどんなお洋服にも合わ
　　　せやすくなっております。

男　　これは何ですか。

女1　そちらは、赤ちゃん用の首にする浮わです。
　　　入浴からスイミングまで使えますよ。海外ブ
　　　ランドのもので珍しい商品なんですよ。

女2　へえ～、そんなのもあるんですね。やっぱり
　　　無難なものがいいのかしら。

女1　でしたら、やはり毎日使う消耗品でおむつな
　　　んていかがですか。少しお値段張りますけ
　　　ど、お肌に優しく、抜群の吸水力でおむつか
　　　ぶれしにくい素材となっております。

男　　実用的なものや人気の物は他の人と被る可能

문제5

1번

아기 용품 매장에서 종업원과 손님 두 명이 이야기하고 있
습니다.

여1　손님 뭐 찾으시는 거 있으세요?

남　　친구의 출산 축하 선물을 찾고 있는데요. 뭐가 좋
　　　을지 전혀 몰라서.

여1　그러세요? 역시 아기 용품이 좋을 것 같은데요. 이
　　　아기 식기는 어떠세요?

여2　아, 이 브랜드 알아요. 역사도 길고 격식 있는 브랜
　　　드 맞죠?

여1　네, 그렇습니다. 게다가 떨어뜨려도 잘 깨지지 않
　　　고, 식기세척기랑 전자레인지에 넣어도 돼요.

남　　하지만 이가 날 때까지 식기는 필요 없죠? 다른 건
　　　뭐가 있나요?

여1　그럼 이 스타이는 어떠세요?

남　　스타이가 뭐예요?

여2　몰라? 턱받이 말하는 거야. 아, 이거 자수를 놓을 수
　　　있네요.

여1　네, 이름을 새길 수 있어요. 스타이는 몇 장이 있든
　　　유용하니까 인기 상품이에요. 양면 모두 쓸 수 있어
　　　서 기분에 따라 바꿀 수 있고 아무 옷에나 잘 어울
　　　려요.

남　　이건 뭐예요?

여1　그건 아기용 목 튜브예요. 목욕할 때랑 수영할 때도
　　　쓸 수 있어요. 해외 브랜드 상품으로 흔치 않은 거
　　　예요.

여2　오, 그런 것도 있군요. 역시 무난한 게 좋으려나?

여1　그러시면, 역시 매일 사용하는 소모품 중에 기저귀
　　　는 어떠세요? 가격은 조금 나가지만 피부에 좋고
　　　흡수력이 뛰어나서 기저귀 발진이 잘 생기지 않는
　　　소재로 만들어졌어요.

남　　실용적인 거랑 인기가 있는 건 다른 사람하고 겹칠
　　　가능성이 있으니까 우리는 역시 다른 사람들이 안
　　　살 거 같은 걸로 하자.

여2　그래.

性があるから、僕たちはあまり他の人が買わなさそうなものにしようよ。

女2　そうね。

二人は何をプレゼントすることにしましたか。

1 両面使えるよだれかけ
2 老舗メーカーのベビー食器
3 外国製の浮わ首リング
4 敏感肌の子でも使える高級おむつ

두 사람은 무엇을 선물하기로 했습니까?

1 양면 다 쓸 수 있는 턱받이
2 전통 있는 메이커의 아기 식기
3 외국제 목 튜브
4 민감성 피부인 아기도 사용할 수 있는 고급 기저귀

ベビー用品 아기 용품 | 出産祝い 출산 선물 | さっぱり 전혀 | 食器 식기 | 格式 격식 | 割れる 깨지다 | 食洗器 식기세척기 | 電子レンジ 전자레인지 | 対応 사용 가능 | 歯が生える 이가 나다 | 用なし 필요 없음 | スタイ 턱받이 | よだれかけ 턱받이 | 刺しゅう 자수 | 両面 양면 | 気分で 기분에 따라 | 付け替え 바꾸어 다는 것 | 浮わ 목 튜브 | 入浴 입욕, 목욕 | スイミング 수영 | 無難だ 무난하다 | 消耗品 소모품 | おむつ 기저귀 | 値段が張る 값나가다, 값이 비싸다 | 抜群 발군, 뛰어남 | 吸水力 흡수력 | おむつかぶれ 기저귀 발진 | 素材 소재 | 実用的 실용적 | 被る 겹치다 | 老舗 노포, 오래된 가게 | メーカー 메이커, 제조사 | 外国製 외국제 | 敏感 민감함

2番

先生と生徒達が話しています。

女1　今日はエネルギーの節約についてお話ししましょう。みなさんは普段どうやってエネルギーを節約していますか。

男1　私は使わない電化製品のプラグはコンセントから抜きますし、家を出る時は必ずチェックします。そしてテレビを見る時間やパソコンでゲームをする時間もあらかじめ決めておいてそれを守るようにしています。

女2　私は使い捨ての製品を使わないようにしています。それからチラシとか不要な紙はメモ用紙として再利用しています。

男2　私は水を無駄に使わないように、なるべくシャワーを浴びる時間を短くしています。トイレも温水洗浄便座はぬるい温度に設定して使っています。

女1　皆さん、えらいですね。多くの人が日々の生活の中でできることをこまめにやっていくと、たくさんのエネルギーを節約することができます。そんなに難しいことではないと思います。

生徒達が共通して話している内容はどのようなことですか。

2번

선생님과 학생들이 이야기하고 있습니다.

여1　오늘은 에너지 절약에 대해서 이야기 해 볼게요. 여러분은 평소에 어떻게 에너지 절약을 하고 있나요?

남1　저는 사용하지 않는 전자제품의 플러그는 콘센트에서 빼고, 집을 나올 때는 반드시 체크를 합니다. 그리고 텔레비전을 보는 시간이나 컴퓨터로 게임을 하는 시간도 미리 정해 놓고 그걸 지키도록 하고 있습니다.

여2　저는 일회용품을 사용하지 않도록 하고 있습니다. 그리고 전단지나 불필요한 종이는 메모용지로 재사용하고 있습니다.

남2　저는 물을 낭비하지 않도록 되도록 샤워를 짧게 하고 있습니다. 화장실도 온수 비데는 미지근한 온도로 설정해서 사용하고 있습니다.

여1　여러분, 대단하네요. 많은 사람들이 일상생활 속에서 할 수 있는 것을 꾸준히 해 나가면 많은 에너지를 절약할 수 있어요. 그렇게 어려운 일이 아니라고 생각해요.

학생들이 공통적으로 말하고 있는 내용은 어떤 것입니까?

1 가전제품을 잘 사용하는 방법에 대해서
2 환경문제의 중요성에 대해서
3 일상생활 속에서 실행할 수 있는 에너지 절약에 대해서
4 재활용과 에너지 절약의 관계에 대해서

エネルギー 에너지｜節約 절약｜普段 평소｜電化製品 가전제품｜プラグ 플러그｜コンセント 콘센트｜抜く 빼다, 뽑다
あらかじめ 미리｜使い捨て 일회용｜製品 제품｜チラシ 광고 전단지｜不要だ 필요 없다｜メモ用紙 메모 용지
再利用する 재이용하다｜無駄に 헛되이｜なるべく 되도록｜シャワーを浴びる 샤워를 하다｜温水 온수｜洗浄便座 비데
ぬるい 미지근하다｜温度 온도｜設定する 설정하다｜えらい 대단하다｜こまめに 여러번, 자주｜実行 실행｜リサイクル 재활용
省エネ 에너지 절약

3番	3번

友達同士で結婚式について話しています。

女1 結婚式の準備はどう？うまくいってる？

女2 いろんなことで両家の意見が合わなくてね。けっこう大変なんだ。

男 え、どうして？

女2 式場を選ぶことから意見が違ってね。私はこじんまりした雰囲気の教会で式を挙げたいのに、向こうは有名人が挙げたところで盛大にしたいとかね。一応費用の見積書送ってもらったけど、金額がとんでもなく高くてびっくりしたの。それだけじゃなくて招待状の手配とか衣装とメイクをどうするかとか、やることが多すぎて頭痛いのよ。しかもね、女の人はなんか理想のウェディングドレスのイメージを持ってるじゃない？でも実際試着してみたら似合わなくてがっかりしたりいろいろあるよ。

女1 ブライダルフェアに行けば良かったのに…。やっぱりプランナーに見てもらうのが一番いいかも。

男 結婚って色々面倒だな。

女2 そういうのがあったんだね。まあ、衣装までは何とか決めたけど、一番悩んでることは引き出物なの。お客さんに重いもの持たせるのも悪いなと思うし、お金かけてまで要らないものを贈りたくもないしね。

女1 私の友達も使わない引き出物が家にたまっちゃって処分に困ってるらしいよ。人からもらったものを捨てる訳にもいかないし、だからといって使わないものを家に置くのも場所と

친구들끼리 결혼식에 대해서 이야기하고 있습니다.

여1 결혼식 준비는 어때? 잘 되가?

여2 여러 가지로 양가의 의견이 안 맞아서 너무 힘들어.

남 어? 왜?

여2 식장 고르는 것부터 의견이 달라서 말이야. 나는 아담한 분위기의 교회에서 식을 올리고 싶은데 신랑 쪽은 유명인이 올린 곳에서 성대하게 하고 싶다거나. 일단 비용 견적서를 받았는데 금액이 말도 안 되게 비싸서 깜짝 놀랐어. 그것뿐만이 아니라 초대장 준비라든지 의상이랑 메이크업을 어떻게 할 건지 등 할 일이 너무 많아서 골치가 아파. 게다가 말이야, 여자는 뭔가 꿈꾸는 웨딩드레스의 이미지가 있잖아? 근데 실제로 입어보면 안 어울려서 실망스럽기도 하고 뭐, 이것저것.

여1 결혼박람회에 갔으면 좋았을텐데. 역시 플래너한테 맡기는 게 제일 좋을 지도 몰라.

남 결혼은 여러 가지로 귀찮구나.

여2 그런 게 있었구나. 뭐, 의상까지는 어떻게든 정했는데 제일 고민되는 게 답례품이야. 손님한테 무거운 걸 들려 보내는 것도 죄송스럽고, 돈 들여서까지 필요 없는 걸 주고 싶지도 않고 해서.

여1 내 친구도 쓰지 않는 답례품이 집에 쌓여서 처분하는 게 곤란한가 봐. 남한테 받은 걸 버릴 수도 없고, 그렇다고 해서 쓰지도 않는 걸 집에 두는 것도 자리 차지하고 말이야. 아, 맞다! 카탈로그 선물은 어때? 받는 사람이 좋아하는 걸 고를 수 있으니까 좋지 않아?

남 나도 그거 받은 적 있는데 꽤 괜찮다고 생각했어. 난 쌀을 골랐지만. 그보다 답례품은 없어도 되지 않아? 축의금 금액을 낮춰 주는 편이 훨씬 좋은데. 한

るからやだしね。あ、そうだ。カタログギフトはどう？ 贈られた人が好きなもの選べるからいいんじゃない？

男　俺もそれもらったことあるけど、なかなかいいと思った。俺はお米にしたけどな。ていうか引き出物はなくてもいいんじゃない？ ご祝儀の金額を安くしてくれる方がよっぽどいいと思うけどな。月に結婚式2回あると給料の半分以上飛んでしまうしさ。それってなかなか辛いんだよな。

女2　それは分かる。でも結婚式の文化が変わらない限り結婚する人も招待された人も避けて通れないことかもね。

質問1　結婚式を控えている女の人は何で一番悩んでいますか。

1　式場の予約
2　ドレスの値段
3　招待状のデザイン
4　引き出物の種類

質問2　男の人が望む結婚式の文化はどのようなものですか。

1　引き出物は食べ物にするべきだ
2　結婚式の準備は女の人に任せるべきだ
3　来客の費用面での負担を軽減するべきだ
4　両家の意見が合わない時は、ブライダルフェアに行ってみるべきだ

달에 결혼식 두 번 있으면 월급의 반 이상이 날아가 버리거든. 그거 꽤나 괴롭거든.

여2　그거 이해해. 하지만 결혼식 문화가 바뀌지 않는 한 결혼하는 사람도 초대 받는 사람도 피할 수 없는 일 일지도.

질문1　결혼식을 앞두고 있는 여자는 뭐 때문에 고민하고 있습니까?

1　식장 예약
2　드레스 가격
3　초대장 디자인
4　답례품 종류

질문2　남자가 바라는 결혼식 문화는 어떤 것입니까?

1　답례품은 음식으로 해야 한다
2　결혼식 준비는 여자에게 맡겨야 한다
3　손님들의 비용적인 부담을 경감해야 한다
4　양가의 의견이 맞지 않을 때에는 결혼박람회에 가 봐야 한다

結婚式 결혼식 | 準備 준비 | 両家 양가 | 式場 식장 | こじんまりした 아늑한 | 教会 교회 | 式を挙げる 식을 올리다 | 有名人 유명인
盛大に 성대하게 | 一応 일단 | 費用 비용 | 見積書 견적서 | 金額 금액 | とんでもなく 터무니 없이 | 招待状 초대장 | 手配 준비
衣装 의상 | メイク 메이크업, 화장 | 理想 이상 | ウェディングドレス 웨딩드레스 | 試着する 시착하다, 입어보다
がっかりする 실망하다 | ブライダルフェア 결혼박람회 | プランナー 플래너 | 引き出物 답례품 | お金をかける 돈을 쓰다
贈る 선물을 하다 | たまる 쌓이다 | 処分 처분 | 場所をとる 자리를 차지하다 | カタログギフト 카탈로그 기프트 | ご祝儀 축의금
よっぽど(=よほど) 훨씬, 대단히 | 給料 급료, 월급 | 半分 절반 | ～限り ～하는 한 | 控える 기다리다, 앞두다 | 任せる 맡기다
来客 방문객, 손님 | 費用面 비용면 | 負担 부담 | 軽減する 경감하다

問題 1

1番

大学で教授と助手が話しています。助手はこの後
何を準備しますか。

女　田中さん、次の授業のことなんだけど、パソ
　　コンとマイクを使うから、悪いんだけど、教
　　室に運んどいてくれるかな？

男　はい。マイクは事務室で借りればいいんです
　　よね。

女　あ、そうだったね。この後、私、事務室に用
　　事があるから、マイクはいいわ。

男　じゃ、パソコンはいつものやつでいいですよね。

女　うん。あと、データが入ったこのUSBもお願
　　い。今日はこの中に入っている写真と映像を
　　学生に見せるつもりだから。

男　はい、分かりました。あ、そうだ。出席確認
　　用の名簿がないっておっしゃってましたよ
　　ね？コピーしておきましょうか。

女　どうせ、出席確認は授業内でする課題の提出
　　で判断するからいいよ。

助手はこの後何を準備しますか。

1　パソコンとUSB
2　パソコンと名簿
3　マイクと名簿
4　プリントとUSB

문제1

1번

대학에서 교수와 조교가 이야기하고 있습니다. 조교는 이후
에 무엇을 준비합니까?

여　다나카 씨, 다음 수업 말인데, 노트북하고 마이크를
　　사용할 거라서 미안하지만 교실에 좀 옮겨 줄래?

남　네. 마이크는 사무실에서 빌리면 되죠?

여　아, 그랬지. 이따가 나 사무실에 볼일이 있으니까
　　마이크는 됐어.

남　그럼 노트북은 항상 쓰시는 거면 되죠?

여　응. 그리고 데이터가 들어있는 이 USB도 좀 부탁
　　해. 오늘은 그 안에 있는 사진이랑 영상을 학생들한
　　테 보여줄 거라서.

남　네, 알겠습니다. 아 맞다. 출석확인용 명부가 없다
　　고 하셨죠? 복사해 놓을까요?

여　어차피 출석 확인은 수업 중에 하는 과제 제출로 판
　　단할 거니까 괜찮아.

조교는 이후에 무엇을 준비합니까?

1　노트북과 USB
2　노트북과 명부
3　마이크와 명부
4　프린트와 USB

教授 교수(님) | 助手 조교 | ～どいて(=～でおいて) ～해 | 事務室 사무실 | データ 데이터, 자료 | USB 이동식 저장 장치
映像 영상 | 確認 확인 | 名簿 명부 | どうせ 어차피 | 提出 제출 | 判断する 판단하다

2番

会社で社長と秘書が話しています。秘書はこの後
まず何をしますか。

男　木村君、今日のスケジュールはどうなってる？

女　はい社長、本日のご予定ですが、この後10
　　時から企画会議、12時から山田商事様との

2번

회사에서 사장과 비서가 이야기하고 있습니다. 비서는 이후
에 먼저 무엇을 합니까?

남　기무라 씨, 오늘 스케줄은 어떻게 되어 있지?

여　네 사장님, 오늘의 예정입니다만, 이따 10시부터 기
　　획 회의, 12시부터 야마다 상사와의 회식, 1시부터

会食、13時から北西銀行様との商談、16時に大阪支店への訪問、19時から田中取締役との会食となっております。

男　そうか。15時からのゴルフはどうなった？

女　先ほどご連絡がありまして、佐藤会長の体調が優れないとのことでキャンセルです。

男　そうか、残念だな。楽しみにしていたのに。そういうことなら、大阪支店への訪問を1時間ほど前倒しできるかね。

女　はい、かしこまりました。ではそのように手配させていただきます。

男　それと大阪支店に持っていく差し入れの準備を頼むよ。彼らも頑張ってくれているからね。甘いお茶請けがいいかな。疲れた時は甘い物に限るからね。

女　そちらに関しましては熊屋の羊羹を予約済みですが、そちらでよろしいでしょうか。

男　うん。さすが、僕の秘書だね。

秘書はこの後まず何をしますか。
1　大阪支店への訪問を見合わせる
2　大阪支店への訪問を1時間繰り上げる
3　大阪支店への訪問を1時間繰り下げる
4　大阪支店への差し入れに和菓子を買いに行く

호쿠세이 은행과의 미팅, 4시부터 오사카 지점 방문, 7시부터 다나카 이사님과 회식이 있습니다.

남　그렇군. 3시부터 잡혀 있던 골프는 어떻게 됐지？

여　아까 연락이 왔는데, 사토 회장님께서 몸이 안 좋으신 관계로 취소되었습니다.

남　그래? 아쉽군. 기대하고 있었는데. 그럼 오사카 지점 방문을 한 시간 정도 앞당겨 줄 수 있겠나?

여　네, 알겠습니다. 그럼 그렇게 조치해 놓겠습니다.

남　그리고 오사카 지점에 가지고 갈 간식거리를 준비해 주게. 거기 직원들도 열심히 해주고 있으니까. 달달한 다과가 좋을 것 같은데. 피곤할 때는 단것만큼 좋은 게 없지.

여　그것과 관련해서는 구마야의 양갱을 이미 예약해 두었는데, 그거 괜찮으세요?

남　응. 역시 내 비서답군.

비서는 이후에 먼저 무엇을 합니까?
1　오사카 지점의 방문을 미룬다
2　오사카 지점 방문을 1시간 앞당긴다
3　오사카 지점 방문을 1시간 미룬다
4　오사카 지점에 줄 간식으로 일본 전통 과자를 사러 간다

秘書 비서 | スケジュール 스케줄, 일정 | 企画 기획 | 商事 상사 | 会食 회식 | 商談 상담, (업무) 미팅 | 支店 지점 | 訪問 방문
取締役 중역, 이사 | 先ほど 아까 | 体調が優れない 몸상태가 좋지 않다 | 前倒し 앞당김 | 手配する 준비하다 | 差し入れ 간식
お茶請け 다과 | 〜に限る 〜가 가장 좋다 | 羊羹 양갱 | 〜済み 〜을 마침 | 見合わせる 미루다 | 繰り上げる 앞당기다
繰り下げる 미루다

3番

女の人と男の人がエントリーシートについて話しています。女の人はこの後まず何をしますか。

女　先輩、お呼び立てして申し訳ありません。私のエントリーシート、どうしても先輩に見てほしくて…。それに先輩の会社にも興味があるので、お話しも伺いたいですし…。

男　いいよ。僕なんかで力になれるなら協力するよ。

女　初めて書いたんで、何を書けばいいのか、よく分からなくて…。どうですか。私のエント

3번

여자와 남자가 입사지원서에 대해서 이야기하고 있습니다. 여자는 이후에 무엇을 합니까?

여　선배님, 일부러 오시게 해서 죄송해요. 제 입사지원서 선배님이 꼭 봐 주셨으면 해서…. 그리고 선배님네 회사에도 관심이 있어서 좀 여쭤보고 싶고요.

남　괜찮아. 내가 도움이 된다면야 협력해야지.

여　처음 써 본 거라서, 뭘 써야 할지도 잘 모르겠고…. 어때요? 제 입사지원서.

남　글쎄, 자기 분석은 한 거 같네. 자신의 강점이 뭔지 잘 알고 있고. 처음 쓴 건데 이 정도면 잘 한 거야.

リーシート。

男 そうだな。自己分析はやったみたいだね。自分の強みがよく分かってる。初めてでここまで書けたら上出来だよ。

女 ありがとうございます。

男 あとは自分の考えについて根拠を付け足すともっと良くなるよ。例えば経験をもとに具体的なエピソードを書いたりね。僕は学習塾のアルバイトをしてたんだけど、指導力向上のために研究会に参加したりしてたから、その努力が学生の高得点につながったってことを書いたんだ。

女 へえ～。勉強になります。早速、エントリーシートに反映させます。

男 後は、入社後のイメージを人事担当者に持たせるように書くのも重要だね。完成したエントリーシートは第三者に読んでもらうのが大事だよ。友達よりは先輩やキャリアセンターの職員にお願いするのがいいよ。客観的な視点が重要だからね。

女の人はこの後まず何をしますか。

1 キャリアセンターに行ってアドバイスをもらう
2 会社説明会や先輩から情報を収集する
3 結論を裏付ける経験や成果で説得力を持たせる
4 将来の展望や社会人の心構えを書き足す

여 감사합니다.

남 그리고 자신의 생각에 대해서 근거를 덧붙이면 더 좋을 것 같아. 예를 들어, 경험을 바탕으로 구체적인 에피소드를 쓰거나 말이야. 나는 보습 학원에서 아르바이트 했었는데, 지도력을 향상시키기 위해서 연구회에 참가했더니 그 노력이 학생의 고득점으로 이어졌다고 썼어.

여 우아, 참고 할게요. 당장 입사지원서에 반영시켜야겠어요.

남 그리고 입사 후의 이미지를 인사 담당자가 그릴 수 있도록 쓰는 것도 중요해. 완성한 입사지원서는 제삼자에게 읽어보게 하는 게 중요해. 친구보다는 선배나 취업 센터 직원에게 부탁하는 게 좋아. 객관적인 시점이 중요하니까.

여자는 이후에 먼저 무엇을 합니까?

1 취업 센터에 가서 조언을 듣는다
2 회사 설명회나 선배로부터 정보를 수집한다
3 결론을 뒷받침할 수 있는 경험이나 성과로 설득력을 갖춘다
4 장래의 전망이나 사회인의 마음가짐을 추가로 적는다

エントリーシート 입사지원서 | 呼び立て 부름, 불러냄 | 興味がある 관심이 있다 | 協力する 돕다, 협력하다 | 自己分析 자기분석
強み 장점 | 上出来 완성도가 높음, 썩 잘됨 | 根拠 근거 | 付け足す 덧붙이다 | ～をもとに ～을 바탕으로 | 具体的 구체적
エピソード 에피소드 | 学習塾 보습 학원 | 指導力 지도력 | 向上 향상 | 研究会 연구회 | 努力 노력 | 高得点 고득점
～につながる ～로 이어지다 | 早速 서둘러, 바로 | 反映する 반영하다 | 後は 그리고, 다음으로는 | 人事担当者 인사담당자
完成する 완성하다 | 第三者 제삼자 | キャリアセンター 취업 센터 | 職員 직원 | 客観的 객관적 | 視点 시점 | 情報 정보
収集する 수집하다 | 結論 결론 | 裏付ける 뒷받침하다 | 成果 성과 | 説得力 설득력 | 持たせる 갖추게 하다 | 将来 장래
展望 전망 | 心構え 마음가짐 | 書き足す 덧붙여 쓰다

4番

デパートで男の店員と女のお客が話しています。女のお客はどんな鞄を買うことにしましたか。

男 いらっしゃいませ。何かお探しの物はございますか。

女 ビジネスでもプライベートでも使える鞄を探しているんですが。

4번

백화점에서 남자 점원과 여자 손님이 이야기하고 있습니다. 여자 손님은 어떤 가방을 사기로 했습니까?

남 어서 오세요. 찾는 거라도 있으세요?

여 비즈니스용으로도 개인적으로도 쓸 수 있는 가방을 찾고 있는데요.

남 그러시다면 무난하게 A4 사이즈인 이 가방은 어떠

男　でしたら、無難にＡ４サイズのこちらの鞄はいかがでしょう。高級感のある牛皮で、丈夫ですよ。使えば使うほど色味にも味が出てくるので、ビジネスシーンで重宝される商品です。

女　本革はお手入れが…。それに重いし。

男　でしたら、Ｂ４サイズのこの鞄もおすすめです。薄型ながらもノートパソコンやタブレット端末、雑誌なども持ち運べますし、合皮なので雨に濡れても色落ちする心配がございません。

女　そうですね。それもいいですね。う～ん、もっとカジュアルな鞄って置いてますか。

男　３wayでこのような鞄もございますよ。しかも、奥行きが広くてごちゃごちゃになりやすいバッグの中身も仕切りがあるのですっきりさせることができます。それから、こちらの鞄なんかもいいですよ。結構大きいんですけど１泊２日程度の出張やジムの着替えなどが余裕で入ります。

女　大きすぎるのは嫌だし、やっぱり奥行きのあるこの鞄にしようかな。

女のお客はどんな鞄を買うことにしましたか。

1 牛皮で丈夫だけど重い鞄
2 Ｂ４サイズの防水加工がされている鞄
3 ３wayの奥行きが広い鞄
4 宿泊に必要な衣服も入る大きめの鞄

세요? 고급스러운 소가죽으로 만들어서 튼튼해요. 사용하면 할수록 색감도 멋스러워져서 비즈니스 상황에서 요긴한 상품입니다.

여　가죽은 관리가…. 게다가 무겁기도 하고.

남　그럼 B4 사이즈의 이 가방도 추천해 드려요. 얇지만 노트북이나 태블릿 단말기, 잡지 등도 들고 다닐 수 있고, 인조 가죽이라서 비에 젖어도 색깔이 바랠 우려가 없습니다.

여　그렇군요. 그것도 좋겠네요. 음, 좀 더 캐주얼한 가방은 없나요?

남　3 way인 이런 가방도 있습니다. 게다가 폭이 깊어서 뒤죽박죽이 되기 쉬운 가방 내용물도 칸막이가 있어서 깨끗하게 정리할 수 있습니다. 그리고 이런 가방도 좋습니다. 꽤 커서 1박 2일 정도로 출장을 갈 때나 헬스장에서 갈아입을 옷 등이 충분히 들어가고요.

여　너무 큰 건 싫고, 역시 깊숙한 이 가방으로 할까?

여자 손님은 어떤 가방을 사기로 했습니까?

1 소가죽이고 튼튼하지만 무거운 가방
2 B4 사이즈의 방수 가공이 되어 있는 가방
3 3way의 폭이 넓은 가방
4 숙박할 때 필요한 옷도 넣을 수 있는 큼직한 가방

無難に 무난하게	高級感 고급스러움	牛皮 소가죽	色味 색감	味が出る 멋스러워지다	重宝する 요긴하다	本革 진짜 가죽
手入れ 손질, 관리	薄型 두께가 얇음	タブレット端末 태블릿 단말기	持ち運ぶ 가지고 다니다	合皮 합성 가죽	濡れる 젖다
色落ちする 색이 빠지다, 색이 바래다	カジュアルな 캐주얼한, 편한	3 way 세 가지 방법	しかも 게다가	奥行き 깊이
ごちゃごちゃ 뒤죽박죽, 어지러이 섞이는 모양	中身も 내용물	仕切り 칸막음, 구분	すっきり 깔끔한 모양	着替え 갈아입을 옷
余裕で 여유롭게	防水 방수	加工 가공			

5番

女の人と男の人が話しています。女の人はこの後まず何をしますか。

男　先日発注致しました貴社の液晶部品の件なんですが…。予定では来年１月６日に４０００個納品していただくことになっていましたが、やはり商品発表に間に合わせたいという社長の意向で、急遽変更になりまして、大変厚かましいお願いではございますが、納期を年内

5번

여자와 남자가 이야기하고 있습니다. 여자는 이후에 먼저 무엇을 합니까?

남　지난번에 발주한 귀사의 액정 부품에 관한 것입니다만. 예정대로라면 내년 1월 6일에 4000개 납품 받기로 되어 있었지만, 역시 상품 발표에 맞추고 싶다는 사장님의 뜻으로 갑작스레 변경하게 되어, 매우 염치없는 부탁인줄은 아오나 납입 기한을 올해 12월 31일까지 해 주실 수 있으신지요.

12月31日にしていただくことはできませ
んでしょうか。

女　ご事情はお察しいたします。ですが、私の一
存では決めかねますので。

男　ご無理を承知でそこを何とか…。

女　お立場、お察しいたします。では、この件に
関しましては少々お時間をいただけますか。
上の者と相談の上、担当の者から再度そちら
にお電話差し上げるという形でいかがでしょ
うか。

女の人はこの後まず何をしますか。

1　電話で先方に今回の取引を断る
2　工場長に生産工程を早めるように伝える
3　本社に持ち帰り、社内会議で検討する
4　上司に取引先の現状を報告する

先日 요전, 지난번	発注 발주	貴社 귀사	液晶部品 액정 부품	納品する 납품하다	意向 의향, 뜻	急遽 급거, 갑작스럽게

先日 요전, 지난번｜発注 발주｜貴社 귀사｜液晶部品 액정 부품｜納品する 납품하다｜意向 의향, 뜻｜急遽 급거, 갑작스럽게
変更 변경｜厚かましい 뻔뻔스럽다｜納期 납입 기한｜年内 연내｜事情 사정｜お察しする 이해하다｜一存 자기 혼자만의 생각
～かねる ～하기 어렵다｜承知 알아들음, 이해함｜立場 입장｜上の者 상사(겸양어)｜～の上 ～한 후에｜担当の者 담당자(겸양어)
再度 다시｜先方 상대편, 거래처｜取引 거래｜断る 거절하다｜工場長 공장장｜工程 공정｜早める 서두르다｜本社 본사
持ち帰る 가지고 돌아가다｜検討する 검토하다｜上司 상사｜取引先 거래처｜現状 현상｜報告する 보고하다

6番

**女の人と男の人が電話で話しています。女の人は
この後まず何をしますか。**

男　もしもし。ゆり、ごめん。渋滞に巻き込まれ
ちゃって搭乗時刻に間に合いそうにないよ。

女　え、あれほど時間には気を付けてって言った
じゃない。どうするのよ、もう。

男　本当にごめんって。ゆりは僕にかまわず予定
通り搭乗手続きして。

女　え～、はじめからこんなんじゃ、先が思いや
られるよ。

男　しょうがないだろう。渋滞は僕の手ではどう
にもならないよ。それよりWi-Fiのレンタル
はもう済んだ?

女　いえ、まだよ。あなたが来たら一緒にしよう
と思ってたのに。海外旅行用の保険もカップ
ル料金の方が安いからって空港で一緒に加入
するはずだったじゃない。Wi-Fiレンタル窓
口なんて今、長蛇の列よ。

여　사정은 잘 알겠습니다. 하지만 저 혼자서 결정할 수
있는 문제가 아니라서.

남　무리한 부탁인 줄 알지만 어떻게 좀….

여　입장은 잘 알겠습니다. 그럼 이 건에 관해서는 조금
시간을 주시겠습니까? 상사와 상의한 후에 담당자
가 다시 전화 드리는 방향으로 하는 게 어떠세요?

여자는 이후에 먼저 무엇을 합니까?

1　전화로 상대편에게 이번 거래를 거절한다
2　공장장에게 생산 공정을 서두르도록 전한다
3　본사에 가져가서 사내 회의에서 검토한다
4　상사에게 거래처의 현 상황을 보고한다

6번

**여자와 남자가 전화로 이야기하고 있습니다. 여자는 이후에
먼저 무엇을 합니까?**

남　여보세요. 유리, 미안해. 교통 정체에 걸려서 탑승
시간에 못 맞출 것 같아.

여　뭐? 그렇게 시간 잘 지키라고 얘기했잖아. 이제 어
떡해!

남　정말 미안해. 유리는 나 상관 말고 예정대로 탑승
절차를 해.

여　뭐? 벌써부터 이러면 앞날이 걱정된다.

남　어쩔 수 없잖아. 정체는 내가 어떻게 할 수 있는 게
아니란 말이야. 그것보다 와이파이 렌탈은 했어?

여　아니, 아직. 네가 오면 같이 하려고 했지. 해외여행
용 보험도 커플 요금이 더 싸니까 공항에서 같이 가
입하자고 했잖아. 와이파이 렌탈 창구는 지금 줄이
아주 길어.

남　그러면, 먼저, 와이파이는 유리 한 명 것만 렌탈해.
나는 공항에 도착하는 대로 렌탈할 테니까. 그렇지
만 보험은 내 것도 가입해 줘.

146

男　だったら、まず、Ｗｉ‐Ｆｉはゆり一人分レンタルしなよ。僕は空港に着き次第レンタルするからさ。でも保険は僕の分も加入しといてくれよ。

女　分かった。あ、今アナウンスで私たちの便が機材の到着遅れで出発時間が遅れるって。よかったね。

男　あ〜、よかった。じゃ、Ｗｉ‐Ｆｉ、僕の分もよろしく。保険は僕が着いてからでもいいけど、ゆりがしておいてくれると助かるよ。

女　分かった。じゃ、搭乗まで時間もあるみたいだし、免税店でショッピングもできるね。遅刻の償いにブランド品でも買ってもらおうかな。

女の人はこの後まず何をしますか。
1 Ｗｉ‐Ｆｉを二人分レンタルする
2 海外旅行用の保険を二人分加入する
3 出国手続きをする
4 免税店でショッピングをする

| 渋滞 정체 | 巻き込まれる 휘말리다, 걸리다 | 搭乗 탑승 | 時刻 시각, 시간 | あれほど 그렇게 | 〜にかまわず 〜에 상관 말고 |

予定通り 예정대로 ｜ 手続き 수속 ｜ 先が思いやられる 앞날이 걱정되다 ｜ しょうがない 어쩔 수 없다 ｜ どうにもならない 어쩔 수 없다

レンタル 렌탈, 대여 ｜ 済む 마치다, 완료되다 ｜ 保険 보험 ｜ 加入する 가입하다 ｜ 窓口 창구 ｜ 長蛇の列 장사진, 줄을 길게 늘어섬

一人分 한 사람 분 ｜ 〜次第 〜하는 대로 ｜ アナウンス 안내방송 ｜ 便 비행편, 항공편 ｜ 機材 항공기 ｜ 到着遅れ 도착 지연, 연착

遅れる 늦어지다 ｜ 助かる 면하다, 도움이 되다 ｜ 免税店 면세점 ｜ 遅刻 지각 ｜ 償い 보상, 보답 ｜ ブランド品 브랜드 제품 ｜ 出国 출국

問題2

1番

女の人と男の人が話しています。女の人はどうして山田さんと同じペアになりたいと言っていますか。

男　合宿の肝試し、楽しみだな。

女　え〜。木村君はオカルト好きだから楽しみかもしれないけど、私は恐怖でしかないよ。

男　二人１組らしいから心配しなくても大丈夫だよ。

女　え、そうなの？それは唯一の救いだな。これはペアになる人が重要だね。

男　せっかくだから、僕らペア組もうよ。ゆきがキャーキャー、叫ぶところが目に浮かぶよ。

女　嫌。私、山田さんがいい。山田さん、あんな

여　알았어. 아, 지금 안내방송에서 우리 항공편이 기재 연착 때문에 출발 시간이 늦어진대. 다행이다.

남　아, 다행이다. 그럼 와이파이 내 것도 부탁해. 보험은 내가 도착한 후에 해도 괜찮지만 유리가 대신 해 주면 고맙겠어.

여　알았어. 그럼 탑승까지 시간이 있으니까 면세점에서 쇼핑도 할 수 있겠다. 지각한 별로 명품이나 사 달라고 할까?

여자는 이후에 먼저 무엇을 합니까?
1 와이파이를 두 사람용으로 빌린다
2 해외여행용 보험을 두 사람 몫으로 가입한다
3 출국 수속을 한다
4 면세점에서 쇼핑을 한다

문제2

1번

여자와 남자가 이야기하고 있습니다. 여자는 어째서 야마다 씨와 같은 팀이 되고 싶다고 말하고 있습니까?

남　합숙 담력 훈련 기대된다.

여　뭐? 넌 초자연 현상 같은 거 좋아하니까 기대될지 모르겠지만 나는 공포스럽기만 해.

남　2인 1조라니까 걱정하지 않아도 괜찮아.

여　어, 그래? 그게 유일한 희망이다. 이건 같은 팀이 되는 사람이 중요하겠네.

남　이왕 하는 거 우리 같은 조 하자. 네가 꺅꺅 소리지를 게 눈에 선하다.

여　싫어. 난 야마다 씨가 좋아. 야마다 씨, 그렇게 갸냘 픈데 유도부야. 지난번에도 유도부 달리기 중에 날

に華奢なのに柔道部なんだよ。この前なんて柔道部のランニング中にひったくりを捕まえたんだって。

男　そうなんだ。意外だな。あの体に投げ技を食らったと思うと犯人も恥ずかしかっただろうね。

女　犯人だって刃物とか持ってるかもしれないのに、勇気あるよ。彼女、本当に肝が据わってて素敵だよね。だから、やっぱり私、山田さんを誘ってみる。

女の人はどうして山田さんと同じペアになりたいと言っていますか。

1　体格がいいので自分を守ってくれそうだから
2　山田さんと同じクラスで仲良しだから
3　度胸があって頼りがいがあるから
4　オカルト好きで話が合うから

치기를 잡았대.

남　그래? 의외다. 그런 체격한테 메치기 당했다고 생각하면 범인도 부끄러울 거야.

여　범인이 칼 같은 거 가지고 있었을지도 모르는데 용감해. 진짜 담력 있고 멋지지 않아? 그러니까 역시 난 야마다 씨한테 하자고 할래.

여자는 어째서 야마다 씨와 같은 팀이 되고 싶다고 말하고 있습니까?

1　체격이 좋아서 자신을 지켜줄 것 같기 때문에
2　야마다 씨하고 같은 반이고 사이가 좋기 때문에
3　담력이 있어서 의지할 만하기 때문에
4　초자연 현상을 좋아하고 이야기가 잘 통하기 때문에

ペア 짝, 조 | 合宿 합숙 | 肝試し 담력시험 | オカルト 초자연 현상 | 〜好き 〜을 좋아함 | 恐怖 공포 | 〜でしかない 〜일 뿐이다
唯一 유일 | 救い 도움, 희망 | 叫ぶ 외치다 | 目に浮かぶ 눈에 선하다 | 華奢だ 연약하다, 가녀리다 | 柔道部 유도부
ランニング 런닝, 달리기 | ひったくり 날치기 | 捕まえる 붙잡다 | 投げ技 메치기 | 食らう 당하다 | 犯人 범인 | 〜だって 〜도 또한
刃物 칼 등의 날붙이 | 勇気 용기 | 肝が据わる 담력이 세다, 배짱이 두둑하다 | 体格 체격 | 仲良し 사이가 좋음, 친함 | 度胸 담력, 배짱
頼りがい 의지할 만함 | 話が合う 얘기가 잘 통하다

2番

女の人と男の人が話しています。二人はどんなTシャツを注文することにしましたか。

男　文化祭のクラスTシャツ、どんなのにする？

女　そうね。私たちのクラスが発表する演劇のテーマが世界平和だから、それに関係のあるデザインがいいんじゃない？

男　そうだな。やっぱり、平和といえば鳩だから鳩のデザインはどうかな。

女　それはいい考えね。あと、クラス全員のイニシャルを入れるのはどう？

男　うちのクラス40人いるから、イニシャルといってもTシャツの中に納まりきらないんじゃないかな。

女　それもそうね。じゃ、色はどうする？私はピンクがいいな。あ、どうせだからリボンも付けてみたらどうかな？リボンをした鳩なんかかわいくない？

男　おいおい。男子のことも考えてくれよ。あん

2번

여자와 남자가 이야기하고 있습니다. 두 사람은 어떤 티셔츠를 주문하기로 했습니까?

남　축제 때 입을 반 티셔츠 어떤 걸로 하지?

여　그러게. 우리 반이 발표할 연극 주제가 세계평화이니까 그거랑 관련이 있는 디자인이 좋지 않을까?

남　음, 역시 평화라고 하면 비둘기니까 비둘기 디자인은 어떨까?

여　그거 좋은 생각이야. 그리고 반 전체의 이니셜을 넣는 건 어때?

남　우리 반은 40명이니까 이니셜이라 해도 티셔츠 안에 다 안 들어갈 것 같은데.

여　그렇긴 하겠다. 그럼 색깔은 뭘로 하지? 난 핑크가 좋은데. 이왕 하는거 리본도 달아보는 거 어때? 리본 단 비둘기, 귀엽지 않아?

남　이봐, 남자들 생각도 해 줄래? 너무 여성스러운 디자인이면 남자들이 입기 힘들지. 예를 들어 심플하게 흰 바탕에 노란색 비둘기 마크로 하면 되지 않을까?

148

まり女子っぽいデザインだと男子は着づらいよ。例えばシンプルに、白地に黄色の鳩のマークでいいんじゃないか。

女　白地は地味じゃない？ 他のクラスも白だから、違うのがいいな。

男　そっかあ。だったら、黒地に黄色の鳩はどう？ 男女関係なく着れるし他のクラスとも被らないし。

女　いいね。じゃ、それで40人分注文するね。

二人はどんなＴシャツを注文することにしましたか。

1　黄色のハートのマークが入ったＴシャツ
2　リボンをした鳩のマークが入ったＴシャツ
3　クラス全員の名前の頭文字を入れたＴシャツ
4　黄色の鳩のマークが入ったＴシャツ

여　하얀색은 밋밋하지 않아? 다른 반도 하얀색이니까 다른게 좋겠어.

남　그런가. 그럼 검정 바탕에 노란색 비둘기는 어때? 남녀 불문하고 입을 수 있고, 다른 반하고도 겹치지 않고.

여　괜찮겠네. 그럼 그걸로 40명분 주문할게.

두 사람은 어떤 티셔츠를 주문하기로 했습니까?

1　노란색 하트 마크가 들어간 티셔츠
2　리본을 단 비둘기 마크가 들어간 티셔츠
3　반 전체의 이름 머리글자를 넣은 티셔츠
4　노란색 비둘기 마크가 들어간 티셔츠

注文する 주문하다 | 文化祭 축제 | Ｔシャツ 티셔츠 | 発表する 발표하다 | 演劇 연극 | テーマ 주제 | 鳩 비둘기 | 全員 전원
イニシャル 이니셜, 머리글자 | 納まる 들어가다, 수납되다 | ～きらない 끝까지 ～할 수 없다 | どうせだから 이왕 하는 김에
～っぽい ～스럽다, ～같다 | 着づらい 입기 힘들다 | シンプルに 단순하게 | 白地 흰 바탕 | マーク 마크, 표시 | 地味だ 밋밋하다
黒地 검정 바탕 | 男女 남녀 | 被る 겹치다 | ハート 하트 | 頭文字 머리글자, 앞 글자

3番

女の人と男の人が話しています。女の人はどうして韓国語を勉強することにしましたか。

男　あれ、田口さんは今日の飲み会行かないの？

女　うん、そうなの。実は最近、韓国語を始めたの。それで今日はレッスンの日で…。

男　そういえば、最近、韓国料理とか、韓国の歌手とか人気だもんね。田口さんは結構ぺらぺらなの？

女　ぺらぺらってほどではないけど、簡単な日常会話ならできるようになったの。この前も駅前で困ってる韓国人観光客の方に道案内してあげたよ。完璧にはできなかったけど、大体通じたので良かったよ。

男　へえ、すごいじゃん。ゆくゆくは留学するつもりとか？

女　いや、留学ならもう、してきたよ。

男　え、そうなの？

女　とはいっても、フィリピンなんだけど。私、大学生の時にフィリピンに英語を勉強しに行

3번

여자와 남자가 이야기하고 있습니다. 여자는 왜 한국어를 공부하게 되었습니까?

남　어라, 다구치 씨는 오늘 회식 안 가?

여　응, 맞아. 실은 요즘 한국어를 시작했거든. 근데 오늘은 수업이 있는 날이라서….

남　그리고 보니 요즘 한국 요리나 한국 가수가 인기지? 다구치 씨는 술술 말할 수 있어?

여　술술까지는 아니지만, 간단한 일상 회화라면 할 수 있게 됐어. 지난번에도 역 앞에서 곤란해하는 한국인 관광객에게 길 안내도 해 드렸거든. 완벽하지는 않았지만 대부분 통해서 다행이었어.

남　와, 대단하다. 나중에는 유학 갈 생각도 있고?

여　아니, 유학이라면 이미 갔다 왔어.

남　어? 그래?

여　그렇긴 한데, 필리핀이었어. 나 대학교 때 필리핀에 영어 공부하러 간 적이 있어. 그 때 한국인 유학생도 꽤 있었는데, 그 중에 한 명하고 굉장히 마음이 잘 맞았거든. 지금도 서로 연락할 정도야. 근데 이번에 그 친구가 일본에 오는데, 한국어로 말할 수

ったことがあって。その時、韓国人留学生も結構いたんだけど、その中の一人ととっても気が合って。今でも連絡を取り合うくらいなのよ。それで、今度その子が日本に来るんだけど、韓国語で話せたらもっと仲良くなれるんじゃないかなと思って、それでレッスンに通ってるんだ。

男　へえ～、すごいじゃん。その子も喜ぶだろうね。

女の人はどうして韓国語を勉強することにしましたか。

1 新しい友達が作れるから
2 韓国旅行に行きたいから
3 観光ガイドをやってみたいから
4 韓国人の友達と韓国語で話したいから

있으면 더 친해질 수 있지 않을까 해서 수업 들으러 다녀.

남　와, 대단한데. 그 친구도 기뻐할 거야.

여자는 왜 한국어를 공부하게 되었습니까?

1 새로운 친구를 사귈 수 있어서
2 한국 여행을 가고 싶어서
3 관광 가이드를 해 보고 싶어서
4 한국인 친구와 한국어로 이야기하고 싶어서

飲み会 회식 | レッスン 레슨, 강습 | 歌手 가수 | ぺらぺら 유창한 모양, 술술 | 日常会話 일상 회화 | 観光客 관광객 | 道案内 길 안내
完璧だ 완벽하다 | 通じる 통하다, 잘 전달되다 | ゆくゆく 장래에는, 언젠가는 | フィリピン 필리핀 | 気が合う 마음이 맞다
連絡を取り合う 서로 연락하다 | 観光ガイド 관광 가이드

4番

テレビのニュースでアナウンサーが交番について話しています。この交番はどうして建て替えをすることにしましたか。

女　今年4月に起きた警官刺殺事件で、警察は現場である交番の建て替えを発表しました。交番で警官を襲撃したこの事件後、犯人は逃走していましたが、無事逮捕されています。事件が起きたのは基本的な防犯設備を兼ね備えた交番でしたが、この事件を機にさらなる警備の強化をする予定です。警察によりますと、出入り口に人感知センサー付きのライトを付けるほか、身体障害者向けのトイレなども設置するとしています。さらに、この事件の教訓から事務室は強化ガラスで仕切るなどし、安全性を高め、今後の県内の防犯モデルとする方針です。

この交番はどうして建て替えをすることにしましたか。

4번

텔레비전 뉴스에서 아나운서가 파출소에 대해서 이야기하고 있습니다. 이 파출소는 왜 다시 짓기로 했습니까?

여　올해 4월에 일어난 경찰관 척살 사건으로 인해 경찰은 현장이었던 파출소를 다시 짓겠다고 발표했습니다. 파출소에서 경찰관을 습격한 이 사건 후에 범인은 도주했으나 다행히 체포되었습니다. 사건이 일어난 곳은 기본적인 방범 설비를 갖춘 파출소였는데, 이 사건을 계기로 경비를 한층 더 강화할 예정입니다. 경찰에 따르면 입구에 인체 감지 센서 기능이 있는 조명을 부착하는 것 외에, 장애인용 화장실 등도 설치할 예정이라고 합니다. 게다가 이 사건을 교훈으로 삼아 사무실은 강화유리로 된 칸막이를 설치하는 등, 안전성을 높여 향후 현내의 방범 모델로 삼는다는 방침입니다.

이 파출소는 왜 다시 짓기로 했습니까?

1 방범 설비가 열악했기 때문에
2 전국 파출소의 본보기로 하기 위해
3 사건의 재발을 막기 위해
4 범인이 한번 도주한 적이 있기 때문에

1 防犯設備が劣悪だったため
2 全国の交番の手本にするため
3 事件の再発を防ぐため
4 犯人が一度逃走したことがあるため

アナウンサー 아나운서 | 交番 파출소 | 建て替え 재건축 | 警官 경찰관 | 刺殺 척살 | 事件 사건 | 警察 경찰 | 現場 현장
発表する 발표하다 | 襲撃する 습격하다 | 犯人 범인 | 逃走する 도주하다 | 無事 무사(히), 다행히 | 逮捕する 체포하다
基本的 기본적 | 防犯 방범 | 設備 설비 | 兼ね備える 겸비하다, 갖추다 | ～を機に ～을 계기로 | さらなる 한층 더 | 警備 경비
強化 강화 | 出入り口 출입구 | 人感知センサー 인체 감지 센서 | ～付き ～가 달린 | 身体 신체 | 障害者 신체 장애인
～向けの ～용, ～을 위한 | 設置する 설치하다 | さらに 게다가, 그 위에 | 教訓 교훈 | 強化ガラス 강화 유리 | 仕切る 칸막이하다
県内 현내 | 劣悪 열악함 | 手本 본보기, 모범 | 再発 재발 | 防ぐ 막다, 방지하다

5 番

女の人と男の人が面接について話しています。女の人はどんなことに気を付けなければならないと言っていますか。

男　はあ、今回も面接だめだった。

女　当然じゃない？ そんな格好で行ったら誰だって落とされるよ。身だしなみは基本よ。

男　え、僕のどこが悪いんだよ。

女　まず、スーツね。しわがついてるじゃない。それにネクタイが派手すぎるよ。しかも曲がってるじゃない。

男　あ、気付かなかったよ。

女　あと、その髪型、ちゃんと美容院で切ってもらったの？ 長髪、茶髪、寝癖はダメ。清潔感が重要なんだから。靴だって汚れてるし、かかとがすり減ってるじゃない。靴は新調した方がいいね。それに、何その白い靴下は。靴下はスーツに合う色じゃないと。

男　そうなんだ。今度から、気を付けるよ。

女の人はどんなことに気を付けなければならないと言っていますか。

1 スーツをモデルのように素敵に着こなすこと
2 身動きがとりやすいようにスーツが機能的であること
3 その業界を意識した奇抜な格好で個性を出すこと
4 時と場合に応じた服装で相手に不快感を与えないこと

5번

여자와 남자가 면접에 대해서 이야기하고 있습니다. 여자는 어떤 것에 주의하라고 말하고 있습니까?

남　하, 이번에도 면접 망쳤어.

여　당연한 거 아니야? 그런 차림으로 가면 누구든지 떨어지지. 복장은 기본이야.

남　어? 내 어디가 이상한데?

여　우선 정장이야. 주름이 가 있잖아. 그리고 넥타이가 너무 화려해. 게다가 비뚤어졌잖아.

남　아, 몰랐네.

여　그리고 그 머리 스타일, 미용실에서 제대로 자른 거 맞아? 긴 머리, 염색 머리, 뻗친 머리는 안돼. 청결함이 중요하니까. 구두도 더럽고, 발꿈치는 닳아 있잖아. 구두는 새로 맞추는 게 좋겠다. 더군다나 그 하얀 양말은 뭐야. 양말은 정장에 맞는 색을 신어야지.

남　그렇구나. 다음부터 주의할게.

여자는 어떤 것에 주의하라고 말하고 있습니까?

1 정장을 모델처럼 멋지게 차려 입을 것
2 활동하기 편하도록 정장이 기능적일 것
3 그 업계를 의식한 기발한 차림으로 개성을 나타낼 것
4 때와 장소에 맞는 복장으로 상대방에게 불쾌감을 주지 않을 것

面接 면접	身だしなみ 몸가짐, 차림새	スーツ 양복, 정장	しわがつく 주름이 지다	派手だ 화려하다	曲がる 비뚤어지다
気付く 알아차리다	髪型 머리 모양	美容院 미용실	長髪 긴 머리	茶髪 염색한 갈색 머리	寝癖 뻗친 머리	清潔感 청결함
重要だ 중요하다	かかと 발뒤꿈치	すり減る 닳다, 마모되다	新調する 새로 맞추다	着こなす 멋지게 입다	身動き 몸 움직임
とりやすい 하기 쉽다	機能的 기능적	業界 업계	意識する 의식하다	奇抜だ 기발하다	個性 개성	応じる 걸맞다
服装 복장	不快感 불쾌감

6番 / 6번

アナウンサーが話しています。両企業が最も取り組まなければならないものは何ですか。

아나운서가 이야기하고 있습니다. 두 기업이 가장 힘써야 하는 것은 무엇입니까?

男　この地域では同じ路線を持つ私鉄2社の企業間競争が激化してきています。A社では有料座席指定特急の運行、ダイヤ改正による運行時間の短縮、運賃引き下げなど、ニュータウン地域の利便性を高めています。またB社では上下線の線路を2本ずつに増やし、大幅な混雑緩和を可能にしました。両社、地元の活性化が進めば全体的な乗客数の底上げも望めます。専門家も沿線の価値が上がれば不動産の価値も上がってくるので、高齢化が進むニュータウンをはじめとした地域全体のメリットになると言っています。

남　이 지역에서는 같은 노선을 가진 두 민간 철도 회사의 기업간 경쟁이 격화되고 있습니다. A사에서는 유료 좌석 지정 특급 운행, 운행표 개정에 의한 운행 시간 단축, 운임 인하 등, 뉴타운 지역의 편의성을 높이고 있습니다. 또한 B사에서는 상하행선의 선로를 2개씩 늘려서, 대폭적인 혼잡 완화를 가능하게 했습니다. 두 회사 모두 지역의 활성화가 진행된다면 전체적인 승객수도 끌어올릴 수 있을 것으로 전망됩니다. 전문가도 노선 주변의 가치가 올라가면 부동산 가치도 올라가기 때문에 고령화가 진행되는 뉴타운을 시작으로 지역 전체의 장점이 될 것이라고 말하고 있습니다.

両企業が最も取り組まなければならないものは何ですか。

1 熾烈な乗客争奪戦
2 沿線の地域活性化
3 市場飽和による業務提携
4 労働時間の見直し

두 기업이 가장 힘써야 하는 것은 무엇입니까?

1 치열한 승객 쟁탈전
2 노선 주변 지역의 활성화
3 시장 포화에 의한 업무 제휴
4 노동 시간의 재검토

取り組む 힘쓰다, 몰두하다	路線 노선	私鉄 민간 철도	企業間 기업간	競争 경쟁	激化する 격화되다	有料 유료	座席 좌석
指定 지정	特急 특급	運行 운행	ダイヤ 운행표	改正 개정	短縮 단축	運賃 운임	引き下げ 인하	ニュータウン 뉴타운
利便性 편의성	上下線 상하행선	線路 선로	大幅な 대폭적인	混雑 혼잡	緩和 완화	地元 그 고장, 그 지역	活性化 활성화
全体的 전체적	乗客数 승객수	底上げ 끌어올림	望む 바라다, 기대하다	専門家 전문가	沿線 노선 주변	価値 가치
不動産 부동산	高齢化 고령화	地域 지역	メリット 장점, 이점	熾烈だ 치열하다	争奪戦 쟁탈전	飽和 포화	業務 업무
提携 제휴	労働 노동	見直し 재검토

7番 / 7번

女の人と男の人が話しています。女の人は有機野菜と無農薬野菜について何と言っていますか。

여자와 남자가 이야기하고 있습니다. 여자는 유기농 야채와 무농약 야채에 대해서 뭐라고 말하고 있습니까?

男　今日の晩御飯何にしようか。
女　友達から鍋のもと送ってもらったけど、それ

남　오늘 저녁 뭐 먹지?
여　친구가 찌개 재료 보내줬는데 그걸로 할까?

にする？

男　寒い季節の鍋は最高においしいもんな。何鍋？

女　トマト鍋だったよ。材料買いに行かないと。悪いけど、野菜の買い出しお願いしていい？

男　お、いいよ。でもこの間、野菜コーナー見てみたら同じ種類でも何も書いてない普通の野菜、有機野菜、無農薬野菜って分けてあったけど、その違いって何？未だによく分かんない。三つの中で俺何買えばいい？

女　私も気になって調べたことあるけど、有機野菜は農薬や化学肥料を使わずに、自然のままのものを使って作られた野菜なんだって。

男　じゃあ、無農薬野菜も無農薬だから同じじゃない？

女　それが少し違うみたい。無農薬野菜はその名の通り農薬を一切使わないで栽培したものなんだって。有機野菜は禁止されていない農薬は使ってもいいらしいよ。それを聞くと無農薬野菜の方がもっと安全性が高いと誤解しやすいけど、有機野菜は化学肥料だけじゃなくて遺伝子組み換え技術も使わないし、それを満たす条件も厳しいらしいのよ。その上、政府の認定機関に認められなければならないそうよ。それに、土自体に農薬が含まれているかもしれないから、実際に完全な無農薬野菜はないかもって、ニュースで言ってたよ。私たちは別に安いのでいいんじゃない？

男　俺らは質より量だしな。

女の人は有機野菜と無農薬野菜について何と言っていますか。

1　有機野菜は化学肥料の使用は禁止しているが、遺伝子組み換えは禁止していない
2　無農薬野菜は農薬を一切使わないため、安全性が最も高い
3　土自体に含まれている農薬は安全である
4　有機野菜は政府の認証機関の検査に合格しなければならない

남　추운 계절에 먹는 찌개는 최고로 맛있지. 무슨 찌개야?

여　토마토 찌개였어. 재료 사러 가야 하는데. 미안한데 야채 좀 사다 줄 수 있어?

남　응, 괜찮아. 근데 지난번에 야채 코너 봤더니 같은 종류여도 아무것도 쓰여 있지 않은 보통 야채, 유기농 야채, 무농약 야채 이렇게 나눠져 있었는데 뭐가 달라? 아직도 잘 모르겠어. 세 개 중에 나 어떤 거 사면 돼?

여　나도 궁금해서 찾아본 적이 있는데, 유기농 야채는 농약이나 화학비료를 쓰지 않고 자연적인 것만을 사용해서 재배된 야채래.

남　그럼 무농약 야채도 무농약이니까 같은 거 아니야?

여　그게 조금 다른 가 봐. 무농약 야채는 그 이름대로 농약을 전혀 사용하지 않고 재배한 거래. 유기농 야채는 금지되지 않은 농약은 사용해도 된다나 봐. 그것만 들으면 무농약 야채가 더 안전성이 높다고 오해하기 쉬운데, 유기농 야채도 화학비료뿐만 아니라 유전자 변형 기술도 쓰지 않고, 그걸 충족시키는 조건이 까다로운가 봐. 게다가 정부가 인정하는 기관에서 허가를 받아야만 한대. 그리고 흙 자체에 농약이 포함되어 있을지도 모르니까 실제로 완전한 무농약 야채는 없을지도 모른다고 뉴스에서 얘기했었어. 우리는 뭐, 싼 거 사면 되지 않을까?

남　우린 질보다 양이니까.

여자는 유기농 야채와 무농약 야채에 대해서 뭐라고 말하고 있습니까?

1　유기농 야채는 화학비료의 사용은 금지하고 있지만, 유전자 변형 기술은 금지하고 있지 않다
2　무농약 야채는 농약을 전혀 사용하지 않기 때문에 안전성이 가장 높다
3　흙 자체에 포함되어 있는 농약은 안전하다
4　유기농 야채는 정부 인증 기관의 검사에 합격해야 한다

有機 유기 | 無農薬 무농약 | もと 재료 | 材料 재료 | 買い出し 장 보러 감 | 種類 종류 | 分ける 나누다, 구분하다 | 未だに 아직도
農薬 농약 | 化学肥料 화학비료 | 一切 일절, 전혀 | 栽培する 재배하다 | 禁止する 금지하다 | 安全性 안전성 | 誤解する 오해하다
遺伝子 유전자 | 組み換え 조작, 재편성 | 満たす 충족시키다 | 条件 조건 | 厳しい 엄격하다, 까다롭다 | 認定機関 인정기관
認める 인정하다 | 自体に 자체에 | 含む 포함하다, 머금다 | 実際に 실제로 | 完全だ 완전하다, 완벽하다 | 別に 별로, 특별히
質 질 | 量 양 | 認証 인증 | 検査 검사 | 合格する 합격하다

問題 3

1番

男の人が話しています。

男　訪日外国人観光客は年々軒並み増え続け、その分、観光地は恩恵を受けていると思いきや、一筋縄では行かない問題も起きているというんです。観光地に住む地域住民の生活や自然環境、文化財保護などに悪影響が出始めています。例えば、電車やバスが込み合い、通勤通学に支障がでたり、路上駐車や騒音、ごみ問題まで地域住民にしてみればたまったもんじゃありませんよね。このため、宿泊税を導入し公共交通の混雑緩和や観光地の整備に力を入れる自治体も出てきました。

男の人は何について話していますか。
1 近隣トラブル防止策について
2 観光業界の人材不足について
3 観光地の安全管理について
4 観光客による観光公害について

문제3

1번

남자가 이야기하고 있습니다.

남　방일 외국인 관광객은 매년 일제히 계속해서 늘고 있고, 그만큼 관광지는 덕을 보고 있을 거라고 생각되지만, 그리 간단치 않은 문제들도 일어나고 있다고 합니다. 관광지에 살고 있는 지역 주민의 생활과 자연환경, 문화재 보호 등에 악영향이 생기기 시작하고 있습니다. 예를 들어, 전철이나 버스가 혼잡해져 통근과 통학에 지장이 생기거나, 노상주차나 소음, 쓰레기 문제까지 지역 주민 입장에서 보면 가만히 두고 볼 수만은 없는 일이겠습니다. 이 때문에 숙박세를 도입하고 대중교통의 혼잡 완화와 관광지 정비에 힘을 쏟는 지방 자치 단체도 생겼습니다.

남자는 무엇에 대해서 이야기하고 있습니까?
1 이웃 트러블 방지책에 대해서
2 관광업계의 인재 부족에 대해서
3 관광지의 안전 관리에 대해서
4 관광객에 의한 관광 공해에 대해서

訪日 일본을 방문함 | 年々 매년 | 軒並み 일제히, 모두 | 増え続ける 계속 늘어나다 | その分 그만큼 | 観光地 관광지
恩恵を受ける 덕을 보다 | 〜と思いきや 〜라고 생각했더니 | 一筋縄では行かない 보통 방법으로는 다루기 힘들다, 만만찮다
地域住民 지역주민 | 自然環境 자연환경 | 文化財 문화재 | 保護 보호 | 悪影響 악영향 | 出始める 나타나기 시작하다
込み合う 붐비다, 혼잡하다 | 通勤 통근 | 通学 통학 | 支障がでる 지장이 생기다 | 路上駐車 노상주차 | 騒音 소음
たまったもんじゃない(たまったものではない) 견딜 수 없다, 두고 볼 수 없다 | 宿泊税 숙박세 | 導入する 도입하다
公共交通 대중교통 | 混雑 혼잡 | 緩和 완화 | 整備 정비 | 力を入れる 힘을 쏟다 | 自治体 지방 자치 단체 | 近隣 인근, 이웃
トラブル 트러블, 문제 | 防止策 방지책 | 人材 인재 | 管理 관리 | 公害 공해

2番

テレビで女の人がレポートしています。

女　今日は、市内にある人気蕎麦屋に来ています。今日は大晦日ということもあってか、こ

2번

텔레비전에서 여자가 리포트를 하고 있습니다.

여　오늘은 시내에 있는 인기 메밀국수 가게에 와 있습니다. 오늘은 섣달그믐날이라서 그런지 이쪽 가게

154

ちらのお店でも年越し蕎麦を食べようと長い列ができていますね。ところで、大晦日にどうして蕎麦を食べるようになったか、皆さんはご存知でしょうか。興味深いことに諸説あるようですよ。蕎麦は長く伸ばして細く切って作られることから細く長く生きる、つまり長寿を祈って食べられるようになったという説が一般的です。ですが、他にも江戸時代の商人が毎月、月末に蕎麦を食べていた習慣からきたという説もあるそうです。さらに蕎麦は強い雨や風に打たれても、強く、元気に育つことから健康の象徴としても縁起がいいとも言われています。私も今年は年越し蕎麦を食べながら、年を越そうと思います。

女の人は何について話していますか。
1 大晦日に蕎麦を食べる理由
2 蕎麦が日本で人気がある理由
3 人気蕎麦屋の歴史
4 蕎麦を育てるための環境

에도 도시코시소바(한 해의 마지막 날에 먹는 메밀국수)를 먹으려는 사람들이 길게 줄 서 있습니다. 그런데 섣달그믐날에 왜 메밀국수를 먹게 되었는지 여러분은 알고 계십니까? 흥미롭게도 여러 설이 있는 것 같습니다. 메밀국수는 길게 늘여서 가늘게 썰어 만들기 때문에, 가늘고 길게 산다, 다시 말해 장수를 기원하며 먹게 되었다는 설이 일반적입니다. 하지만 그 밖에도 에도시대 상인이 매달 월말에 메밀국수를 먹었던 습관에서 유래했다는 설도 있다고 합니다. 게다가 메밀은 거센 비나 바람을 맞아도 강하게 잘 자라는 것으로부터 건강의 상징으로, 길한 것으로 여겨지고 있습니다. 저도 올해는 도시코시소바를 먹으면서 한 해를 보내려고 합니다.

여자는 무엇에 대해서 이야기하고 있습니까?
1 섣달그믐날에 메밀국수를 먹는 이유
2 메밀국수가 일본에서 인기가 있는 이유
3 인기 메밀국수 가게의 역사
4 메밀을 기르기 위한 환경

市内 시내	蕎麦屋 메밀국수 가게	大晦日 섣달그믐	年越し蕎麦 도시코시소바	蕎麦 메밀, 메밀국수	興味深いことに 흥미롭게도

市内 시내 蕎麦屋 메밀국수 가게 大晦日 섣달그믐 年越し蕎麦 도시코시소바 蕎麦 메밀, 메밀국수 興味深いことに 흥미롭게도
諸説 여러 가지 설 伸ばす 늘이다 長寿 장수 祈る 바라다, 기원하다 説 설, 이야기 一般的 일반적 江戸時代 에도시대
商人 상인 月末 월말 習慣 습관 育つ 자라다 健康 건강 象徴 상징 縁起がいい 길하다, 상서롭다 歴史 역사 育てる 기르다

3番

女の人が話しています。

女　こちらのいちご農園では日の出いちご狩りが始まりました。客はいちご農園のある地域に前乗りし、日の出と共にいちごをとり食べます。本来は日中に行うことが多いですよね。なぜ日の出なのでしょうか。それは気温と関係しています。日中はビニールハウスの温度が25度まで上昇し、いちごが暖められ早朝と比べると少し甘味が落ちるのだそうです。ちなみに専門家によると寒い時期はいちごがゆっくり成長し内部に甘味をため込むので、いちごを食べるのは1月がおすすめなのだそうですよ。

女の人は何について話していますか。

3번

여자가 이야기하고 있습니다.

여　여기 이 딸기 농장에서는 일출 딸기 따기 체험이 시작되었습니다. 손님은 딸기 농장이 있는 이 지역에 전날 도착해서 일출과 함께 딸기를 따서 먹습니다. 보통은 낮에 따는 경우가 많죠. 왜 일출 때인 걸까요? 그건 기온과 관련이 있습니다. 낮에는 비닐하우스의 온도가 25도까지 상승해 딸기가 따뜻해져서 이른 아침과 비교했을 때 조금 당도가 떨어진다고 합니다. 참고로 전문가에 따르면, 추운 시기에는 딸기가 천천히 크면서 내부에 단맛을 모으기 때문에 딸기를 먹기에는 1월이 가장 좋다고 합니다.

여자는 무엇에 대해서 이야기하고 있습니까?
1 새로운 딸기의 품종 개량에 대해서
2 딸기의 철과 맛있는 수확 방법에 대해서
3 비닐하우스에서 딸기가 성장하는 구조에 대해서

1 新たないちごの品種改良について

2 いちごの旬と美味しい収穫方法について

3 ビニールハウスでのいちごの成長の仕組みについて

4 甘いいちごにするための農家の努力について

4 달콤한 딸기로 만들기 위한 농가의 노력에 대해서

農園 농원, 농장 | 日の出 일출 | ～狩り ～따기, ～채집 | 前乗りする 하루 먼저 도착하다 | ～と共に ～와 동시에, ～와 함께
本来は 원래는, 보통은 | 日中 주간, 낮 | ビニールハウス 비닐하우스 | 上昇する 상승하다, 오르다 | 早朝 이른 아침 | 比べる 비교하다
甘味 단맛 | 落ちる 못하다, 떨어지다 | ちなみに 참고로, 덧붙여 말하면 | 専門家 전문가 | 時期 시기 | 成長する 성장하다 | 内部 내부
ため込む 모으다 | 品種 품종 | 改良 개량 | 旬 시기, 철 | 収穫 수확 | 仕組み 구조 | 農家 농가

4番

男の人が話しています。

男 こちらは75歳の男性が運転する車の映像です。方向転換の際、脇を大型車が通り過ぎていきます。少し遅れていたら接触していたかもしれませんね。この車を運転していた高齢者は映像を見るまで気が付かなかったと言います。高齢ドライバーは「だろう運転」に陥っていたり、危険予測が足りないと言われています。中央警察署では管轄内に住む60歳以上の高齢者を対象にドライブレコーダーを貸し出す取り組みを始めました。撮った映像を警察官が分析し、交通安全の個別指導を行います。署では高齢者に免許の自主返納を検討してもらい、返納者に対する助成についても市と連携していきたいと話しています。

男の人は何について話していますか。

1 高齢者の複雑な運転免許更新手続きについて

2 全車両ドライブレコーダー設置への取り組みについて

3 映像で浮き彫りになる高齢者運転の特徴について

4 少子高齢化に伴う公共交通機関の課題について

4번

남자가 이야기하고 있습니다.

남 이것은 75세 남성이 운전하는 차의 영상입니다. 방향 전환을 할 때 대형차가 옆을 지나갑니다. 조금만 늦었으면 접촉했을지도 모릅니다. 이 차를 운전한 고령자는 영상을 볼 때까지 몰랐다고 합니다. 고령 운전자는 '과신 운전'에 빠져 있거나 위험 예측이 부족하다고 합니다. 중앙경찰서에서는 관할내에 사는 60세 이상의 고령자를 대상으로 블랙박스를 빌려주는 대책을 시작했습니다. 찍은 영상을 경찰관이 분석해서 교통 안전 개별 지도를 합니다. 경찰서에서는 고령자가 면허를 자주적으로 반납하도록 유도하고, 반납자 조성에 대해서도 시와 연계하고 싶다고 말하고 있습니다.

남자는 무엇에 대해서 이야기하고 있습니까?

1 고령자의 복잡한 운전면허 갱신 절차에 대해서

2 모든 차량에 블랙박스를 설치하려는 시도에 대해서

3 영상에서 드러난 고령자 운전의 특징에 대해서

4 저출산 고령화에 따른 대중교통 기관의 과제에 대해서

運転する 운전하다 | 映像 영상 | 方向 방향 | 転換 전환 | ～際 ～할 때 | 大型車 대형차 | 通り過ぎる 지나쳐 가다 | 接触する 접촉하다
高齢者 고령자 | ドライバー 운전자 | だろう運転 과신 운전 | 陥る 빠지다 | 予測 예측 | 中央警察署 중앙경찰서 | 管轄内 관할 내
対象に 대상으로 | ドライブレコーダー 블랙박스 | 貸し出す 빌려주다 | 取り組み 대책, 대응 | 警察官 경찰관 | 分析する 분석하다
個別 개별 | 指導 지도 | 署 (경찰)서 | 自主返納 자진 반납 | 検討する 검토하다 | 返納者 반납자 | 助成 조성 | 連携する 연계하다
更新 갱신 | 手続き 수속, 절차 | 全車両 전 차량 | 設置 설치 | 浮き彫りになる 드러나다, 도드라지다 | 特徴 특징
少子高齢化 저출산 고령화 | 伴う 동반하다 | 公共交通 예측 | 機関 예측 | 課題 과제

女の人が話しています。

女　昔は、会社での義理チョコは職場での潤滑油でしたよね。しかし、近年バレンタインのチョコが原因でパワハラを訴える人が増えています。これによって従業員の間でチョコレートのやり取りを禁止する会社も増えているようです。また、この影響でバレンタインデーの市場規模が４年連続縮小しています。そんな中、大手デパート各社が生き残りをかけた秘策を打ち出してきています。人に贈るチョコを買うのではなく、自分がその場で食べるチョコやSNS映えを意識した商品を各社展開しています。これでバレンタインの楽しみ方がまた一つ増えましたね。

女の人は何について話していますか。

1　会社内でのパワハラへの注意喚起について
2　変化するバレンタインデーのチョコレートのやり取りについて
3　世界の経済を大きく動かすバレンタインデーの商戦について
4　チョコレートの購入客獲得に力を入れる製菓店について

義理チョコ 의리로 주는 초콜릿 | 潤滑油 윤활유 | 近年 근래, 최근 | パワハラ 직장 내 괴롭힘 | 訴える 호소하다
従業員 종업원, 직원 | やり取り 주고받기 | 禁止する 금지하다 | 影響 영향 | 規模 규모 | 連続 연속 | 縮小する 축소되다
大手 대형 | 各社 각 회사 | 生き残り 살아 남음 | 秘策 비책 | 打ち出す 펼치다, 내세우다 | その場で 그 자리에서
SNS映え SNS 업로드 | 意識する 의식하다 | 展開する 전개하다, 펼치다 | 注意 주의 | 喚起 환기 | 経済 경제 | 商戦 상업 경쟁
購入客 구입객 | 獲得 획득 | 力を入れる 힘을 쏟다 | 製菓店 제과점

男の人が話しています。

男　世界で多くの人に愛され続けたダイヤモンド。科学の発展と共に合成ダイヤモンドの生産が可能となり注目を集めています。価格は天然ダイヤモンドの半額ほどで、海外では合成ダイヤモンド産業への投資が注目を集めています。この合成ダイヤモンドは最新の判定機具を駆使しても天然ダイヤモンドと判別されてしまいます。なぜなら、科学的、物質的

여자가 이야기하고 있습니다.

여　예전에는 회사에서 의리로 주는 초콜릿은 직장의 윤활유였죠. 하지만 요즘 밸런타인데이 초콜릿이 원인이 돼서 상사로부터 괴롭힘을 당했다고 호소하는 사람들이 늘고 있습니다. 이 때문에 직원 사이에서 초콜릿을 주고받는 것을 금지하는 회사가 늘고 있는 것 같습니다. 또 이 영향으로 밸런타인데이의 시장 규모가 4년 연속 축소되고 있습니다. 그런 가운데 각 대형 백화점들이 살아 남기 위한 비책을 내놓고 있습니다. 남에게 줄 초콜릿을 사는 것이 아니라, 본인이 그 자리에서 먹을 초콜릿이나 SNS 업로드를 의식한 상품을 각 회사가 출시하고 있습니다. 이것으로 밸런타인데이를 즐기는 방식이 하나 더 늘었네요.

여자는 무엇에 대해서 이야기하고 있습니까?

1　회사 내에서의 괴롭힘에 대한 주의 환기에 대해서
2　변화하는 밸런타인데이 초콜릿 주고받기에 대해서
3　세계의 경제를 크게 움직이는 밸런타인데이의 상업 경쟁에 대해서
4　초콜릿 구입객 확보에 힘을 쏟는 제과점에 대해서

남자가 이야기하고 있습니다.

남　세계에서 많은 사람들의 사랑을 받아 온 다이아몬드. 과학의 발전과 함께 합성 다이아몬드의 생산이 가능해져서 주목을 받고 있습니다. 가격은 천연 다이아몬드의 절반 가격 정도로 해외에서는 합성 다이아몬드 산업에 대한 투자가 주목을 받고 있습니다. 이 합성 다이아몬드는 최신 판정 기구를 사용해도 천연 다이아몬드로 판별됩니다. 왜냐하면 과학적, 물질적 특성은 완전히 같은, 다시 말해 탄소의

特性は全く同じ、つまり炭素の結晶だからです。天然ダイヤモンドは地球の内部で何十億年かかるところを、合成ダイヤモンドは工場で数週間程でつくることができます。合成ダイヤモンドの出現でダイヤモンドの価格が下落するのを見越し、質屋は買い取りを強化しています。駆け込み客が訪れていますが、客も店も頭を悩ませています。もう合成ダイヤモンドが入っている前提で価格が決まっている状態なので、価格自体が下がっているからです。

결정체이기 때문입니다. 천연 다이아몬드는 지구의 내부에서 몇 십억 년 걸리지만, 합성 다이아몬드는 공장에서 몇 주일 정도 만에 만들 수 있습니다. 합성 다이아몬드의 출현으로 다이아몬드의 가격이 하락할 것으로 전망해 전당포는 매입을 강화하고 있습니다. 손님들이 앞다투어 방문하고 있지만, 손님도 가게도 골머리를 앓고 있습니다. 이미 합성 다이아몬드가 들어왔다는 전제하에 가격이 결정되고 있는 상황이라서 가격 자체가 내려가 있기 때문입니다.

男の人は何について話していますか。

1 ダイヤモンドの価値を変えた合成ダイヤモンドについて
2 世界的に偽物のダイヤモンドが流通していることについて
3 合成ダイヤモンドの製造方法について
4 合成ダイヤモンドに投資をするリスクについて

남자는 무엇에 대해서 이야기하고 있습니까?

1 다이아몬드의 가치를 바꾼 합성 다이아몬드에 대해서
2 세계적으로 가짜 다이아몬드가 유통되고 있는 것에 대해서
3 합성 다이아몬드의 제조 방법에 대해서
4 합성 다이아몬드에 투자하는 위험에 대해서

科学 과학 | 発展 발전 | 〜と共に 〜와 함께 | 合成 합성 | 生産 생산 | 注目を集める 주목 받다 | 価格 가격 | 天然 천연
半額 절반 가격 | 産業 산업 | 投資 투자 | 判定 판정 | 機具 기구 | 駆使する 구사하다, 사용하다 | 判別する 판별하다 | 科学的 과학적
物質的 물질적 | 特性 특성 | 炭素 탄소 | 結晶 결정 | 何十億年 몇 십억 년 | 出現 출현 | 下落する 하락하다 | 見越す 전망하다
質屋 전당포 | 買い取り 매입 | 強化する 강화하다 | 駆け込み 몰려듦 | 前提 전제 | 状態 상태 | 自体 자체 | 価値 가치 | 偽物 가짜
流通する 유통되다 | 製造 제조 | リスク 위험

問題4

1番

男　この豚骨ラーメン、こってりしてて病みつきになるよ。

女　1 私はあっさりした性格の方が好きだな。
　　2 私は、脂っこくて胃もたれしそうよ。
　　3 私はさばさばしてるってよく言われてる。

문제4

1번

남　이 돼지 육수 라면, 진한 맛이 중독된다.

여　1 나는 시원시원한 성격이 좋은데.
　　2 나는 느끼해서 속이 안 좋아질 것 같아.
　　3 나는 털털하다는 소리 자주 들어.

豚骨 돼지 뼈 | こってり 맛이 진함 | 病みつきになる 습관이 되다, 중독되다 | あっさり 산뜻함, 시원스러움
脂っこい 기름지다, 느끼하다 | 胃もたれ 속이 더부룩함 | さばさば 소탈함, 털털함

2番

男　うちの弟、昨日から寝込んでるんだ。

2번

남　내 동생 어제부터 몸져누웠어.

女 1 それは、大変ね。病院には行ったの？
　 2 ちょっと、寝すぎじゃない？
　 3 まだ、夏休み気分がぬけないのかしら。

여 1 그거 큰일이네. 병원에는 가 봤어?
　 2 좀 너무 많이 자는 거 아니야?
　 3 아직 여름방학 기분이 안 가셨나?

寝込む 앓아눕다 | ～すぎ 너무 ～함, 지나치게 ～함 | 気分がぬけない 기분이 가시지 않다

3番

女 この前、お母さんに悩みを相談したら、すぐに解決しちゃったよ。お母さんってすごいよね。
男 1 やっぱり、お父さんは役立たずだよ。
　 2 お母さんは無能なんかじゃないよ。
　 3 そうね、母は偉大だってよく言うしね。

3번

여 얼마 전에 엄마한테 고민을 상담했더니 금방 해결이 됐어. 엄마는 대단해.
남 1 역시 아빠는 도움이 안돼.
　 2 엄마는 무능하지 않아.
　 3 맞아. 엄마는 위대하다고들 말하잖아.

解決 해결 | 役立たず 도움이 되지 않음 | 無能 무능함 | 偉大 위대함

4番

女 なんか最近、山田さんに避けられてる気がするんだよね。嫌われたのかな。
男 1 僕も山田さんのことはちょっと好きになれないな。
　 2 山田さん、最近、恋愛の悩みが絶えないらしいよ。
　 3 え、この前君のこと褒めてたよ。君の早とちりなんじゃない？

4번

여 왠지 요즘 야마다 씨가 날 피하는 것 같은 느낌이 들어. 내가 싫은 건가?
남 1 나도 야마다 씨는 아무래도 좋아지질 않아.
　 2 야마다 씨, 요즘 연애 고민이 끊이질 않나 봐.
　 3 응? 지난 번에 너 칭찬하던데. 네가 지레짐작하는 거 아니야?

避ける 피하다 | 恋愛 연애 | 悩み 고민 | 絶える 끊어지다, 끝나다 | 褒める 칭찬하다 | 早とちり 지레짐작

5番

女 いつも部長は人を見下した態度をとるのよ。本当に気分が悪い。
男 1 具合が悪いなら、今日は早退した方がいいんじゃない？
　 2 誰にでもそうだから気を落とさないでね…。
　 3 部長は背が高いから、しょうがないよ。

5번

여 항상 부장님은 사람을 깔보는 태도로 대해. 진짜 기분 나빠.
남 1 몸이 안 좋으면 오늘은 조퇴하는 편이 좋지 않아?
　 2 누구한테나 그러니까 기분 나빠하지 마.
　 3 부장님은 키가 크니까 어쩔 수 없어.

見下す 내려다보다, 깔보다 | 態度をとる 태도를 취하다 | 気分が悪い 기분이 나쁘다 | 早退する 조퇴하다
気を落とす 실망하다, 낙담하다

6番

女 　この手袋、いいでしょう。昨日、夜なべして
　　作ったの。

男 　1　冬といえば鍋だよね。今度、僕も呼んでよ。
　　2　早起きは三文の徳っていうからね。
　　3　素敵だけど、寝不足なんじゃないの？

6번

여 　이 장갑 괜찮지? 어제 밤 새워서 만들었어.

남 　1　겨울하면 찌개지. 다음에는 나도 불러줘.
　　2　일찍 일어나는 새가 벌레를 잡아 먹는다고 하잖아.
　　3　멋지기는 한데, 수면 부족 아니야?

手袋 장갑｜夜なべする 밤을 새워 작업하다｜早起きは三文の徳 부지런하면 득이 있다｜寝不足 잠이 부족함

7番

男 　この前、カーペットに蜂蜜こぼして、そのま
　　まなんだ。

女 　1　どうりでこのカーペット、べたべたしてる
　　　と思った。
　　2　思ったより、さらさらしてて、手触りがい
　　　いね。
　　3　やっぱりクリーニングしたてはふわふわで
　　　気持ちいいね。

7번

남 　지난번에 카펫에 벌꿀을 쏟고 그대로 뒀어.

여 　1　어쩐지 이 카펫 끈적끈적하더라.
　　2　생각보다 보송보송하고 촉감이 좋네.
　　3　역시 막 세탁한 건 포근해서 좋아.

蜂蜜 벌꿀｜こぼす 흘리다｜どうりで 어쩐지, 그래서｜べたべた 끈적끈적함｜さらさら 보송보송함｜手触りがいい 촉감이 좋다
〜たて 막 〜함, 〜한 지 얼마 안 됨｜ふわふわ 포근함

8番

女 　疲労回復には、ねばねばしたものがいいらし
　　いよ。

男 　1　じゃ、スーパーで魚でも買ってこようかな。
　　2　納豆に、そんな効果があったなんて知らな
　　　かったよ。
　　3　僕、ミントガムが好きだからちょうどよか
　　　ったよ。

8번

여 　피로회복에는 끈끈한 게 좋대.

남 　1　그럼 슈퍼에서 생선이라도 사 올까?
　　2　낫토에 그런 효과가 있는 줄은 몰랐네.
　　3　나 민트껌 좋아하니까 마침 잘 됐다.

疲労 피로｜回復 회복｜ねばねば 끈적끈적함, 끈기가 있음｜納豆 낫토｜効果 효과｜ミントガム 민트껌

9番

女 　すいませんが、狭いのでもう少し席を詰めて
　　いただけませんか。

男 　1　すいません、気づきませんでした。
　　2　広さは、まあまあですね。
　　3　ありがとうございます。いただきます。

9번

여 　죄송하지만, 좁아서 그런데 조금만 자리를 좁혀 주
　　시겠어요?

남 　1　죄송해요, 몰랐어요.
　　2　넓이는 그냥저냥이네요.
　　3　고맙습니다. 잘 먹겠습니다.

詰める 좁히다 | 気づく 깨닫다, 알아차리다 | 広さ 넓이 | まあまあ 그럭저럭, 그냥저냥

10番

女 　失礼致します。お茶ですが、おひとつどうぞ。

男 1 ありがとうございます。私、コーヒー好き
　　　なんですよ。
　　2 あ、どうも。お構いなく。
　　3 お茶を出すなんて、失礼じゃありませんか。

お構いなく 신경 쓰지 마세요

10번

여 　실례합니다. 차 좀 드세요.

남 1 감사합니다. 저, 커피 좋아하거든요.
　　2 아, 감사합니다. 너무 신경쓰지 마세요.
　　3 차라니, 실례 아니에요?

11番

男 　心なしか、みんな浮き立ってるね。

女 1 そうね。みんな泳ぐの上手で、うらやましい。
　　2 期末テスト前だから、しょうがないんじゃ
　　　ない。
　　3 忘れたの？ 今日はバレンタインデーよ。

心なし 기분 탓, 그렇게 생각해서 그런지 | 浮き立つ 들뜨다, 흥분하다 | 期末 기말

11번

남 　기분 탓인지, 모두 들떠 있는 것 같은데.

여 1 맞아. 다들 수영 잘해서 부럽다.
　　2 기말고사 전이니까 어쩔 수 없잖아.
　　3 잊었어? 오늘 밸런타인데이잖아.

12番

男 　部長はなんでそんなにせかせかしてるんだ？

女 1 今月、何かと物入りで節約してるんだって。
　　2 突然、大きな商談に問題が生じたらしいよ。
　　3 部長、鬱病で通院してるらしいよ。

せかせか 안절부절 못함 | 何かと 이것저것, 여러 가지로 | 物入り 비용이 듦, 돈이 듦 | 節約する 절약하다 | 突然 갑자기
商談 거래 상담 | 問題が生じる 문제가 발생하다 | 鬱病 우울증 | 通院する 통원하다, 병원에 다니다

12번

남 　부장님은 왜 그렇게 안절부절 못하는 거야?

여 1 이번 달에 여러 가지 일이 있어서 절약하고 있대.
　　2 갑자기 큰 거래 상담에 문제가 생겼나 봐.
　　3 부장님 우울증 때문에 병원에 다니고 있대.

13番

男 　太陽がじりじりと照り付けてるね。

女 1 そうね。真夏だから日差しが強いね。
　　2 そうね。日当たりが悪いから暗いね。
　　3 そうね。梅雨だから憂鬱になるね。

太陽 태양 | じりじり 쨍쨍 | 照り付ける 내리쬐다 | 真夏 한여름 | 日差し 햇살, 햇볕 | 日当たりが悪い 햇볕이 잘 안 든다
憂鬱 우울함

13번

남 　태양이 쨍쨍 내리쬐네.

여 1 그러네. 한여름이라서 햇빛이 강하다.
　　2 그러네. 해가 잘 안 들어서 어둡네.
　　3 그러네. 장마라서 우울해져.

14番

男　洋子、なんでいじけてるんだ？

女　1　この前の国語のテストで100点とったからよ。

　　2　化粧して学校に行くことを注意したら、すねちゃったのよ。

　　3　好きな人に告白されたんだって。

14번

남　요코는 왜 시무룩해 있어?

여　1　지난번 국어 시험에서 100점 맞았거든.

　　2　화장하고 학교에 가는 거 주의 줬더니 삐쳤어.

　　3　좋아하는 사람한테 고백 받았대.

いじける 시무룩하다 | 化粧する 화장하다 | 注意する 주의를 주다 | すねる 토라지다, 삐치다 | 告白する 고백하다

問題5

1番

薬局で男の薬剤師と女の人が花粉症対策について話しています。

女　すいません。目もかゆいし、鼻水とくしゃみが止まらなくて…。

男　花粉症のようですね。では、こちらの「花粉ブロック」はいかがですか。粉薬ですので胃で溶ける時間が早く速攻性があります。ですが、眠くなる成分が入っていますので運転中の使用は避けてください。

女　飲みやすくて眠くならないものもありますか。

男　それなら、「アレルギン」がいいですよ。効果の持続性はこちらの方がいいですが、先ほどの物に比べると効き目が弱いかもしれませんね。少々苦いのも特徴です。眠くはなりませんが、体がだるくなる成分が入っていますので、やる気が出なくなるかもしれませんね。

女　飲み薬だけじゃなく、他のアプローチもありますか。

男　目のかゆみや充血などには、「アレルック」という目薬もおすすめです。アレルギー症状の緩和に効果がありますよ。

女　へえ～。他にもありますか。

男　「ハナガード」も最近売れていますね。患部に的確に噴射できるスプレータイプでアレルギーの炎症を抑える効果があります。鼻の血管を収縮させて鼻の通りをよくするので辛い鼻づまりの方に最も人気がある商品です。

문제5

1번

약국에서 남자 약사와 여자가 꽃가루 알레르기 대책에 대해서 이야기하고 있습니다.

여　저기요, 눈도 가렵고, 콧물이랑 재채기가 멈추지를 않아서요.

남　꽃가루 알레르기인 것 같군요. 그럼 이 '꽃가루 블록'은 어떠세요? 가루약이라서 위에서 녹는 시간이 빨라 효과가 일찍 나타나요. 하지만 졸린 성분이 들어 있으니까 운전 중에는 사용하지 마세요.

여　먹기 편하면서 졸리지 않은 것도 있나요?

남　그럼 '알레르긴'이 괜찮아요. 효과가 오래 지속되는 건 이쪽이 더 좋은데, 아까랑 비교했을 때 효과는 덜할지도 몰라요. 조금 맛이 쓴 것도 특징이고요. 졸리지는 않은데, 몸이 나른해지는 성분이 들어있어서 무기력해질지도 모르겠네요.

여　먹는 약 말고 다른 방법도 있나요?

남　눈의 가려움증이나 충혈 등에는 '알레룩'이라는 안약도 좋아요. 알레르기 증상 완화에 효과가 있어요.

여　그렇구나. 또 다른 게 있나요?

남　'하나가드'도 요즘 잘 팔려요. 환부에 정확히 분사할 수 있는 스프레이 타입이고 알레르기 염증을 억제시키는 효과가 있어요. 코의 혈관을 수축시켜서 코가 잘 뚫리게 하니까 괴로운 코막힘 증상이 있는 분들께 가장 인기가 있는 상품이에요.

여　전 쓴 약을 잘 못 먹는데다가 운전도 해서 저건 안 되겠네요. 눈은 안경으로 어떻게든 견뎌 보고, 역시 전 이걸로 할래요. 이거 주세요.

女 私、苦いの苦手で、しかも運転もするのであればだめですね。目の方は眼鏡で何とかしのぐとして…。やっぱり私はこれに決めました。これください。

女の人はどれを買いますか。

1 花粉ブロック
2 アレルギン
3 アレルック
4 ハナガード

여자는 어떤 것을 삽니까?

1 꽃가루 블록
2 알레르긴
3 알레룩
4 하나가드

薬局 약국	薬剤師 약사	花粉症 화분증, 꽃가루 알레르기	対策 대책	かゆい 가렵다	鼻水 콧물	くしゃみ 재채기	粉薬 가루약
胃 위	溶ける 녹다	速攻性 효과가 빠름	成分 성분	使用 사용	避ける 피하다	効果 효과	持続性 지속성	先ほど 아까
効き目 약효, 효능	特徴 특징	だるい 나른하다, 늘어지다	やる気 의욕	飲み薬 먹는 약	アプローチ 접근 방법	充血 충혈
目薬 안약	アレルギー 알레르기	症状 증상	緩和 완화	患部 환부	的確に 정확하게	噴射 분사	スプレー 스프레이
炎症 염증	抑える 억제시키다, 진정시키다	血管 혈관	収縮する 수축하다	鼻づまり 코막힘	眼鏡 안경	しのぐ 견디다, 참다

2番

携帯売り場で男の店員と女のお客が話しています。

女 すいません。うちの子に持たせるキッズ携帯を探しているんですが…。

男 では、こちらなんてどうですか。押ボタン式で機能がシンプルなので、小さなお子様でも簡単に使いこなせますよ。

女 そうですか。うちの子、スマホに憧れがあるみたいで、タッチパネルの携帯の中では何がおすすめですか。

男 そうですね。これなんかいいですよ。写真を撮るのがお好きなお子様でしたら、カメラも1200万画素で、手ぶれ防止機能もついてるんですよ。

女 うちの子、写真には興味ないみたいです。それより携帯持ったら勉強をせずにスマホゲームに夢中になってしまいそうで…。

男 それでしたら、使用時間が設定できたり、アプリ毎に利用可否が設定できる携帯もありますよ。さらに深刻な場合でしたら、インターネット自体ができない携帯もございますよ。

女 親が管理できるんですね。アプリの課金などで高額請求になるのも怖いですし、いいですね、それ。他にもおすすめ、ありますか。

男 年齢によってウェブサイトの閲覧制限がかけ

2번

휴대폰 매장에서 남자 직원과 여자 손님이 이야기하고 있습니다.

여 저기요. 우리 아이에게 줄 키즈폰을 찾고 있는데요.

남 그럼 이런 건 어떠세요? 누르는 버튼식이고 기능이 간단해서 어린 자녀분들도 간단하게 사용할 수 있어요.

여 그래요? 우리 아이는 스마트폰을 갖고 싶어하던데, 터치 패널 휴대폰 중에서는 뭐가 좋을까요?

남 그러시다면 이것도 괜찮아요. 사진 찍는 걸 좋아하는 자녀분이라면, 카메라도 1200만 화소에다가, 손떨림 방지 기능도 갖춰져 있어요.

여 우리 아이는 사진에는 관심이 없는 것 같아요. 그것보다 휴대폰 생기면 공부는 안하고 휴대폰 게임만 할 것 같아서….

남 그러시다면, 사용 시간을 설정할 수 있거나 어플마다 이용 동의 여부를 설정할 수 있는 휴대폰도 있습니다. 더 심각한 경우시라면 인터넷 자체가 안 되는 휴대폰도 있고요.

여 부모가 관리할 수 있군요. 어플 과금 등으로 고액이 청구되는 것도 무섭고, 괜찮겠네요, 그거. 또 추천할 만한 게 있을까요?

남 연령에 따라 웹 사이트 열람이 제한되는 휴대폰도 있습니다. 그리고 이쪽 같은 경우는 GPS 기능으로 현재 위치를 검색할 수 있어서 방범면에서 매우 인기가 있는 상품이에요.

られる携帯もございますよ。また、こちらな
んかはGPS機能で居場所検索などができ、防
犯面でとても人気の商品ですよ。

女　うちの子、いつもどこで何してるのか分からな
いから、その機能もいいですね。う〜ん、どれ
もいいから悩むわ。でもきっとインターネット
は必要だけど、出会い系サイトとか有害サイト
にアクセスしてしまったら怖いから、うちの子
にはこの携帯を持たせようかしら。

女の人はどの携帯を買うことにしましたか。

1　使用時間制限のできる携帯
2　位置情報が把握できる携帯
3　ウェブブラウザー非搭載の携帯
4　ウェブフィルタリングができる携帯

持たせる 주다, 들려주다 | キッズ 키즈, 어린이 | 押ボタン式 누르는 버튼식 | 機能 기능 | 使いこなす 잘 다루다, 잘 쓰다
憧れ 동경, 바람 | タッチパネル 터치 패널 | 画素 화소 | 手ぶれ 손떨림 | 防止 방지 | 夢中になる 몰두하다, 열중하다 | 使用 사용
設定する 설정하다 | アプリ 앱, 어플리케이션 | 〜毎に 〜마다, 매〜 | 可否 동의 여부 | さらに 더욱 | 深刻だ 심각하다 | 自体 자체
管理 관리 | 課金 과금 | 高額 고액 | 請求 청구 | 年齢 연령 | ウェブサイト 웹 사이트 | 閲覧 열람 | 制限 제한 | GPS 위치 파악 시스템
居場所 있는 곳, 현재 위치 | 検索 검색 | 防犯 방범 | 出会い系サイト 데이트 사이트 | 有害 유해 | アクセスする 접속하다
位置情報 위치 정보 | 把握 파악 | ウェブブラウザー 웹 브라우저 | 非搭載 비탑재 | フィルタリング 필터링

3番

動物番組を見ながら男の人と女の人が話しています。

女1　今回はペットとしておすすめの上位4位をラ
ンキング形式でご紹介したいと思います。ま
ず第4位は、ビセイインコです。好奇心旺盛
で遊び好き。見た目が美しく鑑賞鳥としても
人気です。くちばしの力が強く、体の割に声
も大きいのが特徴です。第3位は、ミニウサ
ギです。おっとりした一面以外にも、機嫌が
悪くなると後ろ足で床をたたいたり、うなっ
てアピールしたりするなど、感情表現豊かで
す。気温の変化に弱くデリケートなので飼育
には注意が必要です。そして第2位は、ゴー
ルデンハムスターです。臆病な性格で動きも
素早いので手乗りにするよりも観賞用に向い
ています。寒さに弱く気温5度以下になると
冬眠してしまいます。コミュニケーションが
とりづらい種類ではありますが、ハムスター

여　우리 아이가 항상 어디에서 뭘 하고 있는지 모르니
까 그 기능도 괜찮겠네요. 음, 다 괜찮아서 고민되
네요. 하지만 분명 인터넷은 필요하지만 데이트 사
이트라든지 유해한 사이트에 접속하는 것도 무서우
니까 우리 아이에게는 이 핸드폰을 사 줄까?

여자는 어느 휴대폰을 사기로 했습니까?

1　사용 시간을 제한할 수 있는 휴대폰
2　위치 정보를 파악할 수 있는 휴대폰
3　웹 브라우저가 탑재되어 있지 않은 휴대폰
4　웹 필터링이 가능한 휴대폰

3번

동물 프로그램을 보면서 남자와 여자가 이야기하고 있습니다.

여1　이번에는 반려 동물로 추천하는 상위 4위를 랭킹
형식으로 소개하겠습니다. 우선 제4위는 붉은허리
앵무입니다. 호기심이 왕성하고 노는 걸 좋아합니
다. 자태가 아름다워서 관상용 새로서도 인기입니
다. 부리의 힘이 세고 체격에 비해 목소리가 큰 것
이 특징입니다. 제3위는 미니 토끼입니다. 유순한
면도 있지만 이외에도 기분이 안 좋아지면 뒷발로
바닥을 치거나, 끼끼거리며 어필하는 등 감정 표현
이 풍부합니다. 기온 변화에 약하고 예민하기 때문
에 사육할 때는 주의할 필요가 있습니다. 그리고 제
2위는 골든 햄스터입니다. 겁이 많은 성격에 움직
임도 재빠르기 때문에 손바닥에 올려 놓고 보기 보
다는 관상용이 좋습니다. 추위에 약해서 기온이 5
도 이하가 되면 동면을 하게 됩니다. 커뮤니케이션
을 하기 힘든 종류이긴 합니다만, 햄스터 중에서 가
장 작고 귀여운 외모로 매우 인기가 높은 종류입니
다. 그리고 제1위는 보더 콜리입니다. 조금 신경질

164

の中で最も小さく可愛らしい見た目から、非常に人気が高い種類です。そして第1位は、ボーダー・コリーです。少々、神経質で自尊心が強いのが特徴です。人見知りする面もありますが、家族に対しては従順で優しい性格です。やや吠えやすいですが、服従訓練で矯正することができ、また機敏で番犬にもなります。

男　一人暮らしだし、ペットを飼うとするならやっぱり留守の家を守ってくれる動物がいいな。でも僕の家は防音じゃないから、うるさい動物はだめだし。

女2　そうね。全く音を出さない動物じゃないと近所迷惑よね。それより、あなた家にあまりいないじゃない。

男　そうなんだよ。忙しくてあまり動物にかまってあげられないんだよな。

女2　そういうの、寂しがりやで繊細な動物だったら、ストレスたまっちゃうよ。しかも、あなたの部屋って、寒いでしょう？

男　ああ。さすがに僕も耐えかねてヒーター買っちゃったよ。だから、僕は見るだけで癒されるあの動物を飼おうかなあ。

女2　私は、小さな妹がいるから、よくなついて意思相通がとれる動物がいい。やっぱり、私は頭がいいあの子をペットにしようかな。

質問1　男の人はどの動物が飼いたいと言っていますか。

1　ビセイインコ
2　ミニウサギ
3　ゴールデンハムスター
4　ボーダー・コリー

質問2　女の人はどの動物が飼いたいと言っていますか。

1　ビセイインコ
2　ミニウサギ
3　ゴールデンハムスター
4　ボーダー・コリー

적이고 자존심이 강한 것이 특징입니다. 낯가림을 하기도 하지만, 가족한테는 순종적이고 착한 성격입니다. 다소 잘 짖기는 하지만 복종 훈련으로 교정할 수 있고, 또 눈치가 빠르고 날쌔서 집을 지키는 개로도 알맞습니다.

남　혼자 살고 있고, 반려 동물을 기른다면 역시 집이 비었을 때 집을 지켜주는 동물이 좋을 것 같아. 하지만 우리 집은 방음이 안 되어 있어서 시끄러운 동물은 안 되는데.

여2　그렇겠네. 전혀 소리를 내지 않는 동물이 아니면 이웃에게 민폐가 되지. 그것보다 너 집에 별로 없잖아?

남　맞아. 바빠서 별로 동물을 돌봐줄 수가 없어.

여2　그렇게 하는 거, 외로움을 타고 섬세한 동물 같으면 스트레스 쌓여. 게다가 네 방 춥지 않아?

남　아, 도저히 나도 참을 수가 없어서 히터 샀어. 그러니까 난 보기만 해도 힐링되는 저 동물을 길러볼까?

여2　나는 어린 여동생이 있으니까 잘 따르고 의사소통할 수 있는 동물이 좋아. 역시, 나는 머리가 좋은 저 아이를 반려 동물로 할까?

질문1　남자는 어떤 동물을 기르고 싶다고 말하고 있습니까?

1　붉은허리앵무
2　미니 토끼
3　골든 햄스터
4　보더 콜리

질문2　여자는 어떤 동물을 기르고 싶다고 말하고 있습니까?

1　붉은허리앵무
2　미니 토끼
3　골든 햄스터
4　보더 콜리

上位(じょうい) 상위 | ランキング 순위 | 形式(けいしき) 형식 | ビセイインコ 붉은허리앵무 | 好奇心(こうきしん) 호기심 | 旺盛(おうせい) 왕성함 | 見(み)た目(め) 겉보기, 외견

鑑賞鳥(かんしょうちょう) 감상하는 새 | くちばし 부리 | 〜の割(わり)に 〜에 비해 | ミニウサギ 미니 토끼 | おっとり 유순함 | 一面(いちめん) 일면, 한쪽 면

機嫌(きげん)が悪(わる)い 기분이 나쁘다 | 後(うし)ろ足(あし) 뒷다리 | 床(ゆか) 마루 | うなる 신음하다, 으르렁거리다 | アピールする 호소하다 | 感情表現(かんじょうひょうげん) 감정표현

デリケートだ 섬세하다, 예민하다 | 飼育(しいく) 사육 | ゴールデンハムスター 골든 햄스터 | 臆病(おくびょう)だ 겁이 많다 | 素早(すばや)い 재빠르다

手乗(ての)り 손에 올림 | 観賞用(かんしょうよう) 감상용 | 冬眠(とうみん)する 동면하다 | ボーダー・コリー 보더 콜리 | 神経質(しんけいしつ) 신경질적임 | 自尊心(じそんしん) 자존심

人見知(ひとみし)り 낯가림 | 従順(じゅうじゅん) 순종 | 吠(ほ)えやすい 잘 짖다 | 服従(ふくじゅう) 복종 | 訓練(くんれん) 훈련 | 矯正(きょうせい)する 교정하다, 고치다

機敏(きびん)だ 기민하다, 눈치가 빠르고 날쌔다 | 番犬(ばんけん) 집 지키는 개 | 防音(ぼうおん) 방음 | 近所迷惑(きんじょめいわく) 이웃에 폐가 됨 | かまう 돌보다

寂(さみ)しがりや 외로움을 많이 탐 | 繊細(せんさい)だ 섬세하다 | ストレスがたまる 스트레스가 쌓이다 | 耐(た)えかねる 참을 수 없다, 견딜 수 없다

ヒーター 히터 | 癒(いや)される 마음이 편안해지다 | なつく 잘 따르다, 잘 어울리다 | 意思相通(いしそうつう) 의사소통

問題 1

1番

<ruby>女<rt>おんな</rt></ruby>の<ruby>人<rt>ひと</rt></ruby>と<ruby>男<rt>おとこ</rt></ruby>の<ruby>人<rt>ひと</rt></ruby>が<ruby>忘年会<rt>ぼうねんかい</rt></ruby>について<ruby>話<rt>はな</rt></ruby>しています。<ruby>女<rt>おんな</rt></ruby>の<ruby>人<rt>ひと</rt></ruby>は<ruby>何<rt>なに</rt></ruby>をしますか。

男　忘年会の時何するか考えた？部署ごとにチームに分かれてしなきゃいけないらしいよ。大体こういうのって新入社員とか若手に任されるんだよね。

女　だから、私たち若手社員は頭が痛いですよ。しかも、優勝したチームには豪華賞品があるらしいんです。他の部署の子はもう決めたって言うし。先輩の時は何をされたんですか。

男　僕の時はその時流行ってた芸人のモノマネをしたよ。同じ部署の中でひょうきんなやつがいてさ。他の部署は替え歌とかクイズとかしてたな。ここで、上司達を盛り上げておくと株も上がるよ。

女　先輩はいいですね。私の同僚にはそんな人いないので…。営業部の子はそういうのいっぱい経験してるから有利ですね。

男　だったら、エアギターとか、無難にダンスとかはどう？佐藤君がダンス経験者って聞いたことがあるけど。頼んでみたら？

女　それもいいですね。ただ、少しインパクトに欠けますかね。

男　だったら、恥を捨ててモノマネする？あ、手品もいいんじゃない？

女　そうですね。手品だったら、練習すればできますもんね。

<ruby>女<rt>おんな</rt></ruby>の<ruby>人<rt>ひと</rt></ruby>は<ruby>何<rt>なに</rt></ruby>をしますか。

1 <ruby>芸能人<rt>げいのうじん</rt></ruby>のモノマネの<ruby>練習<rt>れんしゅう</rt></ruby>をする
2 <ruby>流行<rt>りゅうこう</rt></ruby>している<ruby>曲<rt>きょく</rt></ruby>で<ruby>替<rt>か</rt></ruby>え<ruby>歌<rt>うた</rt></ruby>を<ruby>考<rt>かんが</rt></ruby>える
3 <ruby>佐藤<rt>さとう</rt></ruby>君にダンスをしてほしいと<ruby>頼<rt>たの</rt></ruby>む
4 マジックを<ruby>練習<rt>れんしゅう</rt></ruby>する

문제1

1번

여자와 남자가 송년회에 대해서 이야기하고 있습니다. 여자는 무엇을 합니까?

남　송년회 때 뭐 할지 생각했어? 부서별로 팀을 나눠서 해야 하나 봐. 보통 이런 건 신입사원이나 젊은 사람들에게 맡기지 않나?

여　그러니까 우리 같은 젊은 사원들이 머리가 아픈 거죠. 게다가 우승한 팀한테는 호화 상품이 있대요. 다른 부서 사람들은 이미 정했다고 하고. 선배님 때는 뭐 했어요?

남　우리 때는 그 때 유행하던 개그맨 성대모사를 했어. 같은 부서에 웃기는 애가 있어서. 다른 부서는 노래 가사 바꿔 부르기나 퀴즈 같은 거 했었어. 여기서 상사들 분위기 띄워 주면 점수 딸 수 있어.

여　선배님은 좋겠네요. 제 동료 중에는 그런 사람이 없어서…. 영업부 사람들은 그런 거 많이 경험하니까 유리하겠어요.

남　그럼 기타 연주 흉내나 무난하게 댄스는 어때? 사토 씨가 댄스 경험자라는 이야기를 들은 적이 있는데. 부탁해 보면 어때?

여　그것도 괜찮겠네요. 다만 조금 임팩트가 부족할 것 같아요.

남　그럼 창피함 무릎 쓰고 성대모사 할래? 아, 마술도 괜찮지 않아?

여　그렇겠네요. 마술이라면 연습하면 할 수 있으니까요.

여자는 무엇을 합니까?

1 연예인의 성대모사를 한다
2 유행하는 노래로 가사 바꿔 부르기를 생각한다
3 사토 씨에게 춤을 춰 달라고 부탁한다
4 마술을 연습한다

2番

女の人と男の人が会社で話しています。女の人は
この後まず何をしますか。

男　山田君、ちょっといいかい。この前、新入社
　　員に頼んでおいた企画書の書類に記入漏れが
　　あったから、君が直しておいてくれるかな。

女　そうですか。ですが、今、明後日の会議の資
　　料作りで手が離せなくて…。この後でもよろ
　　しいですか。

男　そうか、できれば、こっち優先でお願いした
　　いんだが。手間は取らせないよ。ほんの２０
　　分程度だから。

女　分かりました。

男　それから、工場から連絡があって新製品の生
　　産が追いついていないらしいんだ。手が空い
　　ている時でいいから、生産状況の確認と取引
　　先への連絡を頼むよ。

女　部長、今日は業務が多すぎて、どれも今日中
　　に終えることができるかどうか…。

男　そうか。すまないね。じゃあ、やっぱり生産
　　状況の確認は田中君に頼むから、君は取引先
　　への連絡を頼むよ。

女の人はこの後まず何をしますか。

1　記入漏れの書類に書き込む
2　明後日の会議で必要な書類を作成する
3　工場に新製品の生産状況を確認しに行く
4　新製品の生産状況を取引先に連絡する

2번

여자와 남자가 회사에서 이야기하고 있습니다. 여자는 이후
에 먼저 무엇을 합니까?

남　야마다 씨, 잠깐 괜찮나? 지난번에 신입사원에게
　　부탁해 둔 기획서 서류에 기입이 누락된 게 있는데
　　야마다 씨가 좀 고쳐 줄 수 있겠나?

여　그래요? 그런데, 지금 모레 있을 회의 자료를 만드
　　느라 겨를이 없어서…. 이 다음에 해도 괜찮을까
　　요?

남　그래? 될 수 있으면 이걸 먼저 부탁하고 싶은데. 오
　　래 걸리지 않을 거야. 불과 20분 정도니까.

여　알겠습니다.

남　그리고 공장에서 연락이 왔는데 신제품 생산이 따
　　라가질 못하고 있나 봐. 시간 날 때 해도 괜찮으니
　　까 생산 상황 확인이랑 거래처한테 연락 좀 부탁하
　　겠네.

여　부장님, 오늘은 업무가 너무 많아서 어느 쪽도 오늘
　　중으로 끝날지 어떨지….

남　그래? 미안하군. 그럼 역시 생산 상황 확인은 다나카
　　씨한테 부탁할 테니 자네는 거래처에 연락해주게.

여자는 이후에 먼저 무엇을 합니까?

1　서류에 빠진 곳을 써 넣는다
2　모레 회의에서 필요한 서류를 작성한다
3　공장에 신제품 생산 상황을 확인하러 간다
4　신제품의 생산 상황을 거래처에 연락한다

3番

ウェブデザインの会社で男の人と女の人が請求書について話しています。男の人はこの後まず何をしますか。

男　先輩、お忙しいところ、申し訳ありませんが、今お時間よろしいですか。

女　うん、大丈夫だけど。

男　請求書ができたんですが、見ていただけますか。

女　うん。いいよ。請求金額と消費税はこれでいいとして…。う〜ん。この案件、向こう側と何回ミーティングしたの？

男　4回ですが。

女　もちろん、そのたびにデザインを修正し直したんだよね？これだと、1回でこの値段だと先方に思われちゃうよ。ホームページデザインと修正料別々に書かないと。こういう書類の商品名は相手に伝わるように書かないとだめだよ。

男　あ、気付きませんでした。

女　あと、会社の捺印がないけど。なくてもいい場合もあるけど一応もらった方がいいんじゃない？

男　先輩のチェックをもらってからにしようと思ってたんです。

女　それから、請求書の発行日がないけど。まさか、書いた日付にしようと思ってないよね？

男　あ、それが、まだ先方の請求締日を教えてもらえてなくって、分かり次第連絡が来るそうなので、あえて、書いてないというか…。まだ書けないというか…。

女　そっか。そしたら、さっきの点だけ直して、空欄、埋められたら、部長に持っていくといいよ。

男の人はこの後まず何をしますか。
1　請求書の品目欄を細かく分ける
2　部長に会社の捺印をもらいに行く
3　請求書発行日を今日の日付で書く
4　先方に連絡して請求締日を教えてもらう

3번

웹 디자인 회사에서 남자와 여자가 청구서에 대해서 이야기하고 있습니다. 남자는 이후에 먼저 무엇을 합니까?

남　선배님, 바쁘신데 죄송합니다만, 지금 시간 괜찮으세요?

여　응, 괜찮아.

남　청구서 만들었는데 봐 주시겠어요?

여　응, 알았어. 청구 금액과 소비세는 이걸로 괜찮다고 치고, 음, 이 안건 상대측이랑 몇 번 미팅했지?

남　4번이요.

여　물론 그 때마다 디자인을 다시 수정했지? 이렇게 하면 한 번에 이 가격이라고 상대편이 생각할 거야. 홈페이지 디자인하고 수정 요금을 따로따로 써야 해. 이런 서류의 상품명은 상대방에게 잘 전달되도록 써야 해.

남　아, 미처 몰랐어요.

여　그리고 회사 날인이 없는데. 없어도 괜찮은 경우도 있지만 일단 받는 편이 좋지 않을까?

남　선배님께 체크 받은 후에 하려고 생각하고 있었어요.

여　그리고 청구서 발행일이 없는데. 설마 쓴 날짜로 하려는 건 아니겠지?

남　아, 그게요, 아직 상대측이 청구마감일을 알려주지 않아서, 알면 바로 연락이 올 것 같아서 굳이 안 썼다고 해야 하나, 아직 쓸 수가 없다고 해야 하나….

여　그래? 그럼 아까 그 부분만 고치고 공란 메워서 부장님께 가져가면 되겠어.

남자는 이후에 먼저 무엇을 합니까?
1　청구서 품목란을 세세하게 나눈다
2　부장님한테 회사 날인을 받으러 간다
3　청구서 발행일을 오늘 날짜로 적는다
4　상대측에 연락해서 청구마감일을 알려달라고 한다

ウェブデザイン 웹 디자인	請求書 청구서	請求金額 청구 금액	消費税 소비세	案件 안건	向こう側 상대측	修正 수정
値段 가격	先方 상대편, 거래처	ホームページ 홈페이지	修正料 수정료	別々に 따로따로	書類 서류	商品名 상품명
伝わる 전달되다	気付く 알아차리다	捺印 날인	発行日 발행일	まさか 설마	日付 날짜	締日 마감일	〜次第 〜하는 대로
あえて 굳이, 구태여	空欄 공란	埋める 채워 넣다, 메우다	品目欄 품목란	分ける 나누다, 구분하다		

<table>
<tr><td>

4番

男の人と女の人が話しています。男の人はこの後まず何をしますか。

女　はい、東京駅お忘れ物承りセンターです。

男　僕の友達が財布をなくしちゃったみたいで、そちらに届いていませんか。

女　では、まずお忘れ物をされた時の状況と財布の特徴を教えていただけますか。

男　なくしたのは東京駅から品川駅に行く途中だと思います。東京駅の改札口を通るまではあったと言っていましたから。特徴は黒色の二つ折りレザー財布で定期券が入っているそうです。

女　そうですか。確認してみたところ、こちらにはございませんね。なくしたのはいつ頃ですか。

男　それが1週間前なんです。その友人が外国人なので、どうしていいか分からず探すのが遅れてしまって…。

女　そうですか。数日経っても持ち主が現れなかった場合、警察署の遺失物取り扱い窓口へ引き渡されます。よろしければそちらへ行かれてはいかがでしょうか。

男　そうなんですね。知らなかったなあ。早速そうしてみます。

女　私どもも警察署と同様ですが、お受け取りの際には必ずご本人確認ができるものをお持ちになって、忘れ物をされたご本人と一緒にいらしてください。引き続き、こちらでもお探し致します。見つかり次第ご連絡差し上げますね。

男　はい、こちらでも心当たりを当たってみます。ご丁寧にありがとうございました。

男の人はこの後まず何をしますか。

1 男の人の身分証明書を持って東京駅に行く

</td><td>

4번

남자와 여자가 이야기하고 있습니다. 남자는 이후에 먼저 무엇을 합니까?

여　네, 도쿄 역 분실물 보관 센터입니다.

남　제 친구가 지갑을 잃어버린 것 같은데, 거기로 가지 않았나요?

여　그럼, 먼저 분실하셨을 때의 상황과 지갑의 특징을 알려 주시겠어요?

남　잃어버린 것은 도쿄 역에서 시나가와 역으로 가는 도중이었던 것 같아요. 도쿄 역 개찰구를 빠져나갈 때까지는 있었다고 하니까요. 특징은 검은색 반지갑으로 정기권이 들어 있다고 해요.

여　그러세요? 확인해 봤는데 이쪽에는 없네요. 잃어버린 건 언제쯤이세요?

남　그게 일주일 전이에요. 그 친구가 외국인이라 어떻게 해야 할지 몰라 찾는 게 늦어져서….

여　그러시군요. 며칠이 지나도 주인이 나타나지 않을 경우, 경찰서의 유실물 취급 창구로 넘어갑니다. 괜찮으시다면 그쪽에 가 보시는 건 어떠세요?

남　그렇군요. 몰랐네요. 당장 그렇게 할게요.

여　저희도 경찰서와 마찬가지인데, 받아가실 때는 반드시 본인 확인 할 수 있는 것을 지참하시고 분실하신 당사자와 함께 가세요. 이쪽에서도 계속해서 찾아 보겠습니다. 찾는 대로 바로 연락 드리겠습니다.

남　네. 저희도 짐작 가는 곳을 알아 볼게요. 친절히 응대해 주셔서 감사해요.

남자는 이후에 먼저 무엇을 합니까?

1 남자의 신분증을 가지고 도쿄 역에 간다
2 친구의 신분증을 가지고 친구와 경찰서에 간다
3 다시 한 번 도쿄 역에 가서 분실물을 찾아 본다
4 분실물이 발견될 때까지 역에서 연락이 오기를 기다린다

</td></tr>
</table>

2 友達の身分証明書を持って友達と警察署に行く
3 もう一回、東京駅に行って忘れ物を探してみる
4 忘れ物が見つかるまで駅からの連絡を待つ

お忘れ物 承 리センター 분실물 보관 센터 | 財布 지갑 | なくす 잃어버리다 | 状況 상황 | 特徴 특징 | 途中 도중 | 改札口 개찰구 | 黒色 검은색 | 二つ折り 접이식 | レザー 가죽 | 定期券 정기권 | 確認する 확인하다 | 数日 수일, 며칠 | 経つ 지나다, 경과하다 | 持ち主 주인 | 現れる 나타나다 | 警察署 경찰서 | 遺失物 유실물 | 取り扱い 취급 | 窓口 창구 | 引き渡す 넘겨주다, 양도하다 | 同様 마찬가지임 | 受け取り 수취함, 받음 | 〜の際 〜할 때 | 引き続き 계속해서, 이어서 | 見つかる 발견되다 | 心当たり 짐이는 데 당하다 | 当たる 알아보다, 조사하다 | 〜次第 〜하는 대로 | 身分証明書 신분증

5番

学校で男の先生と女の先生が修学旅行について話しています。男の先生はこの後まず何をしますか。

男 修学旅行の費用って高いんですね。保護者からクレームが来るかもしれないので、見積もりしなおさなきゃ。それにしても旅行会社の対応ってなんであんなに遅いんでしょうか。

女 そうなんです。去年、私が担当した時もそうでした。旅行会社も学校となると結構不慣れみたいで…。なので、私の時は、旅行会社にはバスの手配だけお願いして、後は先生たちで手分けして準備しましたよ。

男 それ、いいですね。早速2組の先生と相談して、そうできないか旅行会社とも打ち合わせしてみます。

女 今年は沖縄に行くんですよね。いいなあ。どんなことをするんですか。

男 今回、バナナボートやサトウキビの収穫体験など屋外でするプログラムが多いんですよ。

女 それなら、雨の時にする代替案を考えておいた方がいいですよ。早めにしないと修学旅行はみんな同じ時期にしますから、団体予約が必要なところは他校に取られちゃいます。

男 あ、そうですね。それは私の一存では決めかねますからね。早めにしたいんですけど。

女 あ、それから、安全面、衛生面は徹底した方がいいですよ。お手洗いの場所を確認したり、病院との連携をとったり、食べ物アレルギーの子がいたら大変なので、メニューの確認などもしておくといいですよ。

男 初めてなもので、勉強になります。週末、校長先生と下見に行ってくるので、その時して

5번

학교에서 남자 선생님과 여자 선생님이 수학 여행에 대해서 이야기하고 있습니다. 남자 선생님은 이후에 먼저 무엇을 합니까?

남 수학여행 비용이 비싸네요. 학부모들한테 컴플레인이 들어올지도 모르니까 견적을 다시 받아야겠어요. 그건 그렇고 여행사 대응이 왜 그렇게 느린 걸까요?

여 맞아요. 작년에 제가 담당했을 때도 그랬어요. 여행사도 학교 상대로 하는 건 익숙하지가 않은 것 같고…. 그래서 저희 때는 여행사에는 버스 예약만 부탁하고, 나머지는 선생님들끼리 나눠서 준비했어요.

남 그거 괜찮겠네요. 당장 2반 선생님과 상담해서 그렇게 할 수 있는지 여행사하고도 이야기해 볼게요.

여 올해는 오키나와에 가죠? 좋겠다. 어떤 걸 하나요?

남 이번에는 바나나 보트나 사탕수수 수확 체험 등 야외에서 하는 프로그램이 많아요.

여 그렇다면 비가 올 때를 대비해서 대체안을 생각하는 게 좋을 거예요. 일찌감치 하지 않으면 수학여행은 모두 같은 시기에 하니까 단체 예약이 필요한 곳은 다른 학교에게 뺏겨요.

남 아, 그렇군요. 그건 저 혼자서는 정할 수가 없어요. 빨리 하고 싶기는 한데.

여 아, 그리고 안전이나 위생은 철저하게 하는 게 좋아요. 화장실 위치를 확인하거나, 병원과 연계하거나, 음식 알레르기가 있는 학생이 있으면 큰일이니까 메뉴 확인 등도 해 두는 게 좋고요.

남 처음 하는 거라서 공부가 되네요. 주말에 교장 선생님과 사전 답사하러 가니까 그때 할게요. 선물도 사 올게요.

みます。お土産も買ってきますね。

男の先生はこの後まず何をしますか。

1 旅行会社に連絡して交通手段の手配だけしてもらう
2 雨天時にする代替案を考える
3 同学年のクラスの先生と自分たちで手配できるか相談する
4 校長先生と一緒に修学旅行先へ下調べをしに行く

남자 선생님은 이후에 먼저 무엇을 합니까?

1 여행사에 연락해서 교통수단 예약만 해달라고 한다
2 우천 시의 대체안을 생각한다
3 같은 학년 다른 반 선생님과 선생님들끼리 준비할 수 있는지 상담한다
4 교장 선생님과 함께 수학여행지에 사전 답사를 하러 간다

修学旅行 수학여행	費用 비용	保護者 보호자	クレーム 클레임, 불만	見積もり 견적	対応 대응	担当する 담당하다

修学旅行 수학여행 ｜ 費用 비용 ｜ 保護者 보호자 ｜ クレーム 클레임, 불만 ｜ 見積もり 견적 ｜ 対応 대응 ｜ 担当する 담당하다
不慣れ 익숙하지 않음, 서투름 ｜ 手配 수배, 준비 ｜ 手分けする 분담하다 ｜ 打ち合わせ 사전 회의, 타협 ｜ 沖縄 오키나와(지명)
バナナボート 바나나보트 ｜ サトウキビ 사탕수수 ｜ 収穫 수확 ｜ 体験 체험 ｜ 屋外 옥외, 야외 ｜ プログラム 프로그램 ｜ 代替案 대체안
早めに 빨리, 미리 ｜ 時期 시기 ｜ 団体予約 단체 예약 ｜ 他校 다른 학교 ｜ 私の一存では 혼자의 생각만으로는 ｜ 安全面 안전면
衛生面 위생면 ｜ 徹底する 철저히 하다 ｜ 確認する 확인하다 ｜ 連携をとる 연계하다 ｜ アレルギー 알레르기 ｜ 校長先生 교장 선생님
下見 예비 조사, 사전 답사 ｜ 手段 수단 ｜ 雨天時 우천 시 ｜ 下調べ 예비 조사, 사전 답사

6番

お母さんと息子が話しています。息子はこれからどうしますか。

男 母さん、今月の月謝まだかって、先生が。

女 あら、うっかりしてたわ。今、母さん、手持ちの現金がないのよ。明日、銀行行くつもりだけど、習字のお稽古、明日でしょ？間に合わないわね。あんたが３万円、立て替えておいてくれたら、母さん、明日銀行行って引き出してくるわ。

男 僕、そんな大金持ってないよ。今の手持ちが１万５千円だけど、明日の夜は友達と野球見に行くって言ってただろう？それで２千円は消えちゃうし。どっちみちないよ、そんなお金。

女 困ったわね。あ、そうだ。先月、お父さんが新しいゴルフウェアがほしいからってお小遣いの３万２千円を前借りしていったのよ。あんた、ちょっとお父さんに取り立てに行って。今、母さん晩御飯の準備で手が離せないから。残った分はあんたのお小遣いよ。

男 お、ラッキー。

息子はこれからどうしますか。

1 月謝３万円を母の代わりに払う
2 ３千円を母親に返金する

6번

엄마와 아들이 이야기하고 있습니다. 아들은 앞으로 어떻게 합니까?

남 엄마, 선생님이 이번 달 학원비 아직이냐고 하셔.

여 어머, 깜빡했네. 지금 엄마가 현금 가지고 있는 게 없어. 내일 은행에 갈 건데. 글씨 쓰기 교실은 내일이지? 그때까지 안 되겠네. 네가 3만 엔 먼저 내주면 엄마가 내일 은행에 가서 돈 뽑아 올게.

남 내가 그렇게 큰 돈이 어디 있어? 지금 가지고 있는 게 만 오천 엔인데 내일 밤에 친구랑 야구 보러 간다고 말했잖아? 그걸로 2천 엔은 쓸 거고. 어차피 없어. 그런 돈은.

여 곤란하네. 아, 맞다. 지난달에 아빠가 새 골프 웨어 사고 싶다고 하면서 용돈을 3만 2천 엔 가불해 갔어. 너 아빠한테 좀 받으러 갔다 와. 엄마 지금 저녁밥 준비해야 해서 바쁘니까. 나머지는 너 용돈 써.

남 아싸!

아들은 앞으로 어떻게 합니까?

1 학원비 3만 엔을 엄마 대신에 지불한다
2 3천 엔을 엄마한테 갚는다
3 아빠한테 3만 2천 엔을 받는다
4 아빠한테 용돈 3만 2천 엔을 가불한다

げっしゃ　매달 내는 수업료 | うっかりする 깜박하다 | て も
月謝 매달 내는 수업료 | うっかりする 깜박하다 | 手持ち 현재 수중에 있는 | げんきん 現金 현금 | しゅうじ 習字 습자, 글자 쓰기 | けいこ お稽古 배움, 강습
た か こづか まえ が と だ
立て替える 먼저 내다, 대신 치르다 | 引き出す 출금하다 | たいきん 大金 큰 돈 | どっちみち 어차피, 결국은 | ゴルフウェア 골프 웨어
こづか まえ が と た はな か
お小遣い 용돈 | 前借りする 가불하다 | 取り立て 거둠, 징수 | 手が離せない 손에서 일을 놓을 수 없다, 바쁘다 | 代わりに 대신에
へんきん
返金する 돈을 갚다

問題2

1番

カスタマーサービスセンターの男の人と女のお客
が話しています。男の人はお客に何を伝えていま
すか。

男　お待たせ致しました。カスタマーサービスセン
　　ターでございます。
女　あの、先週ウェブストアでワンピースを購入
　　して昨日届いたんですけど、サイズと色がイ
　　メージと違ったので交換したいんです。
男　大変申し訳ございません。ただいま確認いた
　　しますので、少々お待ちくださいませ。お客
　　様、恐れ入りますが、商品名と注文番号を教
　　えていただけますか。
女　ハイネックのニットワンピースで注文番号は
　　8236789です。
男　お客様、大変申し訳ございませんが、セール
　　品の交換は在庫がある場合のみとさせていた
　　だいておりますので、あらかじめご了承くだ
　　さいませ。交換されたいサイズとお色を教え
　　ていただけますでしょうか。
女　そうなんですか。分かりました。サイズはMか
　　らSに変えて、色はネイビーにしたいんですが。
男　そちらでしたら在庫がございます。お客様、
　　大変恐縮ではございますが、ご返送時の送料
　　はお客様のご負担とさせていただいております
　　ので、ご了承ください。
女　はい、分かりました。大丈夫です。

男の人はお客に何を伝えていますか。

1 ワンピースは他のお店から取り寄せしなければ
　ならない

문제2

1번

고객 서비스 센터의 남자와 여자 손님이 이야기하고 있습니
다. 남자는 손님에게 무엇을 전하고 있습니까?

남　오래 기다리셨습니다. 고객 서비스 센터입니다.
여　저기, 지난주에 웹 스토어에서 원피스를 사서 어제
　　도착했는데, 사이즈랑 색깔이 사진과 달라서 교환
　　하고 싶어요.
남　죄송합니다. 바로 확인하겠으니 조금만 기다려 주
　　세요. 손님, 죄송하지만 상품명과 주문 번호를 알려
　　주시겠습니까?
여　하이넥 니트 원피스이고 주문 번호는 8236789예요.
남　손님, 대단히 죄송합니다만, 세일 품목의 교환은 재
　　고가 있는 경우에만 가능하오니 미리 양해 부탁 드
　　립니다. 교환하시고 싶은 사이즈와 색깔을 알려 주
　　시겠습니까?
여　그래요? 알겠습니다. 사이즈는 M에서 S로 바꾸고
　　색은 네이비로 하고 싶은데요.
남　그거라면 재고가 있습니다. 손님, 대단히 죄송합니
　　다만, 반송 시의 배송료는 손님께서 부담하시도록
　　되어 있으므로 양해 부탁 드립니다.
여　네, 알겠습니다. 괜찮아요.

남자는 손님에게 무엇을 전하고 있습니까?

1 원피스는 다른 가게에서 주문해서 가져 와야 한다
2 세일 품목은 교환할 수 없다
3 사이즈와 색은 인터넷상의 화면과 일치하지 않는다
4 교환 시의 배송료는 손님이 지불한다

カスタマーサービスセンター 고객 서비스 센터	ウェブストア 웹 스토어	ワンピース 원피스	購入する 구입하다
交換する 교환하다	確認 확인	恐れ入る 죄송하다, 송구스럽다	商品名 상품명	注文 주문	ハイネック 하이넥	ニット 니트
在庫 재고	～のみ ～만, ～뿐	あらかじめ 미리, 사전에	了承 납득, 양해	ネイビー 네이비, 남색	恐縮 죄송함	返送時 반송 시
送料 배송료	負担 부담	取り寄せる 가져 오다	画面 화면	一致する 일치하다

2番

女のアナウンサーと男の法律の専門家が話しています。不適切動画に関する事件について法律の専門家はどうするべきだと言っていますか。

女 まず、こちらをご覧ください。あるコンビニのアルバイトがアイスクリーム売り場の冷凍庫の中に土足で入っています。最近、こうした不快な行為を撮影した動画がネットにアップされ話題となっています。こちらのコンビニでは株価が下落し、大きな被害を被りました。山田弁護士はこのような行為についてどうお考えですか。

男 こういった事件、増えていますね。飲食店はまず、大打撃でしょう。衛生面で、ずさんだと思われかねませんし、従業員を解雇したとしても企業イメージはもちろん金銭的な被害は大きいと思います。各企業は法的措置をとらざるを得ないでしょう。器物損壊、業務妨害などで訴えることは可能でしょう。過去にはこの影響で倒産した会社もありますし、同様の事件が起こらぬよう、損害賠償請求を行うことが妥当だと思いますね。また、未成年でも責任を問うことはできますし、放置してきた親の責任も問うことができますよ。

不適切動画に関する事件について法律の専門家はどうするべきだと言っていますか。

1 刑事事件として訴え、企業のイメージアップを図るべきだ
2 再発防止に繋がるため損害賠償請求をするべきだ
3 真似する者がいるため不適切動画をこれ以上拡散させないべきだ
4 子供には責任能力がないため、親を訴えるべきだ

2번

여자 아나운서와 남자 법률 전문가가 이야기하고 있습니다. 부적절한 동영상에 관한 사건에 대해서 법률 전문가는 어떻게 해야 한다고 말하고 있습니까?

여 먼저 이걸 봐 주시기 바랍니다. 한 편의점의 아르바이트생이 아이스크림 코너 냉동고에 신발을 신은 채로 들어가 있습니다. 요즘 이런 불쾌한 행위를 촬영한 동영상이 인터넷에 업로드되어서 화제가 되고 있습니다. 이 편의점은 주가가 하락해 큰 피해를 입었습니다. 야마다 변호사님은 이러한 행위에 대해서 어떻게 생각하십니까?

남 이런 사건이 늘고 있습니다. 음식점에게는 우선 큰 타격이겠죠. 위생면에서 형편없다고 생각할 것이고 종업원을 해고한다고 해도 기업 이미지는 물론 금전적인 피해는 클 것입니다. 각 기업은 법적 조치를 취할 수 밖에 없겠지요. 기물 파손, 업무 방해 등으로 고소할 수 있습니다. 과거에는 이 영향으로 도산한 기업도 있어서, 같은 사건이 일어나지 않도록 손해 배상 청구를 하는 것이 타당하다고 생각합니다. 그리고 미성년자라도 책임을 물을 수 있고, 방치한 부모에게도 책임을 물을 수 있습니다.

부적절한 동영상에 관한 사건에 대해서 법률 전문가는 어떻게 해야 한다고 말하고 있습니까?

1 형사 사건으로 고소하고, 기업 이미지 개선을 도모해야 한다
2 재발 방지로 이어지도록 손해 배상 청구를 해야 한다
3 모방하는 사람이 있기 때문에 부적절한 동영상을 더 이상 확산시키지 않아야 한다
4 아이에게는 책임질 능력이 없기 때문에 부모를 고소해야 한다

法律 법률	専門家 전문가	不適切 부적절	動画 동영상	事件 사건	冷凍庫 냉동고	土足 신발을 신은 채	不快だ 불쾌하다
行為 행위	撮影する 촬영하다	話題 화제	株価が下落する 주가가 하락하다	被害を被る 피해를 입다	弁護士 변호사
飲食店 음식점	大打撃 큰 타격	衛生面 위생면	ずさんだ 엉성하다, 엉터리다	~かねない ~할 것이다, ~할지도 모른다
従業員 종업원	解雇する 해고하다	企業 기업	金銭的 금전적	法的 법적	措置 조치	~ざるを得ない ~할 수밖에 없다
器物損壊 기물 파손	業務妨害 업무 방해	訴える 고소하다	影響 영향	倒産する 도산하다, 파산하다	同様 마찬가지임
損害 손해	賠償 배상	請求 청구	妥当だ 타당하다	未成年 미성년	責任を問う 책임을 묻다	放置する 방치하다	刑事 형사
図る 꾀하다, 도모하다	再発 재발	防止 방지	繋がる 이어지다	真似する 모방하다	拡散 확산	能力 능력

3番

女の人と男の人が校則について話しています。ブラック校則だと言われる理由は何ですか。

女 そういえば、最近の高校生の中には茶髪や金髪、ピアスや化粧までしている子たちが増えてきたね。私たちの頃は、そんなの言語道断だったのに。

男 時代とともに変化してきたよね。僕たちの頃の校則ってブラック校則って言うらしいよ。今もあるみたいだけど…。

女 ほんと、今では考えられないような変な校則があったよね。当時は、みんな素直だったし、先生も怖かったから疑問には思わなかったけど…。今思うと、どうして従っちゃったのか…。思い出しただけでも笑っちゃうね。ほんと、あの頃は不条理だった。あ、だからブラック校則ね。

男 そうそう。僕の学校なんて、天然パーマの子が怒られてなあ。その子毎日、ヘアアイロンでストレートにして学校に来させられてたし。男女共学なのに異性との交遊禁止とか。委員会の時、相談もできなくて困ったよ。

女 そうね。こういうのって自分で考える機会が奪われるし、中身のないルールは無意味よね。自由な今の子たちがうらやましい。

ブラック校則だと言われる理由は何ですか。

1 髪の毛の色が黒色でなければならないから
2 考える機会が奪われ、思考能力が低下するから
3 面白くて不思議な校則だから
4 理不尽で意味のない厳しい校則だから

3번

여자와 남자가 교칙에 대해서 이야기하고 있습니다. 블랙 교칙이라고 불리는 이유는 무엇입니까?

여 그리고 보니 요즘 고등학생 중에는 갈색 머리나 노란 머리, 피어싱이나 화장까지 하는 학생들이 많아졌네. 우리 때는 그런 거 꿈도 못 꿨는데.

남 시대와 함께 변해 온 거지. 우리 때 교칙을 블랙 교칙이라고 한대. 지금도 있는 거 같지만.

여 진짜 지금은 상상도 할 수 없는 이상한 규칙이 있었지. 그때는 모두 순진했고, 선생님들도 무서웠으니까 이상하게 생각하지 않았지만…. 지금 생각해보면 왜 따랐는지…. 생각만해도 웃음이 나. 진짜 그때는 말도 안됐어. 아, 그래서 블랙 규칙이구나.

남 맞아 맞아. 우리 학교는 곱슬머리 학생이 혼났어. 그 애 매일 미용 기기로 머리 펴고 학교에 와야 했다니까. 남녀공학인데 이성과 어울리는 건 금지라든지. 학생회 때 상담도 못해서 힘들었어.

여 맞아. 이런 건 스스로 생각할 기회도 빼앗기고, 알맹이가 없는 규칙은 무의미해. 자유로운 요즘 아이들이 부러워.

블랙 교칙이라고 불리는 이유는 무엇입니까?

1 머리 색이 검정색이 아니면 안되기 때문에
2 생각할 기회를 빼앗겨서 사고 능력이 저하되기 때문에
3 재미있고 신기한 규칙이기 때문에
4 이치에 맞지 않고 의미 없는 엄격한 규칙이기 때문에

4番

男の人と女の人が話しています。男の人はどうして内定辞退の連絡をすると言っていますか。

男　はあ、やっぱり僕、あの会社に行くのやめることにした。条件面で折り合いがつかなくて、それに他の企業から内定もらっちゃったんだよね。

女　そっか、じゃ、内定辞退の連絡、早めにした方がいいよ。

男　あ、それね。気がひけるから、連絡しないでおこうと思って…。

女　だめだよ。そんなの社会人として失礼じゃない？企業は君の入社に向けて採用を中断しているかもしれないんだよ。採用選考で相手に負担をかけたことは必ず謝らないと。しかも、入社する会社も同じ業種だったらこれから社会人になって取引先として会う場合も考慮しないと。その時に内定辞退の連絡もしなかった無礼なやつとして業務に支障が出るかもしれないし。

男　ああ、そういう事情があるんだね。分かった。これからのために連絡することにする。

男の人はどうして内定辞退の連絡をすると言っていますか。

1 連絡をしなければそのまま入りたくない会社に入社することになるから
2 自分に親切にしてくれた採用担当者に申し訳ないから
3 社会人になってから、いじめられるかもしれないから
4 自分が内定を蹴った会社が取引先になるかもしれないから

4번

남자와 여자가 이야기하고 있습니다. 남자는 왜 내정 사퇴 연락을 하겠다고 말하고 있습니까?

남　하, 역시 나 그 회사 들어가는 거 그만두기로 했어. 조건 면에서 타협이 안 되는 데다가 다른 기업에서도 내정을 받은거든.

여　그래? 그럼, 내정 사퇴 연락 빨리 하는 게 좋아.

남　아, 그거. 좀 꺼려져서, 연락 안하고 그냥 있을까 하는데….

여　안돼. 그건 사회인으로서 실례잖아? 기업은 네 입사를 위해 채용을 중단하고 있을지도 몰라. 채용전형으로 상대방에게 부담을 준 일은 꼭 사과해야 해. 그리고 입사할 회사도 같은 업종이라면 앞으로 사회인이 돼서 거래처로 만날 경우도 고려해야지. 그때 내정 포기 연락도 안 한 무례한 인간 취급 받다가 업무에 지장이 생길지도 모르고.

남　아, 그런 사정이 있구나. 알았어. 앞으로를 위해서 연락하도록 할게.

남자는 왜 내정 사퇴 연락을 하겠다고 말하고 있습니까?

1 연락을 안 하면 그대로 들어가고 싶지 않은 회사에 입사하게 되기 때문에
2 자신에게 친절하게 대해 주었던 채용 담당자한테 미안하기 때문에
3 사회인이 된 후에 괴롭힘을 당할지도 모르기 때문에
4 자신이 내정을 거절한 회사가 거래처가 될 지도 모르기 때문에

内定 내정 | 辞退 사퇴 | 条件面で 조건면에서 | 折り合いがつく 타협이 되다 | 企業 기업 | 早めに 빨리, 일찌감치

気がひける 꺼려지다, 내키지 않다 | ～に向けて ～을 위해, ～을 맞아 | 採用 채용 | 中断する 중단하다 | 選考 전형

負担をかける 부담을 주다 | 業種 업종 | 社会人 사회인 | 取引先 거래처 | 考慮する 고려하다 | 無礼だ 무례하다 | 業務 업무

事情 사정 | 支障が出る 지장이 생기다 | 蹴る 거절하다

5番

アナウンサーが話しています。なぜ多くのドナー登録が必要だと言っていますか。

女 俳優の前田さんが白血病と診断されたことを受け、「骨髄バンク」ではファンからの問い合わせが殺到しています。骨髄移植は抗がん剤治療が難しい場合に受けることが多く、白血球の型が適合する人を見つけるために骨髄バンクが設けられました。前田さんの事務所にもドナー登録方法や支援の申し出などの問い合わせが多数あったそうです。日本では現在50万人のドナー登録がされていますが、型が合うのは血縁者ではない場合は数万分の1と極めて低い確率だそうです。移植を待っている患者さんにとってドナーは一筋の光といえるでしょう。いつ、誰が病気になるか分かりません。同バンクでは移植率を増やすために一人でも多くの登録者が必要だと呼びかけています。

なぜ多くのドナー登録が必要だと言っていますか。

1 白血病になった俳優を助けるため
2 自分が白血病を発症した時のため
3 白血球の型の適合率を上げるため
4 世界中の人に生きる希望を与えるため

5번

아나운서가 이야기하고 있습니다. 왜 많은 기증자 등록이 필요하다고 말하고 있습니까?

여 배우인 마에다 씨가 백혈병으로 진단받은 것으로 인하여 '골수 은행'에는 팬들로부터 문의가 쇄도하고 있습니다. 골수 이식은 항암제 치료가 어려운 경우에 받는 일이 많은데, 백혈구형이 적합한 사람을 찾기 위해서 골수 은행이 만들어졌습니다. 마에다 씨 소속사에도 기증자 등록 방법이나 지원을 자처하는 문의가 다수 있었다고 합니다. 일본에서는 현재 50만 명의 기증자가 등록되어 있지만, 백혈구형이 맞는 것은 혈연 관계가 아닌 경우는 수 만분의 1 이라는 매우 낮은 확률이라고 합니다. 이식을 기다리는 환자에게 있어서 기증자는 한 줄기의 빛이라 할 수 있겠죠. 언제, 누가 병에 걸릴지는 모르는 일입니다. 이 은행에서는 이식률을 높이기 위해 한 명이라도 더 많은 등록자가 필요하다고 호소하고 있습니다.

왜 많은 기증자 등록이 필요하다고 말하고 있습니까?

1 백혈병에 걸린 배우를 살리기 위해
2 자신에게 백혈병이 발병했을 때를 위해
3 백혈구형 적합률을 올리기 위해
4 세계의 모든 사람들에게 살아갈 희망을 주기 위해

ドナー 기증자 | 登録 등록 | 俳優 배우 | 白血病 백혈병 | 診断 진단 | 骨髄 골수 | 問い合わせ 문의 | 殺到する 쇄도하다

移植 이식 | 抗がん剤 항암제 | 治療 치료 | 白血球 백혈구 | 型 형, 형태 | 適合する 적합하다 | 設ける 마련하다, 설치하다

支援 지원 | 申し出 신청 | 血縁者 혈연자, 혈육 | 極めて 극히, 아주 | 確率 확률 | 患者 환자 | 一筋の光 한 줄기 빛 | 登録者 등록자

呼びかける 호소하다 | 助ける 돕다, 살리다 | 発症する 발병하다 | 適合率 적합률 | 希望 희망 | 与える 주다, 수여하다

6番

高齢者施設のスタッフがお年寄りと話しています。お年寄りはどんな活動がしたいと言っていますか。

男 田中さんは、踊りもお上手なんですね。

6번

고령자 시설 스태프가 어르신과 이야기하고 있습니다. 어르신은 어떤 활동을 하고 싶다고 말하고 있습니까?

남 다나카 씨는 춤도 잘 추시네요.

女　そんな、上手だなんて。体を動かすことが好きなだけですよ。それにしても、ここでするのは激しい踊りじゃなくて指先を使って踊る軽い運動だから、とてもいいですね。

男　あの踊り、スタッフが一生懸命考えたので、そう言ってもらえると励みになりますよ。そういえば、この前のトランプ大会、とても活躍されたそうですね。田中さんは記憶力がいいと皆さん褒めてらっしゃいましたよ。

女　みんなとゲームするのが楽しくて、つい真剣になってしまいました。

男　ははは。皆さんに楽しんでいただけたみたいですね。

女　たまには、ああいう座ったままできるトランプみたいなゲームもいいですね。あ、でも最初に歌を歌ったじゃないですか。私音痴なので、歌はどうも気が進まなくて…。

男　そうだったんですか。でしたら、無理に歌わなくても大丈夫ですよ。

女　はい、ではこれからは聞くだけにします。

男　そういうことがあれば遠慮なくスタッフに言ってくださいね。

女　ありがとうございます。あ、そうそう、私、昔から小さい動物が大好きで飼ってたんですが…。最近、思い出すんですよ、昔の頃の思い出を。それで、犬とか猫とか触れ合う機会があればなと思うんですが…。そういうのやっていただけないですか。

男　そうだったんですか。そういうことなら、早速参考にさせていただきます。

お年寄りはどんな活動がしたいと言っていますか。

1　軽い運動をする
2　ゲーム大会をする
3　歌を歌う
4　動物と触れ合う

여　에이, 잘 추기는요. 몸 움직이는 걸 좋아할 뿐이에요. 그렇지만 여기에서 하는 건 힘든 춤이 아니라 손끝을 사용해서 추는 간단한 운동이라서 아주 좋아요.

남　그 춤, 스태프가 열심히 생각한 거라서 그렇게 말씀해 주시면 힘이 날 거예요. 그러고 보니 지난번 카드 게임 대회에서 아주 활약하셨다면서요. 다나카 씨는 기억력이 좋으시다고 다들 칭찬이 자자했어요.

여　다 같이 게임하는 게 즐거워서 저도 모르게 진지해졌어요.

남　하하하. 모두 즐거우셨나 보네요.

여　가끔은 그렇게 않은 채로 할 수 있는 카드 게임 같은 것도 좋은 것 같아요. 아, 하지만 처음에는 노래를 불렀잖아요. 전 음치라서 노래는 내키지 않아서….

남　그러셨구나. 그럼 무리해서 부르시지 않아도 괜찮아요.

여　네, 그럼 앞으로는 듣기만 할게요.

남　그런 일이 있으면 언제든지 스태프한테 말씀해 주세요.

여　고마워요. 아, 맞다, 저 예전부터 작은 동물을 너무 좋아해서 길렀는데…. 요즘 생각이 나요, 옛 추억이. 그래서 개나 고양이를 접할 수 있는 기회가 있었으면 하고 생각하는데. 그런 것도 해 주실 수 있어요?

남　그러셨어요? 그런 거라면 바로 참고하도록 할게요.

어르신은 어떤 활동을 하고 싶다고 말하고 있습니까?

1　가벼운 운동을 한다
2　게임 대회를 한다
3　노래를 부른다
4　동물과 접한다

高齢者 고령자 ┃ 施設 시설 ┃ スタッフ 스태프, 직원 ┃ お年寄り 노인, 어르신 ┃ 激しい 격하다, 힘들다 ┃ 指先 손끝
励みになる 격려가 되다 ┃ トランプ 트럼프, 카드 ┃ 活躍 활약 ┃ 記憶力 기억력 ┃ つい 그만, 무심코 ┃ 真剣になる 진지하게 임하다
音痴 음치 ┃ 気が進まない 내키지 않다 ┃ 思い出す 회상하다, 떠올리다 ┃ 思い出 추억 ┃ 機会 기회 ┃ 参考にする 참고하다
触れ合う 접하다

女の人と男の人が話しています。女の人は何が納得できないと言っていますか。

女　この前、面白い推理ドラマを見たのよ。

男　どんなドラマ？

女　全国を旅している探偵が訪れた土地で起きる事件を解決していくストーリーなの。探偵が密室殺人トリックを推理する場面があるんだけど、私には難しくて、理解するのにずいぶん時間がかかったよ。

男　へえ〜。

女　それでね、面白いのが動機なの。犯人が被害者を殺した理由が、すれ違いざまに肩が当たったからですって。本当、くだらなすぎるでしょ？

男　何だよ、それ。それで、最後はどうなるの？

女　最後に犯人の恋人が犯人をかばって自分が犯人だと嘘をつくの。いくらなんでもそれはちょっとね。でも、結局は探偵に全部暴かれて真犯人が逮捕されるんだけど。その時に二人は結婚を誓うの。ドラマのストーリーはありきたりだけど、密室トリックは本格的だし、俳優の演技が上手いから、なんだかんだ最後まで見ちゃった。

女の人は何が納得できないと言っていますか。

1　密室殺人トリック
2　犯人の殺人動機
3　恋人が犯人をかばったこと
4　犯人とその恋人が婚約すること

여자와 남자가 이야기하고 있습니다. 여자는 무엇을 납득할 수 없다고 말하고 있습니까?

여　얼마 전에 재미있는 추리 드라마 봤어.

남　어떤 드라마?

여　전국을 여행하고 있는 탐정이 방문한 지역에서 일어난 사건을 해결해 가는 스토리야. 탐정이 밀실 살인 트릭을 추리하는 장면이 있는데, 나한테는 어려워서 이해하는데 시간이 많이 걸렸어.

남　아~.

여　근데 재미있는 게 동기였어. 범인이 피해자를 죽인 이유가 지나가다 어깨가 부딪쳐서였대. 너무 시시하지 않아?

남　뭐야 그게. 그래서 마지막은 어떻게 되는데?

여　마지막에 범인의 애인이 범인을 감싸면서 자신이 범인이라고 거짓말을 해. 아무리 그래도 그건 좀 그렇잖아. 하지만 결국에는 탐정한테 전부 들통나서 진짜 범인이 체포되긴 해. 그 때 두 사람은 결혼을 약속하거든. 드라마 스토리는 뻔한데, 밀실 트릭이 본격적이고 배우의 연기가 좋아서 이래저래 끝까지 봐버렸어.

여자는 무엇을 납득할 수 없다고 말하고 있습니까?

1　밀실 살인 트릭
2　범인의 살인 동기
3　애인이 범인을 감싼 것
4　범인과 그 애인이 약혼하는 것

納得 납득 ｜ 推理 추리 ｜ 全国 전국 ｜ 探偵 탐정 ｜ 訪れる 방문하다 ｜ 土地 지역 ｜ 事件 사건 ｜ 解決する 해결하다 ｜ 密室 밀실
殺人 살인 ｜ トリック 트릭, 속임수 ｜ 場面 장면 ｜ 理解する 이해하다 ｜ 動機 동기 ｜ 犯人 범인 ｜ 被害者 피해자 ｜ 殺す 죽이다
すれ違い 스쳐 지나감 ｜ 〜ざまに 〜할 때, 〜하자 마자 ｜ 肩が当たる 어깨가 부딪치다 ｜ くだらない 시시하다 ｜ かばう 감싸다
結局 결국 ｜ 暴く 파헤치다, 폭로하다 ｜ 真犯人 진범 ｜ 逮捕する 체포하다 ｜ 誓う 맹세하다 ｜ ありきたり 흔함, 평범함
本格的 본격적 ｜ 俳優 배우 ｜ 演技 연기 ｜ 上手い 잘하다, 뛰어나다 ｜ なんだかんだ 이래저래, 이러쿵 저러쿵 ｜ 婚約する 약혼하다

問題 3

1番

男の人と女の人が話しています。

문제3

1번

남자와 여자가 이야기하고 있습니다.

男	あのさ、この前、回転寿司に行ってきたんだけど、最近の回転寿司は寿司だけじゃなくてケーキやフルーツまで回ってたんだよ。寿司とケーキを一緒に食べる人の気がしれないな。
女	寿司屋なのにケーキだなんて。食べ合わせも悪そうだね。
男	食べ合わせといえば、この前デートで行ったレストランでコース料理の最初にメロンに生ハムが巻かれたものが出てきたんだけど、僕の口には合わなくて…。なんだか中華料理の酢豚にパイナップルと同じ感覚だった。何ともいえない違和感…。なんで、余計なものを入れるのかな。
女	あ〜、それらにはちゃんと理由があるんだよ。メロンのカリウムには生ハムの塩分を体外に排出する効果があるし、酢豚はパイナップルで肉が柔らかくなる効果があるしね。私は酢豚のパイナップル好きだよ。パイナップルってあまり入ってないからレアな感じがして、いつも家族で取り合いになるよ。
男	ふ〜ん。無駄なものだと思ってたけど、どれも理由があるんだね。

女の人は食べ合わせについてどう考えていますか。

1 一緒に摂取することで互いの栄養価を消し合う
2 酢豚とパイナップルの組み合わせは違和感がある
3 栄養素の組み合わせが理に適っている
4 調理師の味覚のセンスを疑っている

남	있잖아, 지난번에 회전 초밥집에 갔다 왔는데, 요즘 회전 초밥집은 초밥뿐만이 아니라 케이크랑 과일까지 나오더라. 초밥이랑 케이크를 같이 먹는 사람의 생각을 이해할 수가 없어.
여	초밥집인데 케이크라니. 음식 궁합도 나쁠 거 같은데.
남	음식궁합이라고 하니 지난번 데이트 때 갔던 레스토랑에서 코스 요리의 첫 번째로 멜론에 생햄을 만 것이 나왔는데 내 입맛에는 안 맞아서. 뭔가 중국 요리에서 탕수육에 파인애플이 들어있는 거랑 같은 느낌이었어. 뭐라 표현할 수 없는 위화감…. 왜 쓸데없는 걸 넣는 걸까?
여	아〜, 그건 다 이유가 있어서지. 멜론의 칼륨에는 생햄의 염분을 체외로 배출하는 효과가 있고, 탕수육은 파인애플로 고기가 부드러워지는 효과가 있거든. 난 탕수육 파인애플 좋아하는데, 파인애플은 별로 안 들어있으니까 귀한 느낌이 들어서 항상 가족들하고 먹을 때 경쟁해.
남	그렇구나. 쓸데없는 거라고 생각했었는데 다 이유가 있었구나.

여자는 음식 궁합에 대해서 어떻게 생각하고 있습니까?

1 같이 섭취함으로써 서로 영양가를 없앤다
2 탕수육과 파인애플의 조합은 위화감이 있다
3 영양소의 조합이 일리가 있다
4 조리사의 미각 센스를 의심하고 있다

回転寿司 회전초밥	フルーツ 과일	気がしれない 마음을 알 수 없다, 생각을 이해할 수 없다	食べ合わせ 음식 궁합
巻く 감다, 말다	口に合う 입맛에 맞다	中華料理 중국요리	酢豚 탕수육	パイナップル 파인애플	感覚 감각
何ともいえない 뭐라 할 수 없는	違和感 위화감	余計だ 쓸데없다	カリウム 칼륨	塩分 염분	体外 체외	排出する 배출하다
効果 효과	レアだ 드물다, 귀하다	取り合い 쟁탈	無駄だ 쓸데없다	摂取する 섭취하다	栄養価 영양가	消し合う 서로 없애다
組み合わせ 조합	栄養素 영양소	理に適う 이치에 맞다	調理師 조리사	味覚 미각	疑う 의심하다

2番

ニュースでアナウンサーが話しています。

女	こちら一見、ホテルのラウンジのようですが、実は献血ルームなんです。こちらの献血ルームでは飲み物もかなり充実していて、なんとアイスクリームまであり、献血をした

2번

뉴스에서 아나운서가 이야기하고 있습니다.

여	여기는 얼핏 보면 호텔 라운지 같지만 실은 헌혈방입니다. 이곳 헌혈방에는 음료수도 꽤 많은데, 놀랍게도 아이스크림까지 있어서 헌혈한 사람에게 무료로 제공하고 있습니다. 예전에는 진찰실처럼 어두

人に無料で提供されています。かつては診察室のように暗い雰囲気でしたが、このようになった背景には若者の献血離れがあるようです。国の調査では１０年後には約８０万人の献血者が不足すると予想されています。輸血用の血液は長期保存が難しく、定期的に献血をしてくれる人を確保しようと、こちらでは思い切った取り組みがなされています。１５分間のマッサージが無料、占い師によるタロット占いやお坊さんによる人生相談なども受けられます。

운 분위기였는데, 이렇게 된 배경에는 젊은 사람들의 헌혈 기피가 있는 것 같습니다. 정부 조사에서는 10년 후에는 약 80만 명의 헌혈자가 부족할 것이라고 예상하고 있습니다. 수혈용 혈액은 장기 보존이 어렵기 때문에 정기적으로 헌혈을 해 줄 사람을 확보하고자 여기에서는 과감한 시도가 이루어지고 있습니다. 15분짜리 마사지가 무료이고, 점술가의 타로 점이나 스님에게 인생 상담도 받을 수 있습니다.

アナウンサーは何について話していますか。

1 献血の人気が再燃した理由について
2 風変りなサービス満載の献血
3 献血による健康効果と普及事業について
4 安全性を高めた献血事業

아나운서는 무엇에 대해서 이야기하고 있습니까?

1 헌혈의 인기가 다시 높아진 이유에 대해서
2 색다른 서비스가 많은 헌혈
3 헌혈에 의한 건강 효과와 보급 사업에 대해서
4 안전성을 높인 헌혈 사업

一見 얼핏, 언뜻 | ラウンジ 라운지 | 献血 헌혈 | 充実する 충실하다 | なんと 무려, 놀랍게도 | 無料 무료 | 提供する 제공하다
かつては 예전에는 | 診察室 진찰실 | 雰囲気 분위기 | 背景 배경 | 若者 젊은 사람 | ～離れ ～에서 멀어짐, ～을 멀리함
調査 조사 | 不足する 부족하다 | 輸血 수혈 | ～用 ～용 | 血液 혈액 | 長期 장기 | 保存 보존 | 確保する 확보하다
思い切った 대담한, 과감한 | 取り組み 대처 | なす 하다, 행하다 | 占い師 점술가 | タロット占い 타로점 | お坊さん 스님
再燃する 다시 흥하다 | 風変り 색다름 | 満載 가득하다, 많다 | 健康 건강 | 効果 효과 | 普及 보급 | 事業 사업

3番

講演会で男の教授と女の司会者が話しています。

女　最近巷では、コインランドリーの洗濯し放題、ベビーカー乗り換え放題など、様々な業種で一定額を払うと月に何度もサービスが受けられる定額サービスが流行しています。このような現象について経済心理学がご専門の田中教授にお話を伺いたいと思います。

男　そうですね。企業からすると利用者を確保できるという利点がありますね。同業種との差別化も図れますし、一定の利益も見込めます。利用頻度も上がりますから、運が良ければ他の商品にもお金を使ってもらえますしね。消費者も使えば使うほどお得な仕組みです。

女　なるほど。

男　さらに、新規顧客の掘り起こしも可能です。高額なものは買うのには躊躇してしまいますが、借りるということで敷居が低くなります

3번

강연회에서 남자 교수와 여자 사회자가 이야기하고 있습니다.

여　요즘 세간에서는 코인빨래방 무제한 세탁, 유모차 무제한 바꿔 타기 등 여러 업종에서 일정액을 지불하면 한 달에 몇 번이나 서비스를 받을 수 있는 정액 서비스가 유행하고 있습니다. 이러한 현상에 대해서 경제심리학이 전문이신 다나카 교수님께 이야기를 여쭙겠습니다.

남　그렇습니다. 기업 입장에서 보면 이용자를 확보할 수 있다는 이점이 있습니다. 같은 업종과의 차별화도 둘 수 있고, 일정한 이익도 기대할 수 있습니다. 이용 빈도도 올라가기 때문에 운이 좋으면 다른 상품에도 돈을 쓰게 할 수 있고요. 소비자도 사용하면 할수록 이득이 되는 구조입니다.

여　그렇군요.

남　게다가 신규 고객도 발굴할 수 있습니다. 고액의 물건은 사려고 하면 망설이게 되지만, 빌리면 부담이 덜 되므로 소비자도 돈을 잘 쓰게 되니까요.

から、消費者もお金を使いやすくなりますか
らね。

講演会のテーマは何ですか。

1 定額サービスの価格破壊について
2 定額制のシステムと利益確保について
3 広がる月額サービスの落とし穴について
4 利益度外視の企業努力について

강연회의 테마는 무엇입니까?

1 정액 서비스의 가격 파괴에 대해서
2 정액제의 시스템과 이익 확보에 대해서
3 확산되고 있는 월정액 서비스의 함정에 대해서
4 이익을 도외시하는 기업 노력에 대해서

講演会 강연회	教授 교수(님)	司会者 사회자	巷 세간	コインランドリー 코인빨래방	～放題 ～무제한	ベビーカー 유모차
業種 업종	一定額 일정 금액	定額 정액	流行する 유행하다	現象 현상	企業 기업	利用者 이용자	確保 확보	利点 이점
同～ 동～, 같은～	差別化 차별화	図る 꾀하다	一定 일정	利益 이익	見込む 내다보다, 기대하다	頻度 빈도	消費者 소비자
得 득, 이득	仕組み 구조	新規 신규	顧客 고객	掘り起こし 발굴	高額 고액	躊躇する 주저하다	敷居が低い 부담이 적다
価格 가격	破壊 파괴	～製 ～제, 제도	広がる 퍼지다, 번지다	月額 월정액	落とし穴 함정	度外視 도외시	努力 노력

4番

動物園の園長が話しています。

男　今回、私は子供動物園園長の職を退任致します。次の園長は市の公募で決定されるそうです。ここ数年、来園者数が減少の一途をたどっていたにも関わらず、私は心のどこかで現状に満足していたのだと思います。他の園は研究や努力を惜しまず、行動展示で有名になった園もありました。私は園長としてチンパンジーの太郎君の人気に胡坐をかいていたのだと思います。そんな自分に今では後悔しかありません。幸いにも、全国から100人の園長希望者が集まりました。新園長には新しい発想が求められることでしょう。みなさんのお力で新しいリーダーを支えてあげてください。よりよい動物園になることと信じています。

男の人はどう思っていますか。

1 新しい園長を公募することが不愉快だ
2 自分と新園長を比べてしまい、みじめだ
3 経営の立て直しができなくて不甲斐ない
4 チンパンジーの人気による業績が誇らしい

4번

동물원 원장이 이야기하고 있습니다.

남　이번에 저는 어린이 동물원 원장직을 퇴임합니다. 다음 원장님은 시의 공모로 결정된다고 합니다. 최근 몇 년간 방문객수가 감소하는 추세임에도 불구하고, 제 마음 속 어딘가에서는 현 상황에 만족하고 있었던 것 같습니다. 다른 동물원은 연구와 노력을 아끼지 않았고, 행동 전시로 유명해진 동물원도 있었습니다. 저는 원장으로서 침팬지 다로의 인기에 안주하고 있었다고 생각합니다. 그런 자신에게 지금은 후회밖에 없습니다. 다행히도 전국에서 100명의 원장 희망자가 모였습니다. 새로운 원장님에게는 새로운 발상이 요구되겠지요. 여러분의 힘으로 새로운 리더를 보좌해 주십시오. 보다 좋은 동물원이 되리라 믿습니다.

남자는 어떻게 생각하고 있습니까?

1 새로운 원장을 공모하는 것이 불쾌하다
2 자신과 새로운 원장이 비교돼서 비참하다
3 경영을 바로 세우지 못해 한심하다
4 침팬지의 인기에 의한 업적이 자랑스럽다

動物園 동물원 | 園長 원장 | 職 직 | 退任 퇴임 | 公募 공모 | 決定 결정 | 来園者 내원자, 방문자 | 減少 감소 | 一途をたどる ～할 뿐이다
現状 현상, 현재 상태 | 満足する 만족하다 | 研究 연구 | 努力 노력 | 惜しむ 아끼다 | 行動展示 행동전시 | チンパンジー 침팬지
胡坐をかく 안주하다 | 後悔 후회 | 幸いにも 다행히도 | 希望者 희망자 | 発想 발상 | 支える 떠받치다, 보좌하다 | 不愉快 불쾌함
比べる 비교하다 | みじめだ 비참하다 | 経営 경영 | 立て直し 재건, 재정비 | 不甲斐ない 한심하다 | 業績 업적
誇らしい 자랑스럽다

5番

男の人と女の人がバラエティ番組について話しています。

男　俺最近、すごくはまってるバラエティ番組があるんだけど。水曜日の8時からやってるから、ぜひ見てみて。

女　どんな番組なの？

男　ローカル沿線に沿って行くグルメ旅行番組って感じなんだけど。普通とちょっと違うのが、すごろくのようにさいころを振って出た目の数だけ駅を進むんだ。グルメなタレントと週替わりで俳優や女優が番宣しにゲストで登場するんだけど、ドラマの撮影秘話とかも聞けて面白いよ。

女　へえ～。面白そうだね。

男　それに、撮影許可はタレントが自分たちでとるんだよ。台本もないし、視聴者からの情報提供とかで時には怪しいお店にも挑戦するんだ。中には隠れ家的お店を開拓していったりして、本当に面白いんだ。

男の人が最近はまっているのはどんな番組ですか。

1　芸能人のプライベートトーク満載の番組
2　人気の美味しいお店を紹介する番組
3　行き当たりばったりで撮影する番組
4　芸能人の隠れ家的お店を紹介する番組

5번

남자와 여자가 예능 프로그램에 대해서 이야기하고 있습니다.

남　나 요즘에 아주 빠져 있는 예능 프로그램이 있어. 수요일 8시부터 하니까 꼭 봐봐.

여　어떤 프로그램인데?

남　지방 철도 주변을 따라 가는 미식 여행 프로그램 같은 느낌이야. 보통과 조금 다른 게 스고로쿠(주사위 놀이의 하나)처럼 주사위를 던져서 나온 숫자만큼 역을 이동하거든. 미식가 연예인하고 매주 다른 배우들이 프로그램 선전하러 게스트로 출연하는데, 드라마 촬영 비화도 들을 수 있어서 재미있어.

여　우와～, 재미있겠다.

남　게다가 촬영 허가는 출연자가 직접 받아. 대본도 없고, 시청자들한테 받은 정보 같은 걸로 때로는 수상한 가게도 도전하거든. 그러다가 숨은 맛집을 찾아낸 적도 있고, 진짜 재미있어.

남자가 요즘 빠져 있는 것은 어떤 프로그램입니까?

1　연예인의 사생활을 이야기하는 프로그램
2　인기 있고 맛있는 가게를 소개하는 프로그램
3　즉흥적으로 촬영하는 프로그램
4　연예인의 숨은 맛집을 소개하는 프로그램

バラエティ番組 오락 프로그램 | はまる 빠지다 | ローカル 지역, 지방 | 沿線 철도 주변 | 沿う 따라가다 | グルメ 미식, 미식가
すごろく 주사위 놀이 | さいころ 주사위 | 振る 흔들어 던지다 | 目 눈금 | タレント 탤런트, 연예인 | 週替わり 주마다 바뀜
俳優 배우 | 女優 여배우 | 番宣する 프로그램을 선전하다 | ゲスト 게스트, 손님 | 登場する 등장하다 | 撮影 촬영 | 秘話 비화
許可 허가 | 台本 대본 | 視聴者 시청자 | 情報 정보 | 提供 제공 | 怪しい 이상하다, 수상하다 | 挑戦する 도전하다
隠れ家 숨겨진 곳 | 開拓する 개척하다 | 芸能人 연예인 | プライベート 사생활 | 満載 가득함, 많음
行き当たりばったり 계획 없음, 즉흥적임

6番

アナウンサーが話しています。

男　最近、とても乾燥してきましたね。この時期は厄介な静電気でお困りの方もいらっしゃるのではないでしょうか。普段はパチッと痛い静電気ですが、大きな事故になり得る可能性も否めません。過去にはガソリンスタンドで静電気による火災も発生しています。そして静電気は思わぬ時に発生しますよね。着ている服が体にまとわりついたり、ドアノブを触っただけでパチッと痛みが生じたり、ほんとにいつ発生するのか分かりません。さらに静電気は痛いだけでなく、免疫力低下や自律神経の乱れにも繋がるので用心が必要です。

アナウンサーは何について話していますか。

1　静電気が生じる科学的仕組みについて
2　季節によって変わる静電気対策について
3　不快な静電気の発生条件について
4　出現予測不可能な静電気について

6번

아나운서가 이야기하고 있습니다.

남　요즘 매우 건조해졌지요? 이맘때 성가신 정전기로 불편하신 분들도 계시지는 않으신가요? 보통은 따닥하고 아픈 정전기이지만, 큰 사고로 이어질 가능성도 부정할 수 없습니다. 과거에는 주유소에서 정전기로 인한 화재도 발생했습니다. 그리고 정전기는 예상치 못한 때에 발생하죠. 입고 있는 옷이 몸에 달라붙거나, 손잡이를 잡았을 뿐인데 따닥하면서 아프거나, 정말 언제 발생할지 모릅니다. 게다가 정전기는 아픈 것뿐만 아니라 면역력 저하와 자율신경계 이상으로도 이어지니 주의가 필요합니다.

아나운서는 무엇에 대해서 이야기하고 있습니까?

1　정전기가 발생하는 과학적 구조에 대해서
2　계절에 따라 바뀌는 정전기 대책에 대해서
3　불쾌한 정전기 발생 조건에 대해서
4　출현 예측이 불가능한 정전기에 대해서

乾燥する 건조하다 ｜ 厄介だ 귀찮다, 성가시다 ｜ 静電気 정전기 ｜ パチッと(パチんと) 탁, 따닥 ｜ なり得る 될 수 있다 ｜ 否めない 부정할 수 없다 ｜ 過去 과거 ｜ ガソリンスタンド 주유소 ｜ 火災 화재, 불 ｜ 発生する 발생하다 ｜ まとわりつく 달라붙다 ｜ ドアノブ 문손잡이 ｜ 生じる 발생하다 ｜ さらに 게다가 ｜ 免疫力 면역력 ｜ 低下 저하 ｜ 自律神経 자율신경 ｜ 乱れ 교란, 이상 ｜ 繋がる 이어지다, 연결되다 ｜ 用心 조심, 주의 ｜ 仕組み 구조, 짜임새 ｜ 対策 대책 ｜ 不快だ 불쾌하다 ｜ 条件 조건 ｜ 出現 출현 ｜ 予測 예측

問題 4

1番

男　お金のことは気にしないで食べたいもの、たくさん頼んでね。

女　1　うん、しょうがないね。節約しとくね。
　　2　じゃ、遠慮なく、贅沢しちゃうね。
　　3　ありがとう。手作りなんて嬉しい。

문제4

1번

남　돈은 신경 쓰지 말고 먹고 싶은 것 잔뜩 주문해.

여　1　응. 어쩔 수 없지. 절약할게.
　　2　그럼 사양하지 않고 사치 좀 할게.
　　3　고마워. 손수 만들다니 기뻐.

しょうがない 어쩔 수 없다, 하는 수 없다 ｜ 節約 절약 ｜ ～しとく(～しておく) ～해 두다 ｜ 贅沢する 사치하다 ｜ 手作り 손수 만듦

2番

女　どうして、そんなにくよくよしてるの？

男　1　昨日も徹夜して3日間寝てないんだよ。
　　2　仕事で大きなミスをして部長に怒られたんだ。
　　3　仕事が認められて昇進したんだ。

> くよくよ 걱정하는 모양, 끙끙 | 徹夜する 밤을 새다 | 認める 인정하다 | 昇進する 승진하다

2번

여　왜 그렇게 끙끙대고 있어?

남　1　어제도 밤 새워서 3일 동안 못 잤거든.
　　2　일로 큰 실수를 해서 부장님께 혼났어.
　　3　일을 인정받아서 승진했어.

3番

男　うちの息子、最近ゲームにはまっちゃって。家でもゲーム三昧なんだよ。

女　1　身動きがとれなくて大変だろうね。
　　2　じゃ、溺れないうちに出してあげないと。
　　3　そのうち、飽きてやめるよ。

> はまる 빠지다, 열중하다 | 〜三昧 〜삼매경 | 身動きがとれない 꼼짝할 수 없다 | 溺れる 물에 빠지다 | そのうち 머지않아, 조만간 | 飽きる 질리다, 싫증나다

3번

남　우리 아들 요즘에 게임에 빠져서 집에서도 게임 삼매경이야.

여　1　꼼짝할 수가 없어서 힘들겠네.
　　2　그러면 물에 빠지기 전에 꺼내 줘야지.
　　3　머지않아 싫증나서 그만할 거야.

4番

女　彼、今日は妙に虫の居所がわるいな。

男　1　今日はやたら突っかかってくるよね。
　　2　どこどこ。俺、虫大っ嫌いなんだ。
　　3　どうりでね。彼、虫を食べたことがあるんだって。

> 妙に 묘하게, 이상하게 | 虫の居所がわるい 기분이 언짢다, 예민하다 | やたら 마구, 계속 | 突っかかる 트집 잡다, 시비를 걸다 | どうりで 어쩐지, 정말

4번

여　그 사람, 오늘 왠지 예민하네.

남　1　오늘은 계속 트집 잡는단 말이야.
　　2　어디어디? 나 벌레 정말 싫어해.
　　3　어쩐지. 그 사람 벌레 먹은 적 있대.

5番

女　証拠はそろってるんだから。ごまかさないでよ。

男　1　ごまするのもいい加減にしなよ。
　　2　謝って済むなら、警察は要らないんだよ。
　　3　分かったよ。正直に話すよ。

> 証拠 증거 | そろう 갖추어지다 | ごまかす 속이다, 얼버무리다 | ごまする 아무하다, 아첨하다 | いい加減にしな 적당히 해라 | 謝る 사과하다 | 〜て済む 〜하면 끝이다 | 警察 경찰 | 正直に 솔직히

5번

여　증거는 모아 놓았으니까 속일 생각 마.

남　1　아부도 정도껏 해라.
　　2　미안하다는 말로 끝날 거면 경찰은 필요 없지.
　　3　알았어. 솔직히 말할게.

6番

女 この前、みんなの前で尻餅ついちゃった。

男 1 その後、みんなで美味しく食べたんだね。

2 僕にもおすそ分けしてほしかったな。

3 痛かったでしょ。大丈夫だった？

6번

여 지난번에 사람들 앞에서 엉덩방아 찧었어.

남 1 그 후에 다 같이 맛있게 먹었구나.

2 나한테도 나눠 주길 바랐는데.

3 아팠겠다. 괜찮았어?

尻餅をつく 엉덩방아를 찧다 | おすそ分け 나누어 줌

7番

女 山田さん180度に足が開くらしいよ。

男 1 彼女は体がしなやかなんだね。

2 どうりで。肌がすべすべだと思ったよ。

3 山田さんって、すばしっこいよね。

7번

여 야마다 씨 180도 다리 찢기가 된대.

남 1 야마다 씨는 몸이 유연하구나.

2 어쩐지. 피부가 매끈매끈하더라.

3 야마다 씨 날렵하잖아.

開く 벌어지다 | しなやかだ 부드럽다, 유연하다 | どうりで 과연, 어쩐지 | 肌 피부 | すべすべ 매끈매끈함

すばしっこい 날쌔다, 날렵하다

8番

男 ここの塗装、剥げてるよ。

女 1 髪の毛にはわかめがいいそうよ。

2 早く塗りなおした方が良さそうね。

3 私たちもそう若くないものね。

8번

남 여기 칠이 벗겨졌어.

여 1 머리카락에는 미역이 좋대.

2 빨리 다시 칠하는 게 좋겠다.

3 우리들도 그렇게 젊지는 않지.

塗装 도색, 칠 | 剥げる 벗겨지다 | 髪の毛 머리카락 | わかめ 미역 | 塗りなおす 다시 칠하다

9番

女 大丈夫？顔がむくんでるじゃない。

男 1 昨夜、しょっぱい物食べすぎちゃって。

2 これじゃ、ずうずうしいかな。

3 失礼しちゃうな。太ったんじゃないよ。

9번

여 괜찮아? 얼굴이 부었는데.

남 1 어젯밤에 짠 걸 좀 많이 먹었더니.

2 이러면 뻔뻔한가?

3 너 그거 실례다. 살 찐 거 아니거든.

むくむ 몸이 붓다 | しょっぱい 짜다 | ずうずうしい 뻔뻔하다 | 太る 살이 찌다

10番

男 最近の彼のわがままは度が過ぎると思いませんか。

女 1 そうですね。彼は舌が肥えてますね。

2 本当に彼の行動には目に余るものがありますね。

10번

남 요즘 그 사람, 도가 지나치도록 제멋대로 아니에요?

여 1 맞아요. 그는 입이 고급이에요.

2 정말 그의 행동은 눈에 거슬려요.

3 맞아요. 그와는 바로 엎어지면 코 닿을 데에 살아요.

---

3 そうなんです。彼とは目と鼻の先です。

わがまま 제멋대로 굶, 버릇없음 | 度が過ぎる 도가 지나치다 | 舌が肥える 입이 고급이다, 입맛이 까다롭다 | 行動 행동
目に余る 눈꼴사납다, 눈에 거슬리다 | 目と鼻の先 코앞, 엎어지면 코 닿을 데

11番

男 順調に行けば、僕の企画が通ったのに。会議の途中で部長に出鼻をくじかれたよ。

女 1 大丈夫？病院行った方がいいんじゃない？
　　2 プレゼントのセンスがなかったんじゃない？
　　3 水を差すなんて。部長もひどい人だな。

11번

남 순조롭게 진행됐다면 내 기획이 통과되었을 텐데. 회의 도중에 부장님이 딴지 걸었어.

여 1 괜찮아? 병원에 가는 게 낫지 않아?
　　2 선물 센스가 없었던 거 아니야?
　　3 훼방을 놓다니. 부장님도 너무하네.

順調に行く 순조롭게 진행되다 | 企画が通る 기획이 통과되다 | 途中 도중 | 出鼻をくじかれる 기선을 제압하다, 딴지를 걸다
水を差す 찬물을 끼얹다, 훼방을 놓다 | ひどい 너무하다, 가혹하다

12番

女 最近、ろくなことがないんだ。

男 1 僕もだよ。最近ついてないんだ。
　　2 取り返しのつかないことをしたんだな。
　　3 僕のラッキーナンバーは7だよ。

12번

여 요즘 되는 일이 없어.

남 1 나도야. 요즘 운이 안 따라.
　　2 돌이킬 수 없는 일을 했구나.
　　3 내 행운의 숫자는 7이야.

ろくなことがない 제대로 되는 일이 없다 | ついてない 운이 따르지 않다 | 取り返しのつかない 돌이킬 수 없다
ラッキーナンバー 행운의 숫자

13番

男 キャンプをするなら、あそこがもってこいだよ。

女 1 テント貸してくれるの？ありがとう。
　　2 私、寝袋なんか持ってないよ。
　　3 へえ〜。何がそんなにいいの？

13번

남 캠핑 할 거면 저기가 딱이야.

여 1 텐트 빌려 주게? 고마워.
　　2 나 침낭 같은 거 없는데.
　　3 그래? 뭐가 그렇게 좋은데?

キャンプ 캠핑 | もってこい 꼭 알맞음, 가장 좋음 | テント 텐트 | 貸す 빌려주다 | 寝袋 침낭

14番

男 今年こそ、宝くじに当たってやる！

女 1 じゃ、今年は買わないってこと？
　　2 じゃ、当たったらおごってね。
　　3 じゃ、私も何かあげるね。

14번

남 올해야말로 복권에 당첨될 거야!

여 1 그럼 올해는 안 사게?
　　2 그럼 당첨되면 한턱 내.
　　3 그럼 나도 뭔가 줄게.

問題 5

1番

会社で女の人と男の人が話しています。

男 田中君、この辺で美味しいケーキ屋を知らないかい。今日、うちの娘の誕生日なんだけど、僕、そういうのに疎くて。しかも、今日は7時までの勤務だから、7時から買いに行っても間に合う店がいいんだけど。

女 それはおめでとうございます。私の友人の受け売りですが、「ラ・フランス」というお店はどうでしょう。昔からショートケーキに定評のあるお店らしいです。会社から10分で8時30分閉店です。

男 へえ～、食べてみたいな。

女 そう言えば、会社から5分の距離にあるデパートの中に「ピエール」っていうお店がありますよ。とても人気で、私も以前並んで食べたんですが、パティシエの腕は確かです。確かデパートは8時までだったと思います。

男 行列かあ～。

女 あと、会社から20分のところに「フラミンゴ」という店があります。お店は9時までで、SNSなどの写真に映える可愛いケーキで有名なんです。味は保障できませんが、娘さん、高校生でしたよね。思春期の娘さんにはいいんじゃないですか。

男 そういうのもありだね。

女 それから、会社から10分の距離で「パティスリー・パリ」というお店があります。ネットで評判なんです。パリに修行に行ったパティシエが作るので本場の味が楽しめるそうですよ。ただ、7時30分までだったので、時間が問題ですね。

男 そっかあ。ありがとう。参考になったよ。娘と妻はスイーツにはうるさいんだ。ここは田中君の舌を信じてみることにするよ。

문제5

1번

회사에서 남자와 여자가 이야기하고 있습니다.

남 다나카 씨, 이 부근에 맛있는 케이크 가게 알아? 오늘 우리 딸 생일인데 나는 그런 건 통 몰라서. 게다가 오늘 7시까지 근무라, 7시부터 사러 가도 괜찮은 가게가 좋은데.

여 축하 드려요. 제 친구가 말해준 곳인데, '라 프랑스'라는 가게 어떨까요? 예전부터 조각 케이크로 정평이 난 가게래요. 회사에서 10분 정도 걸리고 8시 30분에 문 닫아요.

남 오, 먹어 보고 싶네.

여 그러고 보니 회사에서 5분 거리에 있는 백화점 안에 '피에르'라는 가게가 있어요. 아주 인기라서 저도 예전에 줄 서서 먹었는데 파티시에의 솜씨는 확실해요. 아마 백화점은 8시까지였던 것 같아요.

남 줄을 선다라….

여 그리고 회사에서 20분 정도 걸리는 곳에 '플라밍고'라는 가게가 있어요. 가게는 9시까지고, SNS 등의 사진에 걸맞는 귀여운 케이크로 유명해요. 맛은 보장 못 하지만, 따님 고등학생이었죠? 사춘기 따님에게는 좋지 않을까요?

남 그런 것도 있군.

여 그리고 회사에서 10분 정도 거리에 '파티스리 파리'라는 가게가 있어요. 인터넷에서 평판이 좋아요. 파리에 수련을 간 파티시에가 만들어서 본고장의 맛을 즐길 수 있대요. 단, 7시 30분까지라서 시간이 문제네요.

남 그렇군. 고마워. 참고가 됐어. 딸이랑 아내는 디저트에는 까다로워서. 이번엔 다나카 씨의 입맛을 믿어 보기로 하지.

남자는 어느 가게에 가기로 했습니까?

1 라 프랑스
2 피에르
3 플라밍고
4 파티스리 파리

男の人はどの店に行くことにしましたか。

1 ラ・フランス
2 ピエール
3 フラミンゴ
4 パティスリー・パリ

2番

製菓会社で上司と社員二人が話しています。

男1　5年前に開発したミントガム、ここ数年売り上げが芳しくないな。このままだと販売停止も余儀なくされるぞ。その前に何か手を打たなければ。

女　そうですね。では、大々的に電車の中吊り広告で宣伝してみるのはどうでしょうか。旬の俳優や話題のタレントを起用してみるのもいいと思います。

男1　そうだな。宣伝効果は絶大だろうな。

男2　しかし、主力商品でもないのに…。さすがに、高くつくんじゃないですかね。

男1　そうなんだよな。

女　最近サラリーマン川柳が話題になったじゃないですか。ガム関連で俳句や川柳などを作ってもらって一般公募でコンテストを開くのはいかがですか。話題にもなるだろうし、経費も節約できると思いますよ。

男1　なるほどね。

男2　それより、僕はこの際、商品自体を改良すべきだと思います。今の味に飽きないように、味のバリエーションを増やすのも一つの手だと思います。

女　マンネリ化を防ぐためにはいいですけど、研究費用などがかさみそうですね。

男1　そうだなあ。

女　私はガム市場の縮小の背景にはソフトキャンディーの存在があると思うんです。最近のソフトキャンディーのパッケージはみんなデザ

2번

제과 회사에서 상사와 사원 두 사람이 이야기하고 있습니다.

남1　5년 전에 개발한 민트껌, 요 몇 년 매상이 시원치 않네. 이대로라면 판매 정지할 수 밖에 없어. 그 전에 뭔가 손을 써야 해.

여　맞아요. 그럼, 대대적으로 전철 광고로 선전해 보는 것은 어떨까요? 인기 배우나 화제가 되고 있는 탤런트를 기용해 보는 것도 좋을 것 같아요.

남1　그렇군. 선전 효과는 절대적일 것 같은데.

남2　하지만 주력 상품도 아닌데…. 역시 비용이 많이 들지 않을까요?

남1　그건 그래.

여　요즘 샐러리맨 센류(5.7.5조의 짧은 시)가 화제가 되고 있잖아요. 껌 관련으로 하이쿠(5.7.5조의 짧은 시, 계절을 나타내는 말이 들어가야 함)나 센류를 만들게 해서 일반 공모로 콘테스트를 여는 건 어떨까요? 화제도 되고 경비도 꽤 절감될 것 같아요.

남1　그럴듯한데.

남2　그것보다 저는 이참에 상품 자체를 개량해야 한다고 생각해요. 지금 맛에 질리지 않게 맛의 종류를 늘리는 것도 하나의 방법이라고 생각해요.

여　매너리즘화를 막기 위해서는 좋겠지만 연구 비용 등이 많아질 것 같은데요.

남1　하긴.

여　저는 껌 시장의 축소 배경에는 소프트 캔디의 존재가 있다고 생각해요. 요즘 소프트 캔디 포장은 다 디자인이 우수하고 세련돼서 여자들한테 인기가 있거든요. 그러니까 전 포장 디자인을 새롭게 하는 게 좋을 것 같아요.

남1　그것도 괜찮지만 디자인 회사에 위탁하는 것도 비용이 들 거 같군. 이번에는 역시 적은 비용으로 해결할 수 있고, 친근한 그 방법으로 매상을 높이도록

イン性が優れていておしゃれで女子にも人気なんです。ですから、私はパッケージのデザインを新しくするのがいいと思います。

男1 それもいいけど、デザイン会社に委託するにもコストがかかりそうだ。今回は、やっぱり低コストで抑えられて、親しみやすいあの方法で売り上げアップを目指すぞ。二人とも準備を進めてくれ。

売り上げを伸ばすために何をすることにしましたか。
1 電車の中吊り広告を依頼する
2 ガムに関する川柳コンテストを開く
3 味のバリエーションを増やす
4 パッケージを新しくする

노려봐야겠군. 두 사람 모두 준비를 진행해 주게.

매상을 늘리기 위해서 무엇을 하기로 했습니까?
1 전철 광고를 의뢰한다
2 껌과 관련된 센류 콘테스트를 연다
3 맛의 종류를 늘린다
4 포장을 새롭게 한다

製菓 제과	開発する 개발하다	ミントガム 민트껌 ｜売り上げ 매상, 매출 ｜芳しい 좋다, 훌륭하다 ｜販売停止 판매 정지
余儀なくされる 어쩔 수 없이 하게 되다 ｜手を打つ 손을 쓰다 ｜大々的に 대대적으로 ｜中吊り広告 손잡이에 붙어 있는 광고
宣伝する 선전하다, 광고하다 ｜旬 철, 적기 ｜俳優 배우 ｜話題 화제 ｜タレント 탤런트 ｜起用する 기용하다 ｜絶大だ 아주 크다
主力商品 주력 상품 ｜さすがに 역시 ｜高くつく 비싸게 들다 ｜サラリーマン 샐러리맨, 월급쟁이 ｜川柳 센류 ｜ガム 껌 ｜関連 관련
俳句 하이쿠 ｜一般 일반 ｜公募 공모 ｜コンテスト 콘테스트 ｜経費 경비 ｜節約 절약 ｜自体 자체 ｜改良する 개량하다 ｜飽きる 질리다
バリエーション 바리에이션, 변화 ｜一つの手 하나의 방법 ｜マンネリ化 매너리즘화 ｜防ぐ 막다, 방지하다 ｜かさむ 많아지다, 불어나다
縮小 축소 ｜背景 배경 ｜ソフトキャンディー 소프트 캔디 ｜存在 존재 ｜パッケージ 패키지, 포장 ｜優れる 뛰어나다, 훌륭하다
おしゃれだ 세련되다, 멋지다 ｜委託する 위탁하다 ｜コストがかかる 비용이 들다 ｜低コスト 저비용 ｜抑える 막다
目指す 목표로 하다, 노리다 ｜依頼する 의뢰하다		

3番

テレビで血液型診断について話しています。

女1 今回は血液型で分かる性格診断と題してお送りしていきます。まず、A型は几帳面で計画的。ですが臆病で何事も石橋をたたいて渡る性格です。とてもまじめで優等生に多いですが、褒められると図に乗りやすいという特徴も併せ持っています。B型は竹を割ったような性格です。無邪気でマイペース、少々、他人に流されやすい面も持っています。O型は包容力があり、周りをよく見ているのでリーダーに向いている人が多いと言われています。さらに我慢強いのも特徴です。AB型は熱しやすく冷めやすい性格です。集中すればどんなことでも完璧にこなします。一見天才肌ですが、ずるがしこく、したたかで、融通が利かない頑固な面もありますね。

3번

텔레비전전에서 혈액형 진단에 대해서 이야기하고 있습니다.

여1 이번에는 혈액형으로 알 수 있는 성격 진단을 테마로 방송하겠습니다. 먼저 A형은 꼼꼼하고 계획적. 하지만 겁이 많고, 무슨 일이든 돌다리를 두들겨 보고 건너는 성격입니다. 매우 성실해서 우등생이 많은데, 칭찬 받으면 우쭐거리기 쉬운 특징도 가지고 있습니다. B형은 대쪽 같은 성격입니다. 천진난만하고 마이 페이스, 다소 타인에게 끌려 다니기 쉬운 면도 가지고 있습니다. O형은 포용력이 있고, 주위를 잘 보기 때문에 리더에 적합한 사람이 많다고 합니다. 게다가 참을성이 많은 것도 특징입니다. AB형은 쉽게 불타오르고 쉽게 식어 버리는 성격입니다. 집중하면 뭐든지 완벽하게 해 냅니다. 얼핏 보면 천재적인 자질이 있지만, 약삭빠르고, 만만치 않고, 융통성 없이 완고한 면도 있습니다.

남 이거 맞을까? 나 이래봬도 소심하거든.

여2 넌 소심한 게 아니라 조금 낯가림을 할 뿐이지. 넌

男 これ、当たってるのかな。僕こう見えて小心者なんだけどな。

女2 あなたは、小心者ってわけじゃなくて、ちょっと人見知りなだけよ。あなた、性格に裏表がないし、曲がったところがないから、この診断当たってると思う。

男 そんなふうに言ってもらえるなんて嬉しいな。ありがとう。

女2 ほら、そんなふうに自分の感情を表現しても嫌味に感じないし。

男 そう言われて見ると、当たってるかも。君も器が大きいからね。

質問1 男の人は何型ですか。

1 Ａ型
2 Ｂ型
3 Ｏ型
4 ＡＢ型

質問2 女の人は何型ですか。

1 Ａ型
2 Ｂ型
3 Ｏ型
4 ＡＢ型

겉과 속이 같고, 삐딱하지도 않으니까, 이 진단 맞는 거 같아.

남 그렇게 말해 주다니 기쁘다. 고마워.

여2 거봐, 그렇게 자기 감정을 표현해도 얄밉지 않고.

남 듣고 보니 맞는 거 같기도 해. 너도 마음이 넓으니까.

질문1 남자는 무슨 형입니까?

1 A형
2 B형
3 O형
4 AB형

질문2 여자는 무슨 형입니까?

1 A형
2 B형
3 O형
4 AB형

血液型 혈액형 | 診断 진단 | 題する 제목을 붙이다 | 几帳面だ 꼼꼼하다, 착실하다 | 計画的 계획적 | 臆病だ 겁이 많다
何事も 무슨 일이든 | 石橋をたたいて渡る 돌다리를 두드려보고 건너다, 조심성이 많다 | 優等生 우등생 | 褒める 칭찬하다
図に乗る 우쭐대다 | 特徴 특징 | 併せ持つ 겸비하다 | 竹を割ったような 대쪽 같은 | 無邪気だ 순진하다, 천진하다
マイペース 마이 페이스 | 流される 휘둘리다, 끌려다니다 | 包容力 포용력 | 向く 적합하다, 어울리다 | 我慢強い 참을성이 많다
熱しやすく冷めやすい 쉽게 타오르고 쉽게 식는다 | 集中する 집중하다 | 完璧に 완벽하게 | こなす 해내다, 처리하다
一見 언뜻, 얼핏 | 天才肌 천재적인 자질 | ずるがしこい 약삭빠르다 | したたかだ 만만치 않다 | 融通が利かない 융통성이 없다
頑固だ 고집이 셈 | 小心者 소심한 사람 | 人見知り 낯가림 | 裏表がない 겉과 속이 같다 | 曲がる 비뚤어지다 | 感情 감정
表現 표현 | 嫌味に感じる 얄밉게 느껴지다 | 器が大きい 그릇이 크다, 마음이 넓다 | 何型 무슨 형

N1 聴解 解答用紙 1回

受験番号
Examinee Registration Number

名前
Name

問題 1

1	①	②	③	④
2	①	②	③	④
3	①	②	③	④
4	①	②	③	④
5	①	②	③	④
6	①	②	③	④

問題 2

1	①	②	③	④
2	①	②	③	④
3	①	②	③	④
4	①	②	③	④
5	①	②	③	④
6	①	②	③	④
7	①	②	③	④

問題 3

1	①	②	③	④
2	①	②	③	④
3	①	②	③	④
4	①	②	③	④
5	①	②	③	④
6	①	②	③	④

問題 4

1	①	②	③
2	①	②	③
3	①	②	③
4	①	②	③
5	①	②	③
6	①	②	③
7	①	②	③
8	①	②	③
9	①	②	③
10	①	②	③
11	①	②	③
12	①	②	③
13	①	②	③
14	①	②	③

問題 5

1		①	②	③	④
2		①	②	③	④
3	(1)	①	②	③	④
	(2)	①	②	③	④

N1 聴解 解答用紙 2회

問題 1

1	①	②	③	④
2	①	②	③	④
3	①	②	③	④
4	①	②	③	④
5	①	②	③	④
6	①	②	③	④

問題 2

1	①	②	③	④
2	①	②	③	④
3	①	②	③	④
4	①	②	③	④
5	①	②	③	④
6	①	②	③	④
7	①	②	③	④

問題 3

1	①	②	③	④
2	①	②	③	④
3	①	②	③	④
4	①	②	③	④
5	①	②	③	④
6	①	②	③	④

問題 4

1	①	②	③
2	①	②	③
3	①	②	③
4	①	②	③
5	①	②	③
6	①	②	③
7	①	②	③
8	①	②	③
9	①	②	③
10	①	②	③
11	①	②	③
12	①	②	③
13	①	②	③
14	①	②	③

問題 5

1	①	②	③	④
2	①	②	③	④
3 (1)	①	②	③	④
(2)	①	②	③	④

N1 聴解 解答用紙 3회

問 題 1

1	①	②	③	④
2	①	②	③	④
3	①	②	③	④
4	①	②	③	④
5	①	②	③	④
6	①	②	③	④

問 題 2

1	①	②	③	④
2	①	②	③	④
3	①	②	③	④
4	①	②	③	④
5	①	②	③	④
6	①	②	③	④
7	①	②	③	④

問 題 3

1	①	②	③	④
2	①	②	③	④
3	①	②	③	④
4	①	②	③	④
5	①	②	③	④
6	①	②	③	④

問 題 4

1	①	②	③
2	①	②	③
3	①	②	③
4	①	②	③
5	①	②	③
6	①	②	③
7	①	②	③
8	①	②	③
9	①	②	③
10	①	②	③
11	①	②	③
12	①	②	③
13	①	②	③
14	①	②	③

問 題 5

1		①	②	③	④
2		①	②	③	④
3	(1)	①	②	③	④
	(2)	①	②	③	④

N1 聴解 解答用紙 4회

受 験 番 号
Examinee Registration
Number

名 前
Name

問題 1

1	①	②	③	④
2	①	②	③	④
3	①	②	③	④
4	①	②	③	④
5	①	②	③	④
6	①	②	③	④

問題 2

1	①	②	③	④
2	①	②	③	④
3	①	②	③	④
4	①	②	③	④
5	①	②	③	④
6	①	②	③	④
7	①	②	③	④

問題 3

1	①	②	③	④
2	①	②	③	④
3	①	②	③	④
4	①	②	③	④
5	①	②	③	④
6	①	②	③	④

問題 4

1	①	②	③
2	①	②	③
3	①	②	③
4	①	②	③
5	①	②	③
6	①	②	③
7	①	②	③
8	①	②	③
9	①	②	③
10	①	②	③
11	①	②	③
12	①	②	③
13	①	②	③
14	①	②	③

問題 5

1	①	②	③	④
2	①	②	③	④
3	(1)	①	②	③	④
	(2)	①	②	③	④

N1 聴解 解答用紙 5회

受験 番号
Examinee Registration
Number

名 前
Name

< ちゅうい Notes >

1. くろいえんぴつ (HB、No.2) で
かいてください。
Use a black medium soft
(HB or No.2) pencil.

2. かきなおすときは、けしゴムで
きれいにけしてください。
Erase any unintended marks
completely.

3. きたなくしたり、おったりしないで
ください。
Do not soil or bend this sheet.

4. マークれい Marking examples

よい Correct	わるい Incorrect
●	⊘ ⊙ ◉ ◯ ⊖ ①

問 題 1

1	①	②	③	④
2	①	②	③	④
3	①	②	③	④
4	①	②	③	④
5	①	②	③	④
6	①	②	③	④

問 題 2

1	①	②	③	④
2	①	②	③	④
3	①	②	③	④
4	①	②	③	④
5	①	②	③	④
6	①	②	③	④
7	①	②	③	④

問 題 3

1	①	②	③	④
2	①	②	③	④
3	①	②	③	④
4	①	②	③	④
5	①	②	③	④
6	①	②	③	④

問 題 4

1	①	②	③
2	①	②	③
3	①	②	③
4	①	②	③
5	①	②	③
6	①	②	③
7	①	②	③
8	①	②	③
9	①	②	③
10	①	②	③
11	①	②	③
12	①	②	③
13	①	②	③
14	①	②	③

問 題 5

1	①	②	③	④
2	①	②	③	④
3 (1)	①	②	③	④
3 (2)	①	②	③	④

Memo

Memo